プロティノスの認識論

プロティノスの認識論
―― 一なるものからの分化・展開 ――

岡野 利津子 著

知泉書館

凡　例

1) 底本として使用したテクストは *Plotini opera*, ediderunt P. Henry et H.-R. Schwyzer, 3 tomi. *Museum Lessianum, series philosophica* 33-35, tomi I, II, Paris: Desclée de Brouwer, Bruxelles: L'Édition Universelle, tomus III, Paris/Bruxelles: Desclée de Brouwer, Leiden: E. J. Brill (*editio maior*), 1951-1973. である。

2) 『エネアデス』（Enneades）の個所を表示する際には，次のような表記法が用いられる。

　一番目のローマ数字は，ポルピュリオスがプロティノスの著作を編集した際に区分した，一巻から六巻（I-VI）の『エネアス』（九篇集）を示す（ポルピュリオス『プロティノス伝』24-26章を参照）。

　二番目のアラビア数字は，それぞれの『エネアス』に含まれる九つの論文（1-9）を示す。

　三番目の角括弧［　］内の数字は，論文の執筆順（1-54）を示す（ポルピュリオス『プロティノス伝』4-6章を参照）。

　四番目の数字は，マルシーリオ・フィチーノによる『エネアデス』のラテン語訳（Florentiae, 1492）において区分された章を示す。

　五番目の最後の数字は，P. Henry と H.-R. Schwyzer による *Plotini Opera*, Paris, Bruxelles et Leiden, 1951-1973（*editio maior*）における行数を示す。

　たとえば，V3 [10] 7.2-4 は，「第五エネアスの第三論文，執筆順十番目，第七章，2行から4行まで」ということを指示する。

　また，『　』内は論文の表題である。『エネアデス』の論文の表題は，ポルピュリオスが伝えている二つのリスト（ポルピュリオス『プロティノス伝』4-6章，24-26章）の他に，写本における各論文の冒頭と Summarium（それぞれの『エネアス』の冒頭に置かれた目次），Pinax（『エネアデス』全体の目次）において知られるが，これら5箇所で与えられている表題は必ずしも同一ではない。表題については，『プロティノス全集』田中美知太郎監修，水地宗明，田之頭安彦訳，第一巻-第四巻，別巻，東京：中央公論社，

1986-1988に従った。

3) 『エネアデス』を構成する54篇の論文の表題と執筆順序は以下の通りである。これらの論文はプロティノスが48歳頃から亡くなるまでの約17年間に書かれている。

第一エネアス
I1 [53]『生命あるものとは何か，人間とは何か』
I2 [19]『徳について』
I3 [20]『ディアレクティケーについて』
I4 [46]『幸福について』
I5 [36]『幸福は時間によって増大するか』
I6 [1]『美について』
I7 [54]『第一の善とその他の善について』
I8 [51]『悪とは何か，そしてどこから生ずるのか』
I9 [16]『自殺について』

第二エネアス
II1 [40]『天について』
II2 [14]『天の動きについて』
II3 [52]『星は（地上の出来事を）引き起こすかどうかについて』
II4 [12]『素材について』
II5 [25]『可能的なものと現実的なものについて』
II6 [17]『実体について，あるいは性質について』
II7 [37]『通全融合について』
II8 [35]『視覚について，または遠くのものが小さく見えるのはなぜか』
II9 [33]『グノーシス派に対して』

第三エネアス
III1 [3]『運命について』
III2 [47]『神のはからいについて　第一篇』
III3 [48]『神のはからいについて　第二篇』
III4 [15]『われわれを割り当てられた守護霊について』
III5 [50]『エロスについて』
III6 [26]『非物体的なものの非受動性について』
III7 [45]『永遠と時間について』
III8 [30]『自然，観照，一者について』
III9 [13]『種々の考察』

第四エネアス

IV1 [21]『魂の本質について　第一篇』
IV2 [4]　『魂の本質について　第二篇』
IV3 [27]『魂の諸問題について　第一篇』
IV4 [28]『魂の諸問題について　第二篇』
IV5 [29]『魂の諸問題について　第三篇　あるいは視覚について』
IV6 [41]『感覚と記憶について』
IV7 [2]　『魂の不死について』
IV8 [6]　『魂の肉体への降下について』
IV9 [8]　『すべての魂は一体をなしているのか』
　第五エネアス
V1 [10]『三つの原理的なものについて』
V2 [11]『第一者の後のものたちの生成と序列について』
V3 [49]『認識する諸存在とその彼方のものとについて』
V4 [7]　『いかにして第一者から第一者の後のものが（生じたか）。および一者について』
V5 [32]『ヌースの対象はヌースの外にあるのではないこと，および善者について』
V6 [24]『有の彼方のものは直知しないこと，および第一義的に直知するものは何か，そして第二義的に直知するものは何かということについて』
V7 [18]『個物にもイデアがあるか否かについて』
V8 [31]『直知される美について』
V9 [5]　『ヌースとイデアと有について』
　第六エネアス
VI1 [42]『有るものの類について　第一篇』
VI2 [43]『有るものの類について　第二篇』
VI3 [44]『有るものの類について　第三篇』
VI4 [22]『有るものは同一のものでありながら，同時に全体としていたるところに存在するということについて　第一篇』
VI5 [23]『有るものは同一のものでありながら，同時に全体としていたるところに存在するということについて　第二篇』
VI6 [34]『数について』
VI7 [38]『いかにしてイデアの群が成立したか。および善者について』
VI8 [39]『一者の自由と意志について』
VI9 [9]　『善なるもの一なるもの』

4) 注などで用いた略語は，次の通りである。

『プロティノス伝』：ポルピュリオス『プロティノスの一生と彼の著作の順序について』

H.-S.1: *Plotini Opera*, ediderunt P. Henry et H.-R. Schwyzer, Tomus I-III, Paris, Bruxellex et Leiden, 1951-1973 (*editio maior*).

H.-S.2: *Plotini Opera*, ediderunt P. Henry et H.-R. Schwyzer, Tomus I-III, Oxford, 1964-1982 (*editio minor*).

H.-S.3: In *Addendis* tomoIII H.-S.1 additis.

H.-S.4: In *Addendis* tomoIII H.-S.2 additis.

B.-T.: *Plotins Schriften* übersetzt von R. Harder, Neubearbeitung mit griechischem Lesetext und Anmerkungen, Bande IIa-Vb von R. Beutler und W. Theiler, BandVI (Indices) von W. Theiler und G. O'Daly, Hamburg, 1960-1971.

5) 訳文中の丸括弧（ ）内は，筆者による補足である。

6) 「 」内はプロティノス自身のことば，〈 〉内は筆者による言い換えである。

7) 本書で言及した研究書・論文等については，本文では著者名，出版年，頁数のみを記し，文献一覧において，著者名を欧文のものはアルファベット順に，和文のものは五十音順に並べ，それぞれ同一著者名のものを出版年代順に挙げた。

目　次

———

凡　例……………………………………………………………………………… v

序　論……………………………………………………………………………… 3

第1章　一者の不可知性と非存在性……………………………………… 15
　　1　万物の始原は多様性を超えている　15
　　2　一者は無限定，無形相で，存在を超えている　16
　　3　一者は本来名付けられない　19
　　4　一者の一性とは無限性である　20
　　5　一者は知性を超えている　22
　　6　一者は不可知である　24
　　7　一者体験　25
　　8　一者の内在性と超越性　28
　　9　一者からの発出　30
　　10　〈二つの働き〉の教義　34

第2章　ヌースの作用による叡智界の形成 ………………………………41
　第一節　ヌースにおける無限定性 ……………………………………………42
　　第一項　ヌースの「能力」としての質料（III8 [30] 11）　42
　　第二項　叡智界の質料（II4 [12]）　44
　　第三項　「不定の二」（V4 [7] 2, V1 [10] 5）　50
　　まとめ　56
　第二節　〈未完のヌース〉の教義 ……………………………………………57
　　第一項　一者への直知（V6 [24] 以前）　58
　　　1　「直知対象」としての一者（V4 [7] 2）　58

2　一者が「直知対象」であることの意味（V6 [24] 2）　62
　　　3　一者への「欲求」と「動」（V6 [24] 5）　63
　　　4　一者への「直知」から自己自身への直知への移行
　　　　　（V6 [24] 5, V2 [11] 1）　64
　　第二項　一者への非直知（VI7 [38] 以降）　68
　　　1　一者への「観照」（VI7 [38] 15）　68
　　　2　一者への「動」（VI7 [38] 16）　72
　　　3　「生命」（VI7 [38] 17）　74
　　　4　一者との「接触」（V3 [49] 10）　76
　　　5　「まだ見ぬ視力」（V3 [49] 11）　77
　　まとめ　81
　第三節　「恋するヌース」（VI7 [38] 35）…………………………83
　結　論………………………………………………………………89

第3章　一者からのヌースの発出…………………………………91
　第一節　問題点………………………………………………………91
　第二節　これまでの解釈……………………………………………96
　第三節　〈二つの働き〉の教義再考…………………………………102
　第四節　問題の解決…………………………………………………108
　　　1　一者の外的な働きは視覚である　111
　　　2　一者はその外的な働きの主語となる　111
　　　3　一者の外的な働きの実体はヌースである　113
　　　4　二つの働きにおける一者の自己直観　114
　　　5　自己観照による産出　115
　結　論………………………………………………………………118

第4章　一なるものからの展開としての認識……………………121
　第一節　真理か臆見か………………………………………………121
　第二節　ヌースは一者の内から一者を見る………………………125
　第三節　ヌースからの魂の生成……………………………………128
　第四節　未分の原理からの展開……………………………………134
　第五節　外界認識と反省的認識……………………………………142

第六節　内在的超越論……………………………………………146
　　結　論……………………………………………………………148

第 5 章　一者との合一と真理認識……………………………151
　　第一節　合一体験………………………………………………152
　　　1　魂の起源　153
　　　2　一体化　157
　　　3　「合一」からの離脱　164
　　第二節　〈合一体験〉の対象化…………………………………167
　　　1　ヌースの対象化による魂の知　168
　　　2　一者についての第一の認識はヌースの直知である　174
　　　3　一者を振り返って見る認識は自己直知である　181
　　　4　一者における自己意識　183
　　結　論……………………………………………………………184

結　論……………………………………………………………189

あとがき……………………………………………………………195
文献一覧……………………………………………………………196
索　引………………………………………………………………205

プロティノスの認識論
―――一なるものからの分化・展開―――

序　論

　ギリシア哲学最後の学派である新プラトン主義は，プラトンの思想を継承しつつ，そこにアリストテレスやストア派の思想を融合させたが，それは単なる折衷主義ではなく，西洋古代哲学の綜合，完成ともみなされる独自の哲学体系を形成している。その影響は広くイスラエルの宗教伝統に浸透し，更に哲学史を貫いて近現代にまで及ぶ[1]。カッパドキア三教父（四世紀），アウグスティヌス（354-430）をはじめ，ディオニシウス・アレオパギタ文書やアラビア経由の新プラトン主義文書『原因論』，『アリストテレスの神学』等を通じて中世ヨーロッパにもたらされたこの思想は[2]，エックハルト（c.1260-1327）やクザーヌス（1401-1464）等のドイツ神秘主義者，フィチーノ（1433-1499），ピコ（1463-1494），ブルーノ（1548-1600）といったルネサンス期イタリアの思想家たち，及び17世紀のケンブリッジ・プラトニストたちに影響を与えている。更に，シェリング（1775-1854）やヘーゲル（1770-1831）[3]における新プラトン主

　1）　新プラトン主義の影響史については，水地宗明監修・新プラトン主義協会編『ネオプラトニカ――新プラトン主義の影響史――』昭和堂，1998年，同監修・同編『ネオプラトニカⅡ――新プラトン主義の原型と水脈――』昭和堂，2000年，同監修・同編『新プラトン主義研究』創刊号-第7号，2002-2007年を参照。イスラム哲学への影響については，沼田1998及び2006を参照。ユダヤ教への影響については，勝又2004，93-102頁を参照。
　2）　新プラトン主義のトマス・アクィナス（1225/26-74）への影響については，岡崎1993，同2004，12-24頁及び，藤本2004を参照。中世に伝えられたプラトン，アリストテレスは，新プラトン主義の解釈を経たものであった。
　3）　山口誠一（1998(a)，37-38，155-217頁及び1998(b)），伊藤2003，山口・伊藤2005を参照。

義への類縁性も指摘されているし、またベルクソン（1859-1941）[4]や、日本でも西洋哲学を受容した西田幾多郎（1870-1945）[5]はプロティノスに深い親近感を寄せている。

　後世にこうした広範な影響を与えた新プラトン主義の基本的な論理体系を形成したのはその創始者プロティノス（205-270）[6]であり、そこには深遠な思想性が見出される。彼はエジプト出身の哲学者で、三十九歳になるまでアレクサンドリアで過ごし、その後ローマに出ている。彼の哲学は至高の一者との合一体験に基づく神秘[7]思想として我々の知的な理解を超えたものとみなされる傾向があるが、見逃されてはならないのは、その主張の合理性、整合性がプロティノス自身によって充分によく与えられていることである。アームストロング（Armstrong 1974, p. 175）は、プロティノス自身の一者体験が彼の思想形成に決定的な役割を果たしていることを認めつつも、プロティノスが通常の哲学的議論に堪能な極めて理論的な哲学者であったことを指摘している。また、我が国では西谷啓治がプロティノスについて、「此等（即ち、救済、不死、悪等の宗教的な問題）はプラトンに於ける如く最後は神話的密儀的な想像に帰入するのではなくして（勿論かかる部分も少なからずあるが）、全く理論的に思弁された」と述べている[8]。彼は、プロティノス哲学を、「西洋の哲学史上に於いて初めての、明確に宗教的性格をもった、然も大なる体系」と評している[9]。

　本書では、認識という観点からプロティノス哲学の解明を試みたが、まず、認識成立のメカニズムをプロティノスにおいて語り得るのは、彼がそれ以前のギリシア哲学の伝統にもたらした、次のような飛躍的発展の故である。アナクサゴラス以来の西洋哲学史上、ヌース（叡智、知性、

---

4) 清水1999, 77-106頁、田中2000, 土屋2004を参照。

5) 小坂1995, 93-98頁、日下部2003, 小浜2006, 板橋2006, 岡野2008を参照。

6) ポルピュリオス『プロティノス伝』における年代の換算の仕方については、Goulet 1992 を参照。

7) μυστικός という語は古代ではエレウシスの秘儀について述べたもので、プロティノスもその意味でこの語を用いている（III6 [26] 19.26）。Hadot（1986, pp. 236-239, 1987, pp. 4-5）によれば、「神秘主義」という現代的な用法は『神秘神学』を記した偽ディオニュシウスに由来している（cf. Hadot 1980, 243, Bussanich 1994, pp. 5300-5301）。

8) 『西谷啓治著作集』第三巻所収「プロティノスの哲学」224頁（1929年）。

9) 同書、225頁。プロティノスは、一者、ヌース、魂を「神」（θεός）と呼んでいる。

理性）は万有の支配的な原理として尊重されており，アリストテレスも，第一の不動の動者は自己直知を行うヌースであると考えている[10]。しかし，プロティノスは最高原理としての一者が，存在と認識とを超越したものであることを明確にした[11]。というのは，直知の働きはたとえ自己自身を対象としたものであっても，認識するものは何かを認識するのであり，そこには認識の作用と対象という二重性があるからである。プロティノスは，そうした二重性をもつヌースを究極的な一者から区別する。そして，認識を超えた領域（一者）から認識が成立する過程を論じる。プロティノスの言うヌース（叡智）も，直知作用（ノエシス）としての自己が直知対象（ノエトン）として存在する自己を直知する（ノエイン）ものであるが（e. g. V3 [49] 5.44-48），アリストテレスの場合と決定的に異なるのは，ヌースの自己直知が一者への依存関係によって成立している点である。プロティノスによれば，プラトンが『国家』（508b13-509b10）の中で，「善」のイデアが認識と真理性と存在との原因であると言っているように，一者は直知と存在の原因であり（VI8 [39] 18. 39-40, V1 [10] 11.7, VI7 [38] 16.24-35），また真理性の原因である（IV7 [2] 10.36-37）[12]。但し，プラトンと異なりプロティノスが明確に主張してい

---

10) プロティノスの一者とアリストテレスの知性的な神との違いについては，Rist 1972 を参照。プロティノス以前のプラトン主義者の多くにおいても，最高原理はヌースである。水地（1998，25-27頁）を参照。

11) 一者は「存在」でもなければ，知の次元にあるものでもないという，一者についての否定的な観念は，プラトン『パルメニデス』における第一仮定に由来する（Cf. Dodds 1928, Armstrong 1940, pp. 10-28, Rist 1962 (a)）。そこでの「一」は「有る」を持たず，知識の対象とならない（141e-142a）。但し，その「一」が，プラトン自身によって最高原理として扱われているわけではない。Armstrong（1940, p. 15, 21）によれば，『パルメニデス』は『ソピステス』における諸イデアの相互浸透性の議論に備え，一性や存在，またその他のイデアが全く単独なものだとした場合の非合理性を証明することを意図したものである。尚，Ristによれば，新プラトン主義的な『パルメニデス』解釈が遡って見られるのは，一世紀の新ピタゴラス主義者モデラトスまでである。だが，モデラトスの著作は，精密さの点でプロティノスに全く及ばないと，当時の批評家ロンギノスは言っている（『プロティノス伝』20. 74-76）。

12) 但し，Baltes 1999 は，プラトン『国家』509b9 で「善のイデア」が「存在のかなたにある」のは「位と力とにおいて」（πρεσβείᾳ καὶ δυνάμει）であり，「善のイデア」が超越している「存在」とは，それが原因となっている他の諸イデアにおける特定の「存在」であることを指摘している。Baltesによれば，プロティノス以前のすべてのプラトン主義者にとっても，プラトンの「善のイデア」は至高の「存在」であり，「存在」の領域にないものではなかった。

る点は，一者が認識も真理も存在も超越して，それらを持たないということ，及び，一者を原因とする直知と存在（諸形相，即ち多くのイデア）[13]とがヌースとして一体を成しており，一者からヌースが生じる際に同時に成立するということである。「ヌースは直知することによって存在するものを存立せしめ，存在するものは直知されることによってヌースに直知することと存在することとを与えている。しかし直知することの原因は別にあり，それは存在するものにとっても原因である。そこで，両者に対して同時に原因であるものが別にあるのである」（V1 [10] 4.27-30）。即ち，この原因が一者である。プロティノスにおけるヌースとは，一切を自己自身の内容として常に同時に知るもので，主客一致にして永遠不変の叡智であるが，そのような神的なヌースを支える背後に，一切の知と存在とを超えた一者があることになる。

しかし，存在でも知でもない一者が存在と知の原因だというと，近代的な主観─客観構図を前提とする我々は，次のような困惑を抱く。存在でないものから存在が生じ，知を超えているはずの一者が知の原因となり得るのは何故なのか。一者を原因としているヌースの知は，何故，自己が自己を対象とする自己直知であるのか。我々は「かのものの認識も直知ももたない」（V3 [49] 14.2-3），即ち一者そのものは不可知のものであるとすると，そのようなものを根拠に何かを知り，何かを語り得るのか[14]。また，我々の魂の目標とされる一者との「合一」が認識を超えた状態を意味するのだとすると，それは唯の無意識と異ならないのか。だが，プロティノスの認識論には，二元論的な主観─客観構図とは異なる構図があるのである。そして，この考え方によっては，合理を超えたも

---

13) プラトン『ティマイオス』30b6-31a1, 39e7-9, 37c6-d7 の解釈として，中期プラトニストたちは『ティマイオス』のデミウルゴス（世界制作者）をヌースとみなし，「生き物」を直知対象（諸形相）とみなした。しかし，その場合なお問題となるのは，直知対象がヌースの外部にあるのか内部にあるのかということである。アテネでロンギノスのもとにいたポルピュリオスが初めてローマのプロティノスのもとに来た時も，ポルピュリオスは直知対象がヌースの外に存在するという主旨でプロティノスに対する反駁書を書いている（『プロティノス伝』18.8-23）。この問題について，プロティノスはヌースとその直知対象である諸形相が一つであることを主張しているのである（III9 [13] 1.1-22, V5 [32] 1.50-61）。Cf. Pépin (1956, pp. 39-64), Schwyzer (1954, pp. 255-256).

14) プロティノスは，「善者（一者）の認識であれ，（それとの）接触であれ，そうしたことが最重要のことだ」（VI7 [38] 36.3-4, cf. プラトン『国家』505a2）と語っている。

のの合理化が可能となる。

　プロティノスの認識論の特徴は，主客を超えたものからの主客の分化という構造にある。一者は認識主体でも認識対象でもない。そのように主観と客観とを超えた一者からヌースという直知活動が生ずる時，直知作用としての認識と直知対象としての存在とが成立する。その場合，認識の成立は存在の存立から切り離せない。そこで，プロティノスの認識論を理解することは，その存在論を理解することでもあると言える。一者を存在と知との原因とし，一者から生ずる第一の存在を直ちに直知の働きと同一視するプロティノス哲学の構造から言えることは，その存在論と認識論とが〈発出論〉[15]の両面を成すということである。つまり，認識と存在とは，一者からの分化，展開として発生するのだと考えなくてはならないことになる。

　そして，プロティノスの認識論では，〈真理〉とは何かを説明することができる。古来より，〈真理〉とは認識とその対象との一致だとされているが，哲学で言う〈真理〉は，実験による検証を経て確認された科学的な知を意味しているわけではない。すると，それは何だと言うことができるのであろうか。プロティノス以前の哲学者たちがヌース，即ち〈知〉というものを究極の始原としているのと異なり，プロティノスは〈知〉の根源に遡ったところから〈知〉の生成を論じている。従って，プロティノス哲学には，〈真理〉とは何か，そして真理を〈知る〉とは如何なることかという根本的な問いに対する答えが用意されているのである。

　更にプロティノスの場合，認識論的な観点からのアプローチは，彼の思想そのものを理解する上でもとりわけ重要である。プロティノスの一者や叡智界は，これまで存在論的な仕方で考察されることが多かったが，これが深いプロティノス理解に導く方法だとは思われない。なぜなら，一者や叡智界を存在論的・対象論的に扱う時，我々はそれらを外から眺めるようになるからである。これに対して，一者や叡智界を意識作用に即して考究する時，それらは我々自身の内面の問題として現われてくる。

---

15) 水地1998に従い，〈流出論〉ではなく，〈発出論〉という用語を使う。プロティノスの体系では，一者からヌース（叡智界），魂，感性界，質料が生ずる。

そして，これこそがプロティノスの根本的な主張に他ならず，一者や叡智界は，我々が自己自身の内に向かうことによってしか知られることのできないものだとされているのである。それらが自己の外に対象的にのみ見られる時，プロティノスの思想は忽ちその哲学的生命を失い，古代人の稚拙な理屈の集積と化してしまう。だが，一者や叡智界は，外在する超越的対象ではない。そして，それらは空想の対象となるべきものでもなければ，単なる思考の産物でもない。我々自身の意識の事実に他ならないのである。

個々の文献を歴史的連関を認識するための資料とみなし，いかなる主観も交えずに対象を客観的に見ようとするのは，学的に慎重な態度ではあるが，ともすれば，そこで語られている事柄まで自己から切り離して対象化してしまいかねない。だが，少なくともプロティノスの場合，彼の語ることを自己の内に探究する姿勢が何より必要である[16]。プロティノスの思想は神秘主義だから，歴史的な連関以上のことは分からなくて当然だと思われるとしたら，彼の思想はもはや哲学と呼べる代物ではないということになる。

本書では，プロティノス研究者たちの間で，〈未完のヌース〉の教義と呼ばれるものと〈二つの働き〉の教義と呼ばれるものとに着目したが，その認識論的な意義について，ここで一言しておく。この半世紀間のプロティノス研究においては，一者からの光の流出が質料の闇に終わるとする旧来の〈発出論〉解釈に加え，一者からのヌースの発生が，無限定な要素の発出とその一者への「振り返り」という二段階のプロセスを経るものとする[17]，所謂〈未完のヌース〉の教義[18]が注目されるようにな

---

16) 「今日の我々にとってプロティノスを読む際に最も意味深いのは，おそらく精神の自己発見に関する彼の理論であろうが，なかでも彼が強調している人間の道，すなわち自らの内に参入する道という非現代的とも思われる考えから，現代に向けられた彼のメッセージを読み取るべきであるかも知れない（K・リーゼンフーバー「自己から一者へ」，『プロティノス全集』付録第4号，3-4頁）。

17) 二十世紀の半ばに，叡智界における質料の問題に関して，その導入をプロティノスの通常の教義からの逸脱とみなす Merlan (1953, p. 125) が一者からの発出過程を 'one-track process' だと述べたのに対し，叡智界の無形相性をプロティノスの思想における正規の，そして重要な部分であるとする Armstrong (1954, p. 278, note 1) は，一者からの発出過程を 'alternating rhythm of outgoing and return' だと反論している。

18) 〈未完のヌース〉の教義に関する文脈を重点的に扱った研究として，Bussanich

序　論

り，今日ではこれが通説となっている。ここからは，一者を「振り返って見る」という認識作用が，一者を映像化し，形相化していることが明らかとなる。ちょうど目が対象を映像化するのと同様である。更に〈未完のヌース〉の教義によれば，一つのものを認識するということは，その一つのものを分節化して捉えるということである。こうして諸形相（即ち諸存在）をもたない一者から，それらが生ずることになる。また，この教義からは，プロティノスの一者が形相よりもむしろ質料（叡智的質料）との親和性をもったものであることが知られる[19]。田之頭 1969 は，〈未完のヌースの教義〉に関するパッセージを取り上げながら，ヌースは一者を見るためには形相を捨て，叡智的質料そのものに徹するのでなければならないと指摘し，ヌースにおける質料的，動的側面を重視している（1969(b), 135-139頁）。一者が形相ではなく質料の側に見られるということは，言い換えれば，一者が対象的・客観的，存在論的なものであるより，むしろ作用的・主観的，認識論的なものだということであり，プロティノスの思想体系が対象論的な論理に基づいていないことを意味している。即ち，プロティノスの言う一者，ヌース，魂といった原理は，対象化されて外に見られるよりも，むしろ意識の作用に即して

1988 がある。また，Armstrong は早くも1940年に出版された研究書の中で，〈未完のヌース〉についての叙述を取り上げている（pp. 67-71）。

19)　鹿野（1939, 80-82頁）はプロティノス哲学を禅と比較し，禅が「質料の方へ徹底している」のに対し，プロティノスの一者は「形相の方へ徹底している」と考えている。この見方は西田幾多郎のプロティノス解釈に影響されているように見える。というのは，西田はプロティノスの一者を「イデヤの方向に超越するもの」（『西田幾多郎全集』第七巻，223頁（1927年），cf. 第五巻，121-122頁，第七巻，216頁，第八巻，326頁）と言っているからである。そして西田によれば，「プロチノスは一者をノエマ的方向に考へたが，逆に之をノエシス的方向に考へるならば，エマナティオといふことは場所が場所の中に場所自身を限定するといふことでなければならぬ，無限に自己の中に自己を見るといふことでなければならない。而してそれは絶対に無なるものの自己限定として創造と考へられるものでなければならない」（第六巻，122頁（1933年），cf. 第九巻，299, 375頁）。鹿野とは逆に，稲富 1939 は一者を質料的，ノエシス的方向で探究し，一者が質料を自己の「被限定面」としてもつものとして論じている。ただ，叡智的質料を感性的質料から充分に区別していない点で，稲富の主張はプロティノス解釈としては無理があると言わざるを得ない。しかしこれも，西田の「（プロティノスには）最後の非規定的な『物質』（つまり質料）が，直接『一者』と結びついてゐると云ふ考へはないやうであるが，そこが大切ではないかと思ふ」（第十四巻，366-367頁）という見解に影響されているように思われる。西田はギリシア哲学において，「質料の問題は何処までも解決することなくして残された」（第七巻，223頁）と述べ，質料的，ノエシス的方面の考察の重要性を主張している。

我々自身の内に見られるべきものである。〈未完のヌース〉への着目は，近年のプロティノス研究の発展における最も華々しい点であったと言ってよい。

　また，存在における〈二つの働き〉の教義（内的・実体的な働きと外的・派生的な働き）は[20]，上位の存在と下位の存在との関係性，及びプロティノス哲学における存在と働きとの同一性を示すものである。これも，プロティノス的原理が作用や意識の観点から捉えられるべきものであることを示唆している。即ち，プロティノスの言う一者やヌースは，働きを為す主体ではなく，働きそのものであり，異なる働きを為すということは，既に異なる存在だということを意味するのである。

　本書の第1章では，一者とそこからの発出について，概略的で導入的な説明をしておく。第2章，第3章は古典の専門的な議論に立ち入っているが，第2章の論点は，一者を「振り返って見る」作用が，それ自体は無限定であること，しかし，その作用により一者が対象化，分節化され，一者の映像としての諸形相が，ヌースの対象界（叡智界）として構成されることである。ここからはまた，叡智界の「質料」や「不定の二」といった伝統的な概念が，プロティノスにおいては認識の作用に即して捉えられていたということが明らかとなる。そして第3章の要点は，そもそも一者を「振り返って見る」作用が一者から発して一者に返るという反省的な性格を有しており，一者からの自己反省的な働きの発現（一者の外的・派生的な働き）としてヌースの自己直知が成立するということである。プロティノスにおいて「振り返って見る」とは，自己の外へ目を向けることではなく，自己の内へ向かう反省的な働きである。この構造はヌースからの魂の生成においても同様であり，ヌースの智慧が我々の魂に生ずるメカニズムでもある。こうした点は，プロティノスの認識論の解明にかかわる要点で，プロティノス自身のテキストの読解

20）　実体を構成する内的な働きとそこから派生する外的な働きという〈二つの働き〉の教義に着目した現代の研究で最初のものは Rutten 1956 であり，彼はこの教義がプロティノス哲学の中心的役割を演じていることを指摘している（p. 101）。その後，Lloyd（1990, p. 98）や Narbonne（1994, p. 62）が同様の評価をしており，Emilsson（2007, p. 9）は，熱や雪，光や泉といった比喩に基づく所謂〈流出論〉を哲学的に論じているのは，〈二つの働き〉の教義であると指摘している。

に基づくことが欠かせなかった。とりわけ，第3章の主張の論拠としたテキストは，プロティノス哲学の本質にかかわる最大の論点を述べたものであり，それはプロティノス研究史上，最も多くの注目を集め，議論に議論が重ねられた難問であった。

　第4章では，ヌースと魂についての以上の論点を整理しながら，感覚作用に見られる外界認識との相違を考察する。感覚が「臆見」だとされるのは，外部に存在する対象の「映像」を受け取るからであるが，上位の原理からの主観・客観への分化という認識構造においては直接知が可能となる。即ち，上位の原理から発して「振り返る」という反省的な認識において，上位の原理の対象化，映像化が行われても，それは一つの原理からの展開であって，外在する対象の映像化ではないのである。そして，この場合，上位の原理は下位の存在にもとから具わり内在すると同時に，上位の原理自体は反省的な認識による分化以前のものとして留まり，下位の存在を超越する。こうした観照の構造が，上位の原理が不変のまま下位の存在が生ずるというプロティノスの〈発出論〉を説明する。

　このようにして一者が反省的観照において主客へと分化したものがヌースの直知であり，更にヌースが反省的観照において推論的思惟へと展開したものが魂の知性であるが，同様のプロセスが，合一体験を通じて我々の認識にも生じ得る。そこで，第5章では，我々にとっての真理認識の問題を扱う。認識を超えた一者についての知識や真理認識は，プロティノスの認識論の枠組みにおいては合理的な仕方で成り立つ。ヌースや一者との「合一」とは，我々が他のすべてを捨て去って，自己自身がヌースとなり，一者となる体験である。これは勿論，存在上の一体化ではなく，意識の働きにおける一体化である。プロティノスによれば，我々は一者やヌースとの合一の際には我を忘れているが，再び我に返って一者やヌースを振り返って見る時には，もはや合一状態から離脱している。即ち合一とは，反省的な認識を伴わずに一者やヌースに没入している状態だと言うことができる。一者との合一の後でその状態を反省して見る時，我々はヌースの自己直知に与るのであり，一者となった我々自身の反省的な知として，一者についての直知が我々自身の内に生ずる。即ち，一者そのものは知を超えたものであるが，我々はその時，自己自

身が一体化した一者の内容を直知の働きによって反省的に捉え直して知ることができる。また、ヌースとの合一は、我々がヌースそのものとなって自己直知の働きを行うことであるが、その状態を反省して外から振り返って見る時、我々はヌースの直知的内容を魂固有の逐次的で推論的な思惟によって捉え直す。その時、哲学的言説が可能となる。プロティノスは、彼自身の体験した一者や叡智界を論理化し、言語化したのであり、それをギリシア哲学の伝統に即した形で体系付けたのだということができる。

トゥルヤールの言うように、神秘体験はプロティノス思想における結論ではなく出発点であり、プロティノスは、その体験を表現するための哲学的言語を求めて、プラトン主義の伝統にそれを見出したのである[21]。彼はプラトン主義者ではあるが、プラトンの主張を単に思考上で展開させているというわけではない。むしろ、自らの体験がプラトンの言葉に適合しているとみなし、自らの主張の正当性を裏付けるためにプラトンを引用しているのであった。日常、誰もが経験している世界を論ずる場合と異なり、神的な領域を問題とする哲学の場合、もしそれが先行する哲学解釈からの帰結でしかないとするならば、それは対象を単に概念的に取り扱う思弁にすぎないことになる。だが、プロティノスはそうした思想家ではなく、生き生きとした体験に立脚する独創的な哲学者であった。即ち、プラトンの言葉が引用されている時でも、それは既にプロティノス自身の体系と文脈の内に組み込まれたものとなっているのであり、その解釈の仕方は彼自身の体験に動機付けられているわけである。そこで、プロティノス研究の場合、とりわけ重要なのはこの動機付けの解明だと思われる。というのも、それが十分可能な程、プロティノス自身がそれについてよく語っているからである。

プロティノスが、ヌースの始原として如何なる意味でも主客のない一者を見出したことには、哲学的・宗教的に計り知れない意義があり、またここからは、人間存在の本質に関する多くの示唆が汲み取られる。プロティノスの認識論は、我々の意識の内奥が神的な領域に通じているこ

---

21) *Histoire de la Philosophie* I, *Encyclopédie de la Pleiade*, p. 893. Trouillard のこの見解に Armstrong (1974, p. 183) が賛意を示している。

とを示している[22]。プロティノスの一者が哲学史上に影響を及ぼし続けた理由は，それがヌースの上に添えられた単なる概念としての〈一〉ではなかったからである。何も生まない〈一つのもの〉ではなく，真の叡智を生み出す源泉であったからである。歴史上の哲学者や宗教者たちは，絶えずそれに触発されてきたのである。

　そこで本書の執筆にあたっては，西洋古典研究者以外の読者のためにも，哲学的な論点を重視し，プロティノス研究の枠を出ない範囲で可能な限り，事柄そのものに立ち入って説明するよう心掛けた。プロティノスを源流とする新プラトン主義は，様々な時代にそれぞれの仕方で解釈されてきた。人間が宗教的な領域を問題とする限り，プロティノス哲学は新たな解釈の可能性を今後も約束し得る深さと奥行きを有しているはずである。

---

22) ジェイムズは，古典的な神秘主義にせよ，妄想的で精神病理的な低級な神秘主義にせよ，それらは何れも潜在意識，或いは超意識の広大な領域から生ずるものであると指摘し，我々が神秘主義を扱う意義を，「このもっと広大な意味の世界を勘定に入れて，それを真剣に扱うことは，それがどれほど複雑で私たちをどれほど悩まそうとも，私たちが究極的に完全な真理に近づくためには欠くことのできない段階であろう」と述べている（cf. W. James, *The Varieties of Religious Experience*, pp. 337-339, 桝田啓三郎訳『宗教的経験の諸相』下，岩波書店，1970, 254-259頁）。

第1章

一者の不可知性と非存在性

―――――

1. 万物の始原は多様性を超えている

プロティノスは，万物の始原（ἀρχή）は多なるものではなく，如何なる多様性も含まない真なる一，絶対的なる一であるとした。多様なものに先立って，一なるもの（τὸ ἕν）がなくてはならないからである。

「単一（ἁπλοῦν）でないものは，自己の内の単一なものたちから構成されて存在するために，それら（の単一なものたち）を必要とする」（V4 [7] 1.14-15）。

「単一であることのできないものは（自分だけでは）存立しないだろうし，多くのものから成り立つものは，単一なものがないならば，これもまた存在しないだろう……。従って，もし何かが多であるならば，多なるものの前に一があるのでなければならない」（V6 [24] 3.13-21, cf. VI9 [9] 2.31-32）。

多様な要素から成るものが存在するには，まず個々の要素が単一なものとして存在しているのでなければならず，もし単一なものが存在しないとしたら，それらから構成される多様なものも存在しないことになる。そこで，万物の始原は多様なものではあり得ず，単一なものでなければならない。

「もし，それが単一であらゆる結合や合成から無縁で全く一つなの

でないとしたら，それは始原ではあり得ないであろう」(V4 [7] 1. 10-12)。

　そして，始原である一者は，何か或るものであった上で，それが一つのものだという意味で一なのではない (V4 [7] 1.8, cf. VI9 [9] 5.32-33, II9 [33] 1.4)。というのも，その場合には既に幾つかのことが一者に述語付けられることになり，そこにそれだけの数のものがあることになるからである。多くの要素から成り立つものはそれぞれの要素に依存するが，一者は単一であって他のものに依存しない。一者は「最も単一 (ἁπλούστατον) であるから，第一者 (τὸ πρῶτον) であり，多くのものから成り立っているのではないから，自足したもの (τὸ αὔταρκες) である」(II9 [33] 1.8-9)。一者は「全く単一 (πάντη ἁπλοῦν)」で「自足した (αὔταρκες) ものである (V3 [49] 13.17)。

2．一者は無限定，無形相で，存在を超えている

　前述のように，一者は何か一つの「或るもの」ではない。だが，「存在 (οὐσία)」は必ず何らかのものとして存在しており，何でもないものは「存在」として見なされない。

　「存在するもの (τὸ ὄν) は無限定性の内に漂っているようなものであってはならず，むしろ限界と静止とによって固定されてしまっているのでなければならない。そして，直知されるものにとって静止は限界付けと形であり，それらによって直知されるものは存立をもまた得るのである」(V1 [10] 7.24-26)。

　叡智界の諸存在を含め，すべての存在するものは限定され，限界付けられたもので，固有の形相をもっている。

　「存在は『この或るもの』でなければならない。そして，それは限定されたものである」(V5 [32] 6.5-6)。

　「真に存在するものは，限定されたものであり，限界付けられたも

のである」(III6 [26] 6.17-18)。

これに対して、一者は「何か或るもの (τι)」ではない (VI9 [9] 3.37)。

「かのもの（一者）は『このもの』として捉えられない。何故なら、それだともはや（あらゆるものの）始原ではなくて、『このもの』であると言ったところのものでしかないことになるだろうから」(V5 [32] 6.6-8)。

一者は全く無規定であり、物質的な形だけでなく、直知の対象となるような形相さえもたない。

「かのものには何の形 (μορφή) もなく、直知される形すらもないであろう」(VI8 [39] 11.31-32, cf. VI7 [38] 34.2)。

「存在するものは、存在するものの形の如きものをもっているが、かのものは形をもたず (ἄμορφον)、直知される形さえもたない」(VI9 [9] 3.38-39)。

一者は「無形」であり、「無形相 (ἀνείδεον)」(VI9 [9] 3.4, 43-44, V5 [32] 6.4-5) である。

「形を持つものと形と形相とはすべて測られたものであり、こうしたものは全きものではないし、自足したものでも、自分から美しいものでもないのであって、これもまた（他のものと）混ぜ合わされたものなのである。そこで、これらは美しいものだが、真に美しいもの、或いは美を超えたものは、測られていないものでなければならない。そして、もしそうであれば、それは形付けられたものでも、形相であってもならない。従って、第一に美しく、第一の美であるものは無形相である」(VI7 [38] 33.16-21)。

そして、「無形相であるので、存在ではない」(V5 [32] 6.5) とされる。

第1章　一者の不可知性と非存在性

もし一者が何か特定のものであったら，その特定のものでしかなく，万物の原因であることはできない。従って，一者は諸存在の内の一つではないが，また一者は諸存在の総体でもない (V5 [32] 13.20-21)。「全体的な存在は，存在するもののすべてを自己の内に持つことによって，一層多となり，一とは異なるものとなるだろう」(VI9 [9] 2.22-23) からである。形相としての叡智界の存在も多様なものなので，一者はそれらの内の一つでもなければ，その総体でもない (cf. VI9 [9] 2.27-31)。存在の内の一つでも，存在の総体でもないということは，一者は存在の領域にはないということである。

しかし，一者は「存在するものでない」(VI9 [9] 2.46-47, 3.38, 5.30, III8 [30] 10.30) と言っても，それは単に「存在しない」という意味ではない。プロティノスはプラトン『国家』509b9における善のイデアについての表現を引用しながら，「一者は『存在のかなたにある (ἐπέκεινα οὐσίας)』[1]と言われる」(V4 [7] 1.10, cf. V6 [24] 6.29-30, VI7 [38] 40.26, I7 [54] 1.19) と述べている。むしろ，一者は万物でもなければその内の何かでもないことによって，万物を生み出す原因[2]だとされる (III8 [30] 9. 40-41)。

「かのものは如何なる形にも包まれていなかったので——というのは，かのものは一でしかないのだから[3]——かのものからすべてのものが出て来るのである」(V1 [10] 7.19-20)。

「彼（一者）の内には何一つなかったからこそ，彼からすべてのものが出て来たのであり，存在するものがあり得るために，まさにそのために彼自身は存在するものではなく，それ（存在するもの）の

---

1) 同様の意味で ἐπέκεινα ὄντος という表現も一者について繰り返し用いられている (VI9 [9] 11.42, V1 [10] 10.2, II4 [12] 16.25, III9 [13] 9.1, I3 [20] 5.7-8, IV4 [28] 16.27, V5 [32] 6.11, VI7 [34] 5.37, VI8 [39] 9.27-28, VI2 [43] 17.22-23)。

2) 一者は「万物を産み出すことの可能な力 (δύναμις πάντων)」(V1 [10] 7.9-10, III8 [30] 10.1, V4 [7] 1.36, 2.38) であり，「すべてのものの始原 (ἀρχή)」(V2 [11] 1.1, V3 [49] 12. 8, 15.27, V4 [7] 1.23, VI8 [39] 9.7) である。

3) 不可分のもの，即ち部分のないものは形姿をもたない (cf. V5 [32] 11.14-15, プラトン『パルメニデス』137d4-138a1)。本章への注6)，7) も参照。

産出者なのである」(V2 [11] 1.5-6, cf. VI7 [38] 17.11-14)。

一者は「無形であり無形相である。何故なら、そのようにして形相を作るのであるから」(VI7 [38] 17.40-41) とも言われる[4]。

3. 一者は本来名付けられない

一者が『何か或るもの』でないとしたら、それは本来名付けられることができない。「おそらくは『一者』というこの名前も、(単に) 多の否定を意味しているのだ」(V5 [32] 6.26) とプロティノスは述べている。つまり、「一者」という名称は何か肯定的な意味をもつものではなく (cf.V5 [32] 6.28-30)、「点や単位としての一」という意味で「一」であるのでもない (VI9 [9] 5.41-42)。そして、「(一者という) この名前が付けられたのは、探究者が、絶対的な単一性を意味するこの名前から始めて、最後にはこれすらも (かのものについて) 否定するためなのである。というのは、この名前は命名者によって可能な限りうまくつけられてはいるとしても、これすらもかの本性を言い表わすのに値しないからである」(V5 [32] 6.30-34, cf. VI9 [9] 3.49-54, ibid. 5.31-33, II9 [33] 1.5-8, V3 [49] 13.1-6, 14.6-8)。また、一者が「善 ($\dot{\alpha}\gamma\alpha\theta\acute{o}\nu$)」であるとされるのも、単に他のものにとってであり、それ自身にとってではない (VI9 [9] 6.41-42, 55-57, V6 [24] 6.34, VI7 [38] 41.28-29, cf. ibid. 38.4-9)。我々が一者を表現するのは、より劣ったものについて言われることを一者に転用することによってである。

「我々は、かのものについて言うべき適切なことを見出すことができないために、より劣ったものに属するより劣った性質をかのもの

---

4) 「形相は形作られたものの内にはあるが、形作ったものは無形であった」(VI7 [38] 17.17-18)。形相 ($\varepsilon\tilde{\iota}\delta o\varsigma$) のないもの (一者) が叡智界において形相を作り出す。そして、叡智界の形相は感覚的な形 ($\mu o\rho\phi\acute{\eta}$) をもたない。「直知されるものを、物体の上の色や形であるかのように求めてはならない。何故なら、これら (色や形) が存在する以前に、かのもの (直知されるもの) たちは存在しているのだから」(V3 [49] 8.2-3)。直知されるものは、不可視である。そこで、叡智界の形相は、「無形の形相 ($\breve{\alpha}\mu o\rho\phi o\nu$ $\varepsilon\tilde{\iota}\delta o\varsigma$)」(VI7 [38] 33.4, cf. ibid. 32.37-39) と呼ばれる。このような形相が感覚的な形を作り出すことになる。Cf. D'Ancona Costa 1992.

に転用して，これらをかのものについて述べることになるだろう。しかしながら，我々はかのものについて当て嵌まるようなことを何も言うことができないばかりか，本来の意味においては，かのものについて何かを言うことすらできないであろう」(VI8 [39] 8.3-7)。

「我々は，かのものが何でないかを言っているのであって，何であるかは言わないのである。従って，我々はより後のものを用いて，かのものについて語っているのである」(V3 [49] 14.6-8)。

4．一者の一性とは無限性である

万物の始原は多様なものではなく，「一」なのだとしても，一者は或る一つのものだというわけではない。一者の「一」は，有限性ではなく無限性を意味している。というのは，限界のあるものは，「一」ではないことになるからである。

「(一者は) 他者に対しても自己に対しても境を接していない (πεπέρανται)。というのは，もし境を接しているなら，かのものは二つのものでもあることになろうから」(V5 [32] 11.3-4)。

まず，「自己に対して境を接している」ということで想定されているのは，自己の或る部分が自己の他の部分内にあり，一方が他方を包んでいるという場合である。その場合，包む部分と包まれる部分という二つのものがあることになる[5]。そこでまた，形あるものには諸部分があるので[6]，逆に「諸部分 (μέρη)」のない一者には，「姿 (σχῆμα)」も「形 (μορφή)」もないことになる (ibid. 4-5)[7]。次に，「一者が他者に対して境を接していない」というのは，他者によって限界付けられておらず (ibid. 10.18-19)，他の何かに包まれていないという意味である[8]。もし，

---

5) プラトン『パルメニデス』138a7-b5 を参照。
6) プラトン『パルメニデス』137e4-6 を参照。
7) プラトン『パルメニデス』の第一仮定によれば，「一」は「無限 (ἄπειρον)」であり (137d7-8)，「形 (σχῆμα)」をもたず (137d8)，「諸部分 (μέρη)」をもたない (137d2-3)。
8) プラトン『パルメニデス』138a3-7 では，「一」が何かの内に包まれているとすると，

4．一者の一性とは無限性である

一者が場所の内にあるようにして何かの内にあるとすると，その何かは一者に先立って存在していると考えられる。だが，「始原は自己の先のものをもたないので，自己がその内にあるところの他者をもたない。他の存在するものたちは自分たちの先のものたちの内にあるが，始原は自己がその内にあるところのものをもたずに，それ自身が他のすべてのものたちを包んでいる」(V5 [32] 9.7-10, 31-32, cf. II9 [33] 1.10-11, VI8 [39] 18.3)。一者は他の何かに包まれていないという意味では，「何処かにあるのではない (οὐ ποῦ)」(V5 [32] 9.21, cf. プラトン『パルメニデス』138b5)。その点では，それは「存在しない」(V5 [32] 9.13, 14)。しかし，すべてのものがその内にあるという意味では，すべてのものにとって一者が「あらぬ所はない」(V5 [32] 9.11-12, 19)。つまり，一者は「存在して存在しない」(ibid. 13)。これは，一者がある意味で「存在」だという意味ではなく，「何処にもないのに，何処にもない所がない」(ibid. 8. 23-24) という意味である。一者はあらゆる所にあって，また何処にもない (III9 [13] 4.6-7)。というのは，一者自身は限定された形をもたず，何処かにあるものでもなく，「存在」でもないが (cf. ibid. 6.5)，すべてが一者の内に存在し，一者はすべてのものに臨在し，その意味で「あらゆる所にある」[9]からである。そして，一者はすべてのものを内に包み込み，すべてのものは一者において存在し，それに依存しているという意味で，一者は「すべてのものの善」である (ibid. 35-37)。

こうして，一者が万物の始原たる絶対的な「一」であるとすると，それは「他者に対しても自己に対しても境を接していない」ようなものでなければならない。つまり，一者は「無限 (ἄπειρον)」(VI9 [9] 6.10, V5 [32] 10.21, 11.1, VI7 [38] 32.15)[10]であり，「無限定 (ἀόριστον)」(VI8 [39]

「一」は自己の多くの部分でその何かに触れているのでなくてはならないことになるが，「一」は諸部分をもたないので，それは不可能だと論じられている。

9) 一者は何処かにあって，別の所にないというわけではない。「何処かにあるのではなく，何ものからも離れて立たない (cf. プラトン『パルメニデス』144b2) とすると，それは自分であらゆる所にあることになるであろう」(V5 [32] 9.22-23)。しかも，一者には部分がないから，一者の或る部分が或る場所に，別の部分が別の場所にあるわけではない (ibid. 23-24)。「従って，かのものの全体があらゆる所にあるのである」(ibid. 24-25, cf. プラトン『パルメニデス』131b29-31)。

10) 一者の無限性とは，大きさ (μέγεθος) によるものではなく (V5 [32] 10.19-21, VI7 [38] 32.15-16)，力 (δύναμις) の無限性である (V5 [32] 10.21, IV8 [6] 14)。一者の無限性に

9.42)、であり、「無形相」である。プラトン-ピュタゴラス主義的思考に代表される考え方によれば、限定、即ち存在は善や完全性を意味し、無限定、即ち非存在は悪や不完全性を意味するが、プロティノスは、悪しき無限から区別される無限性や無限定性を、ある種の厳密さをもって「善」に結び付けた最初のギリシア哲学者だと言える[11]。

5．一者は知性を超えている

認識が成り立つのは、認識作用が認識対象を把握するからであり、「すべての知性には、直知される対象が結び付けられている」(III8 [30] 9.6-7)。ヌースが直知する（νοεῖν）対象は、他者ではなく自己自身であるが、その場合でも、ヌースには直知作用（νόησις）と直知対象（νοητόν）という二つのものが属することになる。ヌースは、「それ自身も直知されるものであるが、また直知するものでもある。それ故、（ヌースは）既に二つのものである」(V4 [7] 2.10-11)。

> 「（直知するものが）本来の意味で（κυρίως）直知する[12]ために、（直知対象を）自己自身としてもつのだとすれば、（直知するものと直知される対象との）二つは一つであるだろう。従って、両者は一でなければならない。また、もしそれが一つのものではあっても、尚且つ二つのものであるのでもなければ、それは直知するための対象をもたないことになるだろう。従って、それは直知するものですらないだろう。そこで（直知するものは）単一であって単一でないのでなければならない」(V6 [24] 1.10-14)。

即ち、ヌースは自己自身を直知するという点では一であっても、直知する者であると同時に直知される者でもあるという点で、既に二だとい

ついては、Sweeney 1957, 1959, Clarke 1959, 及び Sweeney (1961, p. 515, note 24) を参照。

11) Armstrong (1955, pp. 47-48).

12) 自己が自己自身を直知することが「本来の意味で（κυρίως）直知すること」(V3 [49] 13.14) であって、直知が外部のものを対象とするなら、それは本来の意味での直知ではない (ibid. 15-16) とされる。他のものを対象として直知を為すものは、「第一義的に直知するもの（πρώτως νοοῦν）」ではない (V6 [24] 1.8, 9) とも言われる。ヌースは自己直知を行うので「第一の直知（πρώτη νόησις）」(VI7 [38] 40.23) である。

うことになる。「ヌースと存在，つまり直知するものと直知されるものとが一緒になったこの一は二である」(V1 [10] 4.31-32, cf. III9 [13] 7.4-5, III8 [30] 9.5)。ヌースは自己自身を対象として直知の活動を行うものであり，その時対象として捉えられているものが「存在するもの」(τὸ ὄν) である。

「ヌースは直知する作用の側にあり，存在するものは直知されるものの側にある」(V1 [10] 4.32-33)。

「ヌースは直知することによって存在するものを存立せしめ，存在するものは直知されることによって，ヌースに直知することと存在することとを与えている」(V1 [10] 4.27-29, cf. V9 [5] 5.12-13)。

ヌースの直知作用が対象としているのは，自己に内在する「形相 (εἶδος)」であって，それは「イデア (ἰδέα)」であり，「ヌース」であり，「直知的な存在」だと言われる (V9 [5] 8.1-2)。ヌースの直知作用が叡智界の形相を存在するものとして存在せしめるのと，この存在がヌースの直知活動を成立せしめるのとは同時である。「存在するものとヌースとは一つのものである」(V9 [5] 8.16-17)。プロティノスは，「直知することと存在することとは同じである」というパルメニデスの言葉(『断片』B3, DK)をしばしば引用している (V9 [5] 5.29-30, V1 [10] 8.17, III8 [30] 8.8, I4 [46] 10.6)。しかし，直知するものと直知されるもの，ヌースと存在とが一体となったものは，もはや絶対的な一ではない。そこで，プロティノスはアリストテレスの言う自己直知を行うヌースは第一者ではないと批判する (V1 [10] 9.9-10)。万物の始原たる一者は知的活動を行うものではないということになる[13]。

「認識することは第二のものの内にある」(V3 [49] 12.49-50)。「自己意識をもつ (παρακολουθοῦν ἑαυτῷ) ものや自己直知を行うものは，

---

[13] 一者は自己自身さえ知らない無知の者なのかという問題が生じる (V3 [49] 13.6-8, III9 [13] 9.5-6, VI7 [38] 38.9-10, プラトン『ソピステス』249a)。この点については，第3章，及び第5章で論じる。

第二のものである」(III9 [13] 9.18-19, cf. ibid. 7.3)。

「まったく単一で，すべてのものの内で第一のものは，ヌースのかなたに（ἐπέκεινα νοῦ）あるのでなければならない」(V3 [49] 11.27-28)。

一者にとって直知する活動は，むしろ余計なものなのだとされる(V3 [49] 13.11-12)。というのも，一者は自己直知を必要としないばかりか (VI7 [38] 38.22-25, VI9 [9] 6.42-50, V6 [24] 6.30-31)，前述のように，直知の働きをもつものは「一」ではなくなるからである。一者に知る働きを付け加えることは，却って一者を不完全なものとすることになるので，一者からは知る働きを除去しなくてはならない (III9 [13] 9.22-23)。一者は直知するものでもなければ，直知されるものでもなく，「直知活動のかなたに（τοῦ νοεῖν ἐπέκεινα）」(V6 [24] 6.30) あり，「直知対象のかなたに（ἐπέκεινα τοῦ νοητοῦ）」(V5 [32] 6.20) ある。

「一者は存在のかなたに（ἐπέκεινα οὐσίας）あるので，活動のかなたにあり，ヌースと直知作用とのかなたに（ἐπέκεινα νοῦ καὶ νοήσεως）ある」(I7 [54] 1.19-20, cf. III8 [30] 9.9-10, V3 [49] 12.47, 13.2-3 ἐπέκεινα νοῦ, III9 [13] 9.12, VI7 [38] 40.26-27 ἐπέκεινα νοήσεως)。

「かのもの自身が何かであるとすれば，それは自己認識や自己直知や自己知覚（συναίσθησις αὐτοῦ）より偉大なものである」(VI7 [38] 41.25-27)。

6．一者は不可知である

一者はヌースを超え，認識を超え（ἐπέκεινα γνώσεως V3 [49] 12.48)，認識の対象とならない (cf. V3 [49] 13.9-10)。一者には「認識も直知も（οὐδὲ γνῶσιν οὐδὲ νόησιν）」(V3 [49] 14.2-3)，「説明も知識も（μὴ λόγος μηδὲ ἐπιστήμη）」(V4 [7] 1.9, プラトン『パルメニデス』142a3-4) 成り立たない。何故なら，認識作用を超えたものは，認識作用によって捉えられないからである。

そもそも，直知をはじめ，認識は必ず多様な内容をもつ。

「もし（直知するものが）一つで不可分のものに (ἓν καὶ ἀμερές) 目を向けるなら，いかなるロゴス（思考，言論）をも持たないであろう。何故なら，それについて何を言うことが，あるいは何を理解することができるだろうか」(V3 [49] 10.31-32)。

「知識 (ἐπιστήμη) は言論 (λόγος) であって，言論は多なるものである」(VI9 [9] 4.5-6, cf. VI7 [38] 39.17-18, V3 [49] 10.29)。

何故なら，言論や説明は文節や語句から成り，知識は諸定理から成るのであって，そこには多くの内容が含まれるからである。直知は，すべてを一挙に捉える直観的な認識だという点で，対象を一つずつ順を追って捉える推論的な認識と異なるが，それでも，「直知するということは，多くのものが一つに集まっている時に，その全体を一緒に知覚すること」(V3 [49] 13.12-13) だと考えられている。つまり，全体を一挙に把握するとは言え，その内容として多くのものがあることになる (V3 [49] 10.39-42, cf. VI7 [38] 39.18-20)。

従って，そのような働きによって分割して捉えられるものは，一ではないのだから，一者ではあり得ない。もし一者が「これである」と認識されたとしたら，そこに少なくとも「これ」と「ある」(cf. V3 [49] 10.34-39, VI7 [38] 38.11-18) とがあることになるので，一者については「これである」という認識も成り立たない。

7．一者体験

それでは，我々は一者を捉えることができないのかと言うと，決してそのような訳ではない。

「かのものの把捉は，知識によるのでもなく，また他の直知対象のように，直知作用によるのでもない。それは臨在 (παρουσία) という知識に優る仕方によるのである」(VI9 [9] 4.1-3)。

一者の把握はまた,「受容」(VI9 [9] 4.25, VI7 [38] 34.7) や「適合」(VI9 [9] 4.26),「類似」(ibid. 27, 8.28, VI7 [38] 34.11, 35.44),「触覚のようなものや接触」(VI9 [9] 4.27, cf. ibid. 7.4, V3 [49] 17.25, 26, 34) によるとも言われ, そういった「接触や, 発言も直知も伴わない単なる触覚のようなもの」は「まだヌースが生じておらず, 触れるものは直知しないので, 前直知的なもの」だと説かれている (V3 [49] 10.42-44)。このようなことが可能となるのは, 我々が「一者からやって来た時と同じ状態にある場合」だとされる (VI9 [9] 4.27-28)[14]。そして我々の魂が万有の根源である一者から生まれたばかりの状態に戻るには,「我々が降下して身に着けたものを脱ぎ捨てる」(I6 [1] 7.5) のでなければならない。

「他のすべてを捨て去り, ただこのものの内にのみ立ち止まり, 我々が身に纏っている他のすべてのものを断ち切って, 唯このものとならなければならない」(VI9 [9] 9.50-52, cf. V3 [49] 9.3-8)。

ちょうど黄金が土塵にまみれていても, その土塵を拭い取ると黄金が後に残るように, 魂の場合も「あまりにも馴染んでいる肉体の故に持つようになった様々の欲望から切り離され, 他の諸情念からも解放され, 肉体に宿るようになって持つようになった諸々のものから浄化されて[15]独りで留まった時, 他のものに由来するすべての醜さを捨て去ったことになるのである」(I6 [1] 5.54-57)。その時, 我々の魂は叡智界に昇るが, 更に一者のもとにまで戻るには, 単に肉体的な情念や欲望だけでなく, 知識や, 直知される形相 (イデア) さえ手放すのでなければならない (VI7 [38] 34.3-4, VI9 [9] 7.14, 20, V5 [32] 6.20-21)。即ち, 一度肉体的自己を否定して叡智界で獲得した真理さえも放棄し, 更にその先に進むのでなければならないことになる。そのようにして「一切を取り去り」(V3 [49] 17.39), 一者と似たものとなって一者を受け入れる用意 (VI9 [9] 4.26, VI7 [38] 34.10-12) をし,「自己のみの者となって自己のみの者へ

---

14) H.-S. に従い, ἔχῃ (l. 28) の主語として τις を想定する。
15) 肉体的なものからの「浄化 (κάθαρσις)」は, 肉体的なもの (即ち外的なもの) から知性的なもの (即ち内的なもの) への魂の「振り返り (ἐπιστροφή)」でもある (I2 [19] 4.17, I6 [1] 7.4-7, V1 [10] 1.11-25)。

7．一者体験

(μόνου πρὸς μόνον)」(VI9 [9] 11.51, cf. I6 [1] 7.9, V1 [10] 6.11, VI7 [38] 34.7-8)[16])向かう時，我々の魂は「自己の内に（一者）が忽然と (ἐξαίφνης)[17]) 現れるのを見る[18])」(VI7 [38] 34.12-13,)。その時，我々の魂は一者と自己とを区別することができず (VI7 [38] 34.14, VI9 [9] 20-21)，「両者は一つ (ἓν ἄμφω)」(VI7 [38] 34.13-14) なのだとされる。こうして，我々は直知を超えた一者と「一つ (ἕν)」(VI9 [9] 3.12, 4.24, 10.16, 21, 11.5) になり，「一体となる」(ἑνωθῆναι ibid. 9.33, ἡνωμένον 11.6)。これが所謂〈合一体験〉であるが，それは我々がこの世に生を受けて以来身に付けた一切のものを手放すことによってのみ起こる体験である[19])。それは「脱自 (ἔκστασις)」(VI9 [9] 11.23) であり，「単一化」(ibid. cf. ibid. 10.11) であり，「自己放棄」(ibid. 11. 23) であり，その時，我々は一者そのものとなる (θεὸν γενόμενον, μᾶλλον δὲ ὄντα VI9 [9] 9.58)。それは，「全く静止し，いわば静止になり切る」(VI9 [9] 11.15, cf. ibid. 24) ことであり，そ

---

16) ヌゥメニオス『断片』に，感覚されるものから離れて「独りで善なる者とだけ交わる (ὁμιλῆσαι τῷ ἀγαθῷ μόνῳ μόνον)」(2.12, cf. 19.7) という表現がある (cf. Atkinson, p. 132)。また，プロティノスはプラトン『ピレボス』63b7-8 の表現を引用し，一者は「自己だけで孤立している (μόνον καὶ ἔρημον)」(V5 [32] 13.6, V3 [49] 10.17, VI7 [38] 25.15) と言っている。ヌースとの合一の場合も，我々は「自己に属する他のものを捨て去り，これ（ヌース）によって，これ（ヌース）を見る」(V3 [49] 4.28-29)。

17) 「忽然と (ἐξαίφνης)」という表現は，プラトン『饗宴』210e4 からの引用であり，V5 [32] 3.13, 7.34, VI7 [38] 36,18-19, V3 [49] 17.29 でも使われている。

18) 「見る」「観照する」という用語は，見るものと見られるものという二重性を意味し得るという点で，一者との合一を示す適切な表現とは言えない (VI9 [9] 10.11-15, 11.22-23)。Rist は我々の魂の目標は，一者を「見る」ことではなく，「合一」することだとして，観照と合一とを区別しているが (Rist 1967, pp. 221-222)，彼は VI7 [38] 34.12-14 及び VI9 [9] 10.20-21 で，一者と「一つ」になっている魂について，一者を「見る」「観照する」という表現が用いられているのを考慮していない。観照と一体化との間に，魂の上昇過程における段階の違いがあるわけではなく，プロティノスが問題にしているのは，表現における厳密さなのだと考えるべきであろう。彼は，合一状態を如何に「言うべきか」を問題にして，『『見るだろう』と言うべきではない」(VI9 [9] 10.11-12) と述べている。そして，同論考で「合一」は「見るのとは違った仕方なのだ」(ibid. 11.22-23) と言った直後でさえ，「観照」や「見る」といった表現を繰り返している (ibid. 25, 32, 34)。

19) Hadot (1986, p. 247) が指摘しているように，魂の浄化は否定神学と混同されてはならない。否定神学は一者について何事かを我々に語るが，魂の浄化は我々を実際に一者へと導くのである (VI9 [9] 9.51, VI7 [38] 34.3, VI9 [9] 7.15, 20)。「我々が語ったり書いたりするのは，（人を）かのものへ（一者）と送り出し，議論から観照へと目覚めさせるからなのであって，それはちょうど，何かを観ようと欲している者に道を示すようなものなのである。つまり，道や道程は教えられるが，その何かを観ることは，既に見ようと欲している者の仕事なのである」(VI9 [9] 4.12-16)。即ち，それには実生活上の実行が伴わなくてはならない。

の時には感情や欲求だけでなく,「言論も,何らかの知る働きもない」(VI9 [9] 11.12)。

「その時魂は,他の時には喜んで受け入れていた直知活動さえも軽蔑する気分になる。というのは,直知することはある種の動きであるが,魂はもはや動くことを欲しないからである。何故なら,魂が言うには,自分が見ているかの者も動かないからである」(VI7 [38] 35.1-4)。

こうして,我々は一者と一体化において,「至福の状態（εὐπάθεια）」(VI7 [38] 34.38, 35.26, cf. ibid. 34.30, プラトン『パイドロス』247d4) を経験する[20]。そして,「これが魂にとって始め (ἀρχή) であり,終わり (τέλος) である (cf. プラトン『法律』IV.715e8)。始めというのは,魂がそこからやって来ているからであり,終わりというのは,善なる者がかしこにあるからである。そして,魂はかしこに至ることにより,自己自身となり,自己が本来あったものになるのである」(VI9 [9] 9.20-22)。即ち,我々は肉体的な自己を放棄し否定することにより,真の自己に目覚めるのである。

8.一者の内在性と超越性

一者は「何ものからも離れていないが,すべてのものから離れている」(VI9 [9] 4.24-25)。「単にあらゆる所にあるだけでなく,その上また何処にもない」(III9 [13] 4.6-7)。というのも,一者は「臨在して臨在しない」(ibid. 25) のであり,前述のような仕方で一者を受け入れることのできる者にしか自覚されないからである。一者が我々に「臨在して臨在しない」のは,一者が臨在していても,我々がそちらに注意を向けないために,それに気付かないからである (VI9 [9] 7.3-5, cf. IV8 [6] 8.3-6, V1 [10] 12, III8 [30] 9.23-28, V5 [32] 12.11-14)。「かのものは,差別 (ἑτερότης) を持たないでいつも臨在しているが,我々は差別をもた

---

20) 一者との合一体験は無意識ではないし,一者自身も無意識なものだとは言えない。一者は,自己を対象化する自己意識はもたないとしても,ある種の自覚をもっている (V4 [7] 2.15-19, VI8 [39] 16.19-21)。

8．一者の内在性と超越性

ない場合においてのみ，そこに居合わせる」(VI9 [9] 8.33-35, cf. VI7 [38] 34.9, 20)[21]。だが，我々が一者を自覚する時には，一者となっている自己自身を自覚するのであるから (VI9 [9] 9.55-56)，我々は一者を自己自身の内に見出すのである。我々が「一者が忽然と現われるのを見る」のは，「自己の内に」においてである。そのような意味で，一者は我々自身に内在していると言える。更に，我々が叡智界（ヌース）を見出すのも，我々自身の内においてである。

「推論するのではなく[22]，常に正を捉えているヌースが我々の内になくてはならないし，またヌースの始原とも原因ともなるもの，即ち神（一者）もなくてはならない」(V1 [10] 11.5-7, cf.I1 [53] 8.1-10)。

「ヌースはいわばかのもの（一者）のまわりで生きるようにして，かのものを巡って活動している。そして魂は，外側からこれ（ヌース）を巡って輪舞しながら，それ（ヌース）に目を向け，その内部を観照しながら，それ（ヌース）を通して神（一者）を見る」[23] (I8 [51] 2.22-25)。

我々の魂は，ヌースを通じて一者から生まれてきている。そして，それは我々が自己自身の魂の内へと向かうことにより自覚される。「自己自身を知る者は，自己がどこから来たかも知る」(VI9 [9] 7.33-34) のであり，「自己自身へと振り返ることにより，始原へと振り返る」(εἰς αὑτὸν γὰρ ἐπιστρέφων εἰς ἀρχὴν ἐπιστρέφει: VI9 [9] 2.35-36, cf. ibid. 7.17, V1 [10] 12.14-15) のである。我々は「我々の内にある（一者と）似たものによっ

---

21) VI7 [38] 39.8-9 では，万物が存在するには，「差別（ἑτερότης）」がなくてはならないとされている。差異はまた，ヌースの内にも存在する。即ち，直知する作用と直知される対象とは異なっており，また直知される対象間の異なりもある (cf. V1 [10] 4.37-40)。

22) H.-S.と共に，μή を挿入するという Dodds の提案 (1924, p. 52) に従う。但し，Atkinson (1983, pp. 232-233) の指摘によれば，この読みは既にフィチーノが行っている。

23) これが，「苦しみを知らない神々の祝福された生」(I8 [51] 2.25-26, プラトン『パイドロス』248a1) だとされる。一者，ヌース，魂までは「神的（θεῖα）」なものであり (V1 [10] 7.48-49)，その領域には悪は存在しない (I8 [51] 2.26-28, cf. VI7 [38] 15.8)。悪の問題については，O'Brien 1971 を参照。

て」(III8 [30] 9.22-23) 一者を捉えるのであり，自己の内の「始原をもって始原を見る」(VI9 [9] 11.31-32)。ちょうど，円の中にあるすべての半径の尖端が中心点と重なるように，我々も「自己自身の中心点において，いわば万物の中心点の如き者に接触する」(VI9 [9] 8.19-20, cf. ibid. 10.17)，「我々の内にあるこのようなもの（中心点）によって，（一者に）接触し，これと共にあり，これに依存する」(V1 [10] 11.13-14)[24]。

従って，一者は「存在のかなたに」あり，「直知活動のかなたに」あり，すべてのものを超越しておりながら，ヌースの内に見られ，魂の内に見られることになる。然も，我々の内に一者があると言っても，「かのものが分割されてあるのではなく，かのものは（それ自身に）留まったままで」(V1 [10] 11.7-8) あるのである[25]。

9．一者からの発出

一者は一者として留まっており，それから生ずる万物の内で分割されてしまうことはない。一者からの発出は，一者自身が減少することなく行われる。もし，始原が万物を生ぜしめるために自らを万物へと分割させてしまうなら，始原自体が消滅し，万物が存続し得なくなるからである (III8 [30] 10.17-19, cf. V5 [32] 12.47-49)。そのあり方は，太陽から発する陽光や泉から流れ出る川，巨木を支える生命等の比喩等で語られる。

「これらのもの（生命，ヌース，存在，善，魂）はそれ（一者）から出ているが，それでかのものを減少させるということはない。……これらの始原は，これらへと分割されてしまうことなく，全きままに留まり，同じ状態にありつづけている。それ故，これらのものたちもあり続けるのである。ちょうど太陽があり続けるなら，光もまたあり続けるようなものである」(VI9 [9] 9.3-7)。

「（他に源をもたない）この泉は自己を川のすべての流れに与えるが，川のために使い尽くされてしまうことはなく，それ自身は静かに留

---

24) 我々の魂がヌースと一体になる場合も，「永遠なるものによって，永遠なるものを知る」(IV7 [2] 10.34) という言い方がされる。

25) この問題の理論的解明は第4章で行う。

9．一者からの発出

まっている」[26]（III8 [30] 10.6-7）。

「巨木の生命はその全体に及んでいるが，この生命の始原はいわば根の内に座を占めるようにして留まっており，その生命の全体へと四散されることがない。従って，この生命の始原は，木に全生命を多様なものとして与えているが，自己自身は多ではなく，多の始原として留まっていたことになる」（III8 [30] 10.10-14）。

また，一者は直知活動すら超えたもので，動きをもたないので，一者からの発出は一者が不動のものとして留まるままに行われることになる。「すべて動くものには，そこへと向かって動くところの何か（目標）があるのでなければならない[27]。だが，かのものには何も（目標が）ないのだから，我々はかのものが動くとは考えないことにしよう」（V1 [10] 6.15-17）。そこで，一者自身は不動のまま，一者からヌースが生ずるのでなければならない。

「かしこから生ずるものは，かのものが動くことなく生ずるのだと言わなければならない。何故なら，もしかのものが動くことによって何かが生ずるのだとすると，生ずるものは，その動きの後に生ずることになり，かのものから発する二番目のものではなく，三番目のものとなってしまうだろうからである[28]。そこで，一者が不動でありながら，もし何かがかのものに次いで二番目に生ずるとすれば，それは，かのものが注意を向けることも，意図することもなく，全く動くことなく，存立に至るのでなければならない。すると，それは如何にしてであり，静止せるかのものの周りに何があると考えるべきなのであろうか。それは，かのものから発する円光である。それはかのものから発するのであるが，かのものが留まったままで発

---

26) 一者は「あらゆるもののかなたに，静かに留まっている」（V1 [10] 6.13）。
27) アリストテレス『自然学』IV, 11, 219a10-11, V,1,224b1-10,『天について』II, 6, 288b29-30,『形而上学』B, 4, 999b10 を参照。
28) V3 [49] 12.28-30 に同様の論述がある。そこでは，一者がヌースの生成を望み，一者とヌースとの間に一者の「望み（προθυμία）」が介在するという想定が否定されている。

するのである。たとえば太陽の場合も[29]、その周りを馳せ巡るようにしてそれを取り囲む輝きがあるのであって、それは太陽が留まったままで常にそこから生み出されているのである」(V1 [10] 6. 22-30)。

一者からヌースが発するのは、一者がヌースを作り出そうと意志したり欲求したりすることによってではない。一者が「ヌースが生ずるのをいわば望み、それからヌースが生じたというわけではない」(V3 [49] 12.28)。一者からの発出は意図的なものではなく、自然、必然的なものである。太陽から発する陽光に譬えられているように、一者自身は何も意図することなく、常にそこからヌースが溢れ出すのである[30]。一者はただ、「この上なく完全なもの（τελεώτατον）」(V4 [7] 1.24, 34, cf. V1 [10] 6.39)であることにより、自らの力を溢れ出すのであり、その充溢がヌ

---

29) 一者を太陽、ヌースを光とする譬喩については、V3 [49] 12.39-44, I7 [54] 1.24-28, VI9 [9] 4.10-11, 9.6-7を参照。ただし、太陽と光の譬喩は、ヌースと魂との関係にも用いられるし (II3 [52] 18.21-22, III5 [50] 2.31-32, IV8 [6] 4.3-4, V3 [49] 9.8-10)、魂とそれから発するものとの関係にも用いられる (IV3 [27] 10.2-3, IV4 [28] 29.9-12)。

30) そこで、感性的世界の真の制作者（δημιουργός）とみなされるヌース (V9 [5] 3.25-26, II3 [52] 18.15) も、思慮を巡らしたり、工夫したりすることによってこの世界を制作したのではないとされる（οὐκ ἐκ διανοίας καὶ ἐπιτεχνήσεως II9 [33] 8.20-21, οὐ λογισμῷ III2 [47] 2.8)。これに対して、プラトン『ティマイオス』における世界制作者は、推論的思惟により意図し計画する神として描かれている (cf. 30b-c, 33b-34b, 37c-d, 39e)。この点について、プロティノスは、プラトンは説明の便宜上この世界がある時生成したのだと仮定し、制作者の意図や思考もそうした仮定に基づいたものにすぎないのだと解釈している (VI7 [38] 3.3-6, cf. III7 [45] 6.50-57, プラトン『ティマイオス』27d-28a)。プロティノスの思想体系における産出は、原因と結果という序列（τάξις）を示すものであって、実際には超時間的なものである。「すべてのものが互いに順番にあり、常にあるのであること、そして第一のもの以外のものが生成したものであるのは、他者から存在を得ているという意味においてであることは必然である」(II9 [33] 3.11-12, cf. II4 [12] 5.25-28, V1 [10] 6.20-22, VI4 [22] 11.9-12)。そこで、感性界も時間的な始まりをもたない (II9 [33] 7.1-2, II1 [40] 1.1-2, III7 [45] 6.52-54, cf. IV3 [27] 10.1-9, V8 [31] 12.19-26)。
なお、叡智界としてのヌースは感性界の原型だという意味で、感性界を存在せしめる真の原因であるが、感性界の生成には宇宙の魂の働きが必要である。それはヌースを観照することにより「驚嘆すべき力で」この世界を秩序付けるとされる (II9 [33] 2.14-15)。その際、宇宙の魂が観照により「いわば縁まで満たされると」、自らの模像（ἴνδαλμα）であり下方への末端部分である「自然（φύσις）」がこの世界を作り出す (II3 [52] 18.8-13) のであり、「自然」がこの界の「最下位の作り手」(II3 [52] 18.13) である。「自然」も、観照することにより作り出すのだとされる (III8 [30] 4.5-10)。

ースとして成立するのだとされる。

> 「かのものは何も求めず，持たず，必要としないことにより完全なもの（τέλειον）であるから，いわば溢れ出たのであり，かのもののこの充溢が他のものを作り出したのである」(V2 [11] 1.7-9)。

「既に完成（完全）に至っているものはすべて生み出す。だが，常に完全であるものは，常に，そして永遠に生み出すのである」(V1 [10] 6.37-38)，「他のものの何であれ，完成（完全性）に至ったものは生み出すのであって，敢えて自己自身に留まろうとはせずに，別のものを作り出すのを我々は目にしている」(V4 [7] 1.26-28)[31]。例えば，火は熱を発するし (V4 [7] 1.31, V1 [10] 6.34, IV3 [27] 10.30, II9 [33] 3.4-5)[32]，雪は冷気を発する (V4 [7] 1.31, V1 [10] 6.34-35, IV3 [27] 10.31)。また，芳香をもつものはその香りを外に放ち (V1 [10] 6.35-37)，薬品も他に作用を及ぼす (V4 [7] 1.32)。

> 「存在するものは総じて，それが留まっている限りにおいて，それらの存在から，それらの周囲に，それらの外に向かって，それらに依存するところの（別の）存在を，現にもっている力から必然的に生ぜしめるのであるが，その時存立したものは，それを発生させたものをいわば原型（ἀρχέτυπον）とする似像（εἰκών）である。すなわち火は，それから発する熱を（そのようなものとして）生ぜしめるし，雪もその冷たさをただ自己の内部にのみ留めておくわけではない。だが，このことの最も明らかな証拠となるのは，芳香をもつものの存在である。すなわち，それが存在している限り，それから何かがその周りに出て来て，近くにいる者はその存在を享受するのである」(V1 [10] 6.30-37)。

---

31) アリストテレス『霊魂論』II, 4, 415a26-28 を参照。ヌースも完全なもの（τέλειος）であるので，魂を生み出す (V1 [10] 7.36-38)。
32) 「火」の例は，アリストテレス『形而上学』A, 1, 993 b25 からの借用である。

10.〈二つの働き〉の教義

　存在するものはすべて，自己の外部に自己を原型とするその似像を成立せしめるのだとされる。火とそこから発する熱の場合，火が原型で，熱がその似像である。「たとえば火も，まず自己自身の内に火としてあって，火の働きを行うのであり，そのようにしてのみ自己の痕跡（熱）を他の者の内に作り出すことができる」(V3 [49] 7.23-25)。そこで，存在にはまた，自己の存在そのものを成り立たせる働きと，その存在がある限りにおいてその外部に発する働きとがあるのだとされるこれを〈二つの働き（ἐνέργεια）〉の教義と呼ぶ。火の場合，火を構成する熱とそこから発して別のものを暖める熱とが二つの働きに当たる。

> 「働きの内，一方は実体（οὐσία）の働き（実体を構成する働き）であり，他方はそれぞれのものの実体から出る働きである。そして，実体の働きは，それぞれのもの自体であり，実体から発する働きは，それぞれのもの自体とは異なるが，すべてのものに必然的に伴わなくてはならないものである。例えば火の場合でも，一方の働きはその実体を満たす一種の熱であり，他方の働きは火が火として留まることにおいて，その実体本来の働きを為している時に，その実体から生ずるものである」(V4 [7] 2.27-33, cf. II9 [33] 8.22-23)。

　火に自己を火としてあらしめる熱と，外に発して他のものを暖める熱とがあるように，すべてのものにその実体そのものをつくっている働き（実体的，内的な働き）と，その実体から派生的に生ずる働き（派生的，外的な働き）とがある。実体から発する外的な働きは，その実体が存在する限りにおいて成立するものであり，実体の内的な働きを「原型」とするその「映像」である。このことは，光源とそこから放たれる輝きという譬えによっても示されている。

> 「（光の活動の内），一方は輝く物体の内にある働きで，その輝く物体の有り余る生命のようなもので，（そこから発する）働きのいわば始原であり源泉（οἷον ἀρχὴ τῆς ἐνεργείας καὶ πηγή)[33]である。だが，他

方の働きは輝く物体の縁の外側にある働きで，それは内側の働きの映像（εἴδωλον）であり，第二の働きであるが，第一の働きから離れてはいない。即ち，存在するものそれぞれが働きを持っており，その働きは，これを所有しているものの似像（ὁμοίωμα）である」(IV5 [29] 7.13-18)。

万物の始原である一者は，このような仕方で，ただ一者としてあることにより，自然，必然的に自己の映像であるヌースを生ぜしめる。そこで，ヌースは一者の派生的な働きだとされる。

「『かのものは自己固有の習性の内に留まっていて』[34]かのものの内の完全さと（かのものに）内在する働き（一者のいわば内的な働き）[35]

---

33) プラトン『パイドロス』245c9 では，魂が「動の源泉であり始原（πηγὴ καὶ ἀρχὴ κινήσεως）」と述べられている。プロティノスはこの表現を一者についても（VI9 [9] 11.31, VI7 [38] 23.21, III8 [30] 10.27, I7 [54] 1.15)，ヌースについても用いている（II5 [25] 3.40）。また，魂について「動の始原（ἀρχὴ κινήσεως）」と述べている箇所もある（IV7 [2] 9.6）。

34) 産出者が自らは留まりながら下位のものを生み出すという考えについて，プロティノスはプラトン『ティマイオス』（42e5-6）における「世界制作者は彼の固有の習性に留まり続けた」という言葉を引用している（V4 [7] 2.21, V3 [49] 12.34, cf. IV8 [6] 6.10）。水地（1998, 45頁）が指摘しているように，産出者不動説は，一者を始原とするプロティノスの思想の必然的帰結だと言えるであろう。
一者やヌースは不動のままに下位のものを生み出すが，魂は動きながら，自己の「影像（εἴδωλον）」としての「感覚（αἴσθησις）」と「自然（φύσις）」とを生み出すと言われている（V2 [11] 1.18-21, III4 [15] 1.1-3）。プロティノスはプラトン『パイドロス』245c5 にある表現を引用しながら，魂は「動いてやまないもの（ἀεικίνητον）」だと述べている（V1 [10] 12.5）。ヌースも動くものではあるが，それは自己自身の内なる形相を直知する限りでの動である。それに対して，魂は肉体にまで降下して，肉体を管理する（cf. IV8 [6], IV3 [27] 9.1-23）。そこで，「(宇宙の) 魂は自己自身の内に留まりながら，制作されるものが近づいて来る時に，制作するのであるが，(個別的な) 魂たちは，自己自身が (制作されるものへ) 向かって行った」（IV3 [27] 6.24-25）とも述べられている。但し，肉体に宿る個霊の場合も，その上位部分は叡智界に留まっているとされる（IV8 [6] 8.3, V1 [10] 10.23, III8 [30] 5.10-17, II9 [33] 2.4-5）。「自然」による自然物の産出も，観照活動以外の他の行為によらないので，それ自身は留まりながら生み出すと言われている（III8 [30] 2.13-15, 3.2, 22, 26-27）。

35) 厳密には一者は「働き」を超えたものであるという点で，一者の外的な働きであるヌースが「第一の働き（πρώτη ἐνέργεια）」である（VI7 [38] 40.23）。「かのもの自身が活動するわけではないから，かのもの自身とかのものから出る働きとはそれぞれ別のものである。そうでなければ，ヌースが第一の働きではないことになろう」（V3 [49] 12.25-27）と述べられているように，一者から出る働きは既に一者ではなくヌースであり，これが「一者の第一の働き」である。「かのものは自己自身の内に留まっているので，ヌースがかのものの第一の

とから生み出された働き（一者の外的な働き）が独立的存在（ヒュポスタシス）を得て——それは大いなる力から，否，あらゆる力のうちで最大のものから生み出されたのだから——存在すること（εἶναι）と実在（οὐσία）とに至ったのである」（V4 [7] 2.33-37）。

「私が（ヌースとその生命とを）[36]善のようなもの（ἀγαθοειδῆ）[37]だと言うのは，一方（生命）は善（一者）の働き，否，むしろ善から出る働きであり，他方（ヌース）はそれが既に限定された時の働きだからである」（VI7 [38] 21.4-6, cf. V3 [49] 12.39-41）。

このように，「始原から末端のものに至るまでの進出は，それぞれのものが常に自己固有の座に居残る一方で，（それぞれのものから）産出されたものがより劣った別の地位を得るようにして行われる」（V2 [11] 2.1-3）。そして，生じたものは生み出したものの派生的な働きとして独立の存在（ヒュポスタシス）[38]となる。上位のヒュポスタシスの外的な働き

働きであり，第一の存在である」（I8 [51] 2.21-22）。

36) ヌースは「第一の生命（ζωὴ πρώτη）」（III8 [30] 9.33, VI7 [38] 17.10-11, VI8 [39] 16.34, cf. III8 [30] 10.2, VI7 [38] 15.1-2)，「完全な生命（ζωὴ τελεία）」（VI7 [38] 8.27），「この上なく完全な生命（τελειοτάτη ζωή）」（VI7 [38] 10.6) である (cf. V3 [49] 17.1-3)。プラトン『ソピステス』248e7-249a1 によれば，「完全に存在するもの」には「動も生命も魂も思慮も具わっている」。プロティノスはそれに従い，叡智界の存在にヌースと生命とを帰している (cf. VI9 [9] 2.24)。このテーマについては，Hadot 1960 を参照。ヌースに対して，魂は「第二の生命」（III8 [30] 8.16-20) であり，それは「ヌースの生命の痕跡（ἴχνος）」（V3 [49] 8.35），「模像（ἴνδαλμα）」（ibid.），「類似したもの（ὁμοίωμα）」（ibid. 47) である。また，一者は生命の原因で，生命を超えたもの（III8 [30] 10.2-3) である。

37) ヌースは「善を得ると善のようなもの（ἀγαθοειδές）になる」（III8 [30] 11.16-17)。というのも，「善からヌースにやってきた形相が（ヌースを）善のようなものにするから」(ibid. 17-19) である (V3 [49] 16.18-19, V6 [24] 4.5, 5.13, VI2 [43] 17.28, VI7 [38] 15.23 を参照)。「善のようなもの」という表現は，プラトン『国家』509a に見られる。そこでは，認識と真理とが「善のようなもの」と呼ばれている。

38) ポルピュリオスは，プロティノスの論考（V1 [10]『三つの原理的なものについて』）に表題を与えた際に，一者，ヌース，魂という三つの始原的なものを指すのに「ヒュポスタシス（ὑπόστασις）」という用語を当てたが，プロティノス自身は，この語を必ずしも上位の三つの存在を指すための術語として用いたわけではなく，何か独立した存在，存立を指すのにしばしば用いた。『プロティノス全集』第三巻，358-359頁における『三つの原理的なものについて』への解説を参照。また，Brisson - Pradeau (2003, p. 172, note 1), Atkinson (1983, pp. 55-56), Hadot (*Traité 50*, p. 24) を参照。

10. 〈二つの働き〉の教義

は、そのヒュポスタシスのいわば顕現である。こうして一者の「(外的、派生的な) 働き」として成立したヌースは、一者を「分有 (μετέχειν)」(VI8 [39] 17.20) し、一者を「原型 (ἀρχέτυπον)」(VI8 [39] 18.27, III8 [30] 11.20) とする。その「刻印 (τύπος)」[39] (V9 [5] 2.27)、「痕跡 (ἴχνος)」(III8 [30] 11.19, VI7 [38] 17.39)、「似像 (εἰκών)」(V1 [10] 7.1)、「模像 (ἴνδαλμα)」(VI7 [38] 40.19, VI8 [39] 18.27)、「映像 (εἴδωλον)」(V4 [7] 2.26, VI8 [39] 18.36)、「模倣 (μίμημα)」(V4 [7] 2.25) であり、「かのものの形相 (εἶδος)」(V2 [11] 1.15) だと述べられる。「(一者から) 分散された (一者の) 映像であるヌースは、(一者と) 別種のもの (ἀλλοειδές) ではない」(VI8 [39] 18.35-36) とされる。

一者が自らのあり方に留まったままに、そこからヌースが生じるように、ヌースと魂との場合も、ヌースが自己の働きに専念するままに、そこから魂が生じるとされる。

> 「実在 (ヌース) から発するこの働きが、魂という働きであり、これはかのもの (ヌース) が留まったままで、それ (魂) になる。何故なら、ヌースもまた、それの先の者 (一者) が留まったままで生じたのだから」(V2 [11] 1.16-18)。

> 「ヌースが自己自身の内において活動する時には、その活動内容は他の諸々のヌースであるが[40]、ヌースが自己自身から外へと活動する時には、その活動内容は魂である」(VI2 [43] 22.26-28)。

魂はヌースの外的・派生的な働きであり、その顕現である (cf. V1 [10] 3.7-12, V3 [49] 7.21-27)。そして、「ちょうどヌースがかのものの言論的表現 (ロゴス)[41]で、ある種の働き (外的な働き) であるように、魂

---

39) 「印象 (τύπος)」という用語は、とりわけ認識論的な文脈でよく使用されている。VI9 [9] 7.8-12、及び、第4章、第一節「真理か臆見か」とその個所への注1)、3)を参照。
40) 本書117頁を参照。
41) 原文は、οἷον καὶ ἡ ψυχὴ λόγος νοῦ καὶ ἐνέργειά τις, ὥσπερ αὐτὸς ἐκείνου. である。Ficinus, Bréhier, Katz, Bouillet, Brisson Pradeau (2003, pp. 193-194, note 112), Graeser (1972, p. 35), Theiler (1960, p. 99), Turlot (1985, p. 520), Trouillard (1955, p. 78), Schubert (1967, p. 53, note 187), Wallis (1972, p. 68) らは、この個所を「ヌースは一者のロ

はヌースの言論的表現で，ある種の働きである」(V1 [10] 6.44-45) と言われる。

そして魂は，ヌースを「原型」(V3 [49] 7.32) とするその「似像 (εἰκών)」(V1 [10] 3.7, V3 [49] 4.21, 8.46, 54, 9.8)，「模像 (ἴνδαλμα)」(V3 [49] 8.47)，「映像 (εἴδωλον)」(V1 [10] 6.46, 7.40, V3 [49] 8.9) であり，ヌースに「類似したもの (ὁμοίωμα)」(V3 [49] 8.47) である。それは，ヌースを分取 (μεταλαμβάνειν) し (I8 [51] 2.19-21)，ヌースの「刻印 (τύπος)」(I2 [19] 4.23) や「痕跡 (ἴχνος)」(V1 [10] 7.44, VI7 [38] 17.39, V3 [49] 3.12, 8.25, 35, V8 [31] 13.13, I8 [51] 11.17) を有し[42]，ヌースによって形相化された (III4 [15] 1.9, V1 [10] 7.41-42)[43]，「善のようなもの」(I8 [51] 11.16) である。

上位の存在が自己自身の内に留まるままに，そこから外に発する派生的な働きがあるという〈二つの働き〉の教義は，陽光や泉の比喩で説明されたような発出の連続的なイメージを修正し，一者から発する働きとしてのヌース，またヌースから発する活動としての魂といった段階的発出を説明する[44]。

ゴスで働きである」と解しているが，Rist (1967, pp. 84-85)，Atkinson (1983, pp. 53-54, 149-150)，Santa Cruz (1979 (a), pp. 71-72) らは，ただ「ヌースは一者の働きである」とのみ読み，それが一者のロゴスであることは否認している。しかしながら，V3 [49] 16.16-18 によれば，ヌースはロゴスでない一者から生じた「多様で一切のロゴス」である。

42) 感性界も叡智界を「原型 (ἀρχέτυπον)」(VI7 [38] 15.14) とするその「模像 (ἴνδαλμα)」，「似象 (εἰκών)」(cf. III8 [30] 11.30, V8 [31] 7.14-15, II9 [33] 4.25-26)，「模倣 (μίμημα)」(VI2 [43] 22.43)，「痕跡 (ἴχνος)」(VI7 [38] 15.8-9)，「影 (σκιά)」(III8 [30] 11.29) である。そして，「感性的な諸存在は直知的な諸存在（諸形相）を分有することにより常にその存在を得ており，可能な限り直知的なものを模倣している」(IV8 [6] 6.27-28) とある。また，感性界は叡智界である「直知されるもの」の外的な働きに当たる (cf. II9 [33] 8.22-23「(直知されるもの) の働きは二つのものでなければならず，一方は自己自身の内の働きで，他方は他のものへの働きである」)。

43) ヌースと魂との関係は形相とそれを受け取る質料との関係だとされる (V1 [10] 3.22-23, III9 [13] 5.3, II5 [25] 3.14)。

44) 西谷啓治がプロティノス解釈において，ヒュポスタシスの「上向的側面と下向的側面」と呼んだものは(『西谷啓治著作集』第三巻所収「神秘思想史」，及び「プロティノスの哲学」)，この二つの働き，即ち内的・実体的な働きと，外的・派生的な働きとに相当していると言える(〈二つの働き〉の教義については，本書の第3章，第三節でも詳述した)。ヒュポスタシス相互の関係性を重視している点で，西谷の解釈は卓越している。

10.〈二つの働き〉の教義

　この教義が示すところは，一者，ヌース，魂という三つのヒュポスタシスにおいて，働きは存在だということである。「一者の働きは，いわばその存在（οὐσία）である」(VI8 [39] 13.6-7, cf. 12.25, 36)，「一者のいわばヒュポスタシスはいわば働き」である (ibid. 7.47, cf. 20.9-13) と言われる。「一者は留まる働きである」(ibid. 16.15, cf. 24-26)[45]。これは一者のいわば内的・実体的な働きである。ここから発する外的・派生的な働きが一者のいわば顕現であるヌースの自己直知である。ヌースとは自己直知の働きそのものであり，叡智界というヌースの対象界は，ヌースの活動内容である。そこで，「かしこ（叡智界）では存在することと働くこととは同一である」(ibid. 4.28, cf. V9 [5] 8.15-16)，「存在することとは働きである」(V3 [49] 7.18, cf. I2 [19] 6.15) と言われる[46]。これは，ヌースにとっては自己の内的・実体的な働きである。だが，そこから外に発する派生的な働きがあり，それがヌースの顕現としての魂の実体である。〈二つの働き〉の教義は，働きが異なれば，存在が異なるということを示している。それ故，我々が合一体験において，「ヌースになる」，あるいは「一者になる」ということが起こり得るわけである。即ち，我々が一者やヌースと「合一」するとは，働きの点でそれらと一致することを意味している。逆に言えば，そもそも魂の一者からの降下ということも，魂が一者やヌースと異なる働きを行うことによって起こったのである。この過程で，超直知的な一なるものから，様々な働きが分化・展開することになる。

　また，下位の存在の内的・実体的な働きは，上位の原理の発現であり，その外的・派生的な働きだとすると，それぞれのものは，自己の内的な働きを通じて上位の原理に繋がっていることになる。そのため，「自己自身へと振り返ることにより，始原へと振り返る」ことになるのである。

　「合一」の問題は，第5章で詳述するが，第2章から第4章では，一

---

45)「一者がまさにそれであるところのものであることは，自己自身への働きである」(VI8 [39] 16.27-28)，「一者があるべきものであるのは，基体（ὑποκείμενον）としてではなく，第一の働きとしてである」(ibid. 18.50-52) とも述べられている。

46)「ヌースは働きであり，その存在は働きであるとするなら，ヌースはその働きと一つの同じものであろう。そして，存在するものと直知対象は働きと一つである。ヌース，直知作用，直知対象といったすべてが同時に一つのものであろう」(V3 [49] 5.41-43, cf. ibid. 36-37, 6.6-7) とも述べられている。

者からの発出の過程に即して，認識が成立するメカニズムを論究する。

第2章
ヌースの作用による叡智界の形成

　プロティノスにおいて認識が成立する最も端的で根源的な形を示しているのが，叡智界の生成を巡る議論である。本章では，ヌースの認識作用に着目し，これが対象界としての叡智界を構成する過程を，プロティノスのテキストに沿って解明する。プロティノスによれば，一つのものを認識するとは，その一つのものを分節化して見ることである。認識作用により対象化され分節化された時に現われる個々の形や限定は，一つのものの内で未分になっていた時には存在していない。こうしてヌースの作用が一者を対象化して見る時，一者の内にはなかった諸形相（諸存在）や諸限定が生ずるのであり，これらの形相（存在）がヌースの対象界，即ち叡智界となる。それは一者が映像化されたものである。従って，叡智界はヌースが一者を見た時に成立するのであり，ヌースの見る作用と，見られる一者からもたらされる限定という二つの要素により成り立つのだとされる。

　そこで，まず本章の第一節「ヌースにおける無限定性」で，ヌースの作用と同一視される質料，及び「不定の二」の概念について述べた上で，第二節「〈未完のヌース〉の教義」で，それが一者を「振り返って見る」ことにより叡智界の諸形相が現われるとされる叙述を取り上げる。但し，プロティノスの言うヌースとは，推論的な認識と異なり，すべてを常に同時に捉えている神的な存在である。そこで，その生成過程といっても，それは理論上のものでしかない。とはいえ，この理論は，ヌースがその作用の根源において一者と直に接しているということを明らかにしている。この点を第三節「恋するヌース」で述べる。

第一節　ヌースにおける無限定性

第一項　ヌースの「能力」としての質料（III8 [30] 11）

ヌースの直知作用は，対象により限定される前は無限定で，直知対象である形相を受け取ることにより限定されるという点で，形相を受け取る基体としての叡智界の質料に相応する。

> 「ヌースはある種の視力[1]であり，見ている視力であるから，働きに至っている能力（δύναμις... εἰς ἐνέργειαν ἐλθοῦσα）であろう。従って，ちょうどまた働いている視覚のように，それ（ヌース）には，質料と形相とがあることになるだろう。ただし，（質料とは）直知されるものどもにおける質料（ὕλη δὲ ἐν νοητοῖς）[2]であるが。というのも，働いている視覚も二重性（見る作用と見られる対象）をもっているからである。ともかくそれ（視覚）は見る前は一つ（単なる

---

1) 直知活動を行うヌースを「視力（ὄψις）」や「視覚（ὅρασις）」に譬える表現としては，V4 [7] 2.6 ὄψις, V1 [10] 5.18 ὄψις ἡ κατ' ἐνέργειαν, ibid. 19 ὅρασις ὁρῶσα, III8 [30] 11.1-2 ὄψις τις καὶ ὄψις ὁρῶσα, V3 [49] 11.5 ὄψις οὔπω ἰδοῦσα, ibid. 10-11 ἰδοῦσα ὄψις, ibid. 12 ἀτύπωτος ὄψις などがある。V3 [49] 10.12 καὶ τὴν οὐσίαν αὐτοῦ ὅρασιν εἶναι によれば，ヌースの実体そのものが「視覚」である。

ὅρασις は ὄψις の現実的な働きである。Atkinson (1983, p. 122, 158) の指摘によれば，プロティノスは ὄψις と ὅρασις との違いについて，アリストテレスの区別に従っている。即ち，ὄψις は現実化される以前の可能的な視力であり，ὅρασις はその能力を働かせていることである（アリストテレス『霊魂論』426a13-14 ὅρασις γὰρ λέγεται ἡ τῆς ὄψεως ἐνέργεια, ibid. 428a6-7 αἴσθησις μὲν γὰρ ἤτοι δύναμις ἢ ἐνέργεια, οἷον ὄψις καὶ ὅρασις）。

2) Rist (1962, p. 102) は ὕλη δὲ ἐν νοητοῖς (l. 4) という表現から，ヌースにおける質料的な要素が見る主体としてのヌースの内にではなく，見られる対象としての形相の内にあると解している。だが，ここでの νοητά（直知されるものども）は，「見る主体」としての νόησις（直知作用）に対するものではなく，αἰσθητά（感覚されるものども）に対するものである。同様の表現として，II4 [12] 1.17, 3.5-6, 5.13, 38, 15.18, II5 [25] 1.7, 3.1-2, 21 を参照。II5 [25] 1.7 における ἐν τοῖς νοητοῖς は，直後に ἐκεῖ と言い換えられている。

同論文で Rist は，ὕλη δὲ ἐν νοητοῖς のこのような解釈にも拘わらず，彼が叡智的質料と同一視する「不定の二」(p.101) を観照活動における主体とする (p. 102) 矛盾を犯している。

視力）であった。そこで，その一つが二つ（作用と対象）となり，二つが一つ（見ている視覚）となったのである。ところが視覚にとっては，充足といわば完成とは感覚対象からもたらされるが，ヌースという視力にとっては，充足させるものは善者（一者）である」(III8 [30] 11.1-8)。

「視力」が単なる「能力」ではなく「働いている視覚」となる為には，見る作用が見られる対象を捉えているのでなければならない。そこで，「働いている視覚」は作用と対象という「二重性をもっている」。視力は「見る前は一つであった」が，「一つが二つ（作用と対象）となり，二つが一つ（見ている視覚）となった」。この時，見る能力は「働いている視覚」となる。そして，ヌースの直知活動も視力の場合と同様に考えられる。つまり，ヌースの直知活動が「働きに至っている能力」であるとするなら，ヌースにも直知の「能力」と，それを活動に至らしめる直知対象とがなければならないことになる。直知対象をもたない限り，ヌースの直知作用は単なる「能力」にすぎない。そこで，ヌースの直知が「働きに至っている能力」であるなら，ヌースにも直知の「能力」と，それを限定して活動へともたらす直知対象とがあることになる。他の個所でもヌースの直知作用が「視力」に譬えられ，「（直知作用は）ちょうど視力のように，それ自体は[3]無限定だが，直知対象によって限定される」(V4 [7] 2.6-7) と述べられている。視力が何も見ていない時には無限定であるように，ヌースの直知作用も自分からは限定をもたず，限定されるために直知対象を必要とする。この直知対象は一者からもたらされる形相であるので，「ヌースという視力にとっては，充足させるものは善者（一者）である」。そして，形相を受け取ることにより限定されるものは，形相の「基体」である「質料」に相当する。そこで，ヌースが「働きに至っている能力」であるなら，ヌースには無限定な「質料」とそれを限定する「形相」とがあることになる。

---

3) 写本，H.-S.1, Perna, Creuzer, Cilento では αὕτη（指示代名詞）であるが，Kirchhoff が αὐτή（強意代名詞）に直しており，Müller, Volkmann, Bréhier, Harder, Armstrong, H.-S.2 がそれに従っている。Kirchhoff の修正を採る。

第二項　叡智界の質料（II4 [12]）

それでは，叡智界の質料（ὕλη）[4]とは如何なるものであろうか。

II4 [12]『質料について』[5]と題される著作の中で，プロティノスは，叡智界と感性界という二つの世界の質料を論じている。概して「質料」とは，「何らかの基体」[6]（ὑποκείμενόν τι II4 [12] 1.1）で，「形相の受容者」[7]（ὑποδοχὴν εἰδῶν 1.1-2）である。そして，それ自体は「何か無限定で無形なもの」（ἀόριστόν τι καὶ ἄμορφον 2.2-3, cf. 3.1-2）である。この論考の2章から5章で扱われている叡智界の質料も，叡智界の「形」（μορφή），「形相」（εἶδος）の「基体」（ὑποκείμενον 4.7, 5.20）であり，「形を与えられるもの」（μορφούμενον 4.6），「形を受け取るもの」（ἡ τὴν μορφὴν δεχομένη 4.7），「その上に形相があるところのもの」（ἐφ᾿ ᾧ τὸ εἶδος 4.11）である。

---

4)　Armstrong（1954, p. 278, note 1）は，プロティノスはII4 [12] 以外では，「叡智的質料」という用語を使わなかったと述べているが，III5 [50] 6.44 に ὕλην... νοητήν がある。但し，これはヌースの基体としての質料ではなく，ダイモーンが与る質料として述べられているものである。他に叡智界の質料を指す語としては，「かしこの質料」（II4 [12] 3.15 ἡ ἐκεῖ, 16.24-25 ἐκείνη... ἡ ὕλη ἡ ἐκεῖ, II5 [25] 3.10 τὴν ὕλην τὴν ἐκεῖ），「永遠のものの質料（τῶν... ἀιδίων ἡ αὐτή）」（II4 [12] 3.10），「神的な質料（ἡ... θεία）」（II4 [12] 5.15），「直知されるものにおける質料（II4 [12] 5.38 τῆς ἐν τοῖς νοητοῖς ὕλης, III8 [30] 11.4 ὕλη... ἐν νοητοῖς）がある。本書では便宜上，叡智界の質料を叡智的質料とも呼ぶことにする。

5)　写本と Pinax, Summarium, I8 [51] 15.2（但し，これは必ずしも表題に言及したものだとは言えない）では，この論考の表題は『質料について（περὶ ὕλης）』であり，H.-S., Ficinus, Perna, Creuzer, Armstrong, MacKenna-Page がこれに従っている。しかし，ポルピュリオス『プロティノス伝』では，『二つの質料について（περὶ τῶν δύο ὑλῶν）』（4.45, 24.46）であり，Volkmann, Bréhier, Harder, Narbonne が，『二つの質料について』という表題を採用している。プロティノス自身は自分の著作に表題をつけなかったので，転写した人によって違う表題が付けられていたが，ポルピュリオスが与えている表題は，その内で最も優勢だったものである（『プロティノス伝』4.17-19）。

6)　アリストテレスが質料（ὕλη）を「基体」（ὑποκείμενον）と呼んでいる（アリストテレス『自然学』I9, 192 a 31）。

7)　プラトンが『ティマイオス』49a6 で，生成を受け入れる「受容者（ὑποδοχή）」と呼んだものを，プロティノスは質料とみなしている。しかし，叡智界の質料は生成するものをつくるものではなく，存在するものをつくるものであるので，「生成の受容者」ではない。また，ὑποδοχή という用語自体，感性界の質料について使われていても（II4 [12] 6.1, 11.37, 16.6, III4 [15] 1.15, III6 [26] 13.12, 13, 15, 29, 14.31, 19.17-18），叡智界の質料については使われていない。

第一節　ヌースにおける無限定性

　叡智界にも質料があることは，我々が思考上で，ヌースを分析することによって知られる。

> 「我々は，今，諸形相が存在すると前提した上で——そのことは他の個所で既に示されているのだから——議論を進めよう。そこで，もし諸形相が多であるなら，それらの内に何か共通のものがあることが必然である。更にまた，或る形相と別の形相とがそれによって異なるところの特有のものもあることが必然である。実にこの特有のもの，即ち分離する差異こそが，固有の形である。だが，もし形があるなら，形付けられるものが存在するのであり，差異はそれにかかわるのである。従って，形を受け取る質料もあることになり，常に基体があることになる」(II4 [12] 4.1-7)。

即ち諸形相が互いに異なる形相でありながら，何れも叡智界の形相であるとすると，諸形相には固有性と共通性とがあることになる。固有性がそれぞれの形だとすると，共通性はそれらの形により形成される資料である。多様な形相がどれも叡智界の形相であるのは，そのすべてが叡智界の質料を基体として構成されているからである。

> 「この一つのもの（叡智界）を多様で多形のものとして考えてみ給え。すると，それは多様である前に無形である。というのは，もしあなたが思惟によって，多様性や諸々の形，原理（ロゴス），直知対象を取り除くなら，それらの先にあるものは，無形で，無限定で，その上，あるいはその内にあるものたちの内の如何なるものでもないからである」(II4 [12] 4.16-20)。

　そこで，叡智界の諸形相の基体である質料は，それ自体は「無形の」（ἄμορφον[8] 4.17, 19, cf. 3.2）ものであり，何の限定も受けていないので，

---

8) 感性界の質料については，「無形相 (ἀνείδεον)」(I8 [51] 3.14,31,8.21,II5 [25] 4.12) と「無形 (ἄμορφον)」(III6 [26] 7.28,29, V9 [5] 3.20) の両方が述べられるが，叡智界の質料については，ἄμορφον しか述べられない。尚，叡智界の美 (κάλλος) は ἄμορφον であるが，それに与るものは形を与えられており (μεμόρφωται)(VI7 [38] 32.35-39)，叡智界の美は

「無限定な」（ἀόριστον 4.20, 5.34, cf. 3.1）もの，「無限な」（ἄπειρον 15.18, 21, 26）ものである。更に，質料を限定する形相を「光」として語る文脈では，「光を受け取るもの」(5.36) としての質料は，「光の下にあるので」(5.9)，「暗い」もの（σκοτεινή 5.7, σκοτεινόν 5.9, 12-13）[9]だと言われる。そして，ヌースの無限定な視力を充足させるものが一者だと言われたように，叡智界の質料を照らすのは一者であり，「光はかのもの（第一者）からやって来る」(5.35-36) とされる。

叡智界の質料は一者からの光に照らされるのだが，質料が受け取った光は既に一者そのものではなく，一者の映しである諸形相である。たとえば，プロティノスは感性界の質料を「鏡」(III6 [26] 7.25) に譬えているのだが，鏡が映し出すものは本体の映像である。

「例えば鏡の中を見ると，視覚対象の映像が見える」(III6 [26] 13.36, cf. IV5 [29] 7.47)。

「鏡や何かそういったものがなかったら，映像もなかっただろう。何故なら，他のものの内に生じるように生まれついているものは，それがなかったら生じ得ないだろうからである。というのは，この，他のものの内に生じるということが，似像の本性だからである」

「無形の形相（ἄμορφον εἶδος）」VI7 [38] 33.4）である。そして，一者は形相をつくり出すものだが，それ自体は ἀνείδεον (V5 [32] 6.4, VI7 [38] 17.36, 40, 28.28, 32.9, 33.13, 21, 37, VI9 [9] 3.4, 43-44) で，ἄμορφον (VI7 [38] 17.18, 40, 33.30, VI9 [9] 3.39, cf. VI7 [38] 33.28) である。

9) 質料の暗さは，叡智界と感性界とでは異なっており，「質料も，両方の（質料）の上に横たわる形相が異なる程度に，異なっている」(II4 [12] 5.14-15)。感性界の形は幻影であるので，基体も幻影である。しかし，叡智界の形は真なるものであるので，基体である質料も真なるものである (II4 [12] 5.18-20)。つまり，両世界の質料は，それぞれの形相にふさわしいものである。

Rist (1961, p. 155, 163, 165) は，この記述から，感性的質料は，叡智的質料を原型とするその映像だとみなしているが，それには問題がある。映像は原型を分有しているとすれば，感性的質料は叡智的質料を分有しないので，それは叡智的質料の映像ではない。無形相のものについては，厳密な意味で原型と映像の関係は成立しない。また，本文で説明するように，質料は原型を映像化する原理であって，それ自体は何かの映像ではない。ただし，III9 [13] 3.10-11 では，「非存在（τὸ μὴ ὄν）」である感性的質料は，部分的な魂に続くものだという意味で，部分的な魂の「映像」だと言われている。感性界の質料が宇宙の魂の下位部分である「自然（φύσις）」によって生み出されたものであることについては，O'Brien (1991 及び 1993, pp. 19-27, 61-68) を参照。

(III6 [26] 14.1-4)。

同様に，質料の内にみられるものも「存在するものの模像」(III6 [26] 7.27-28, cf. プラトン『ティマイオス』50c4-5) で「映像」(III6 [26] 7.24, 28) にすぎない。

「ちょうど鏡の中には，ある所に座を占めているものが，別のところに現われるように，質料の中に生じているように見えるものはごまかしの玩具であり，影の中の影に他ならない」(III6 [26] 7.23-26)。

「似像は他者に属するものであるので，他者の内に生ずることが相応しい」(V3 [49] 8.12-13, cf. プラトン『ティマイオス』52c)。

「感覚対象の内で，質料の上に見られる形相は，有るものの映像であり，またおよそ何らかのものの内にある形相はすべて，他者からそのものの内へやって来るのであり，かの他者の似像なのである」(V9 [5] 5.17-19)。

即ち，ちょうど鏡が本体の映像を映し出すように，感性界の質料は叡智界の形相として存在するものの映像をつくり出す。叡智界の質料も，本体を映像化するという点では同様であり，それは一者からの光を受け取るが，この質料の上に映し出された光は一者そのものではなく，その映像なのだと言える。そこで，一者自身は形相を超え，限定を超えているが，叡智界の質料が受け取る光は限定された形相となる[10]。そして，叡智界の質料は，一者からの光で照らされ，一者から諸形相を受け取ることによって「実在」(οὐσία) となり，「知的な生命をもつ」ものとしての叡智界を構成する。

「かしこ（叡智界）での基体は実在である。あるいはむしろ，その

---

10) 田之頭 (1969 (a), p. 471) によれば，「無色透明でとらえどころのない（＝無限定な）鏡としての知的素材に一者の光が照射され，そこに一者みずからの多様豊富な内容が具現されてイデアつまりヌースとなる」。

上にあるもの（形相）と共に直知され，全体が光で照らされるときには，実在である」(II4 [12] 5.22-23)[11]。

「神的な質料は，それを限定するもの（形相）を受け取るときに，限定された，知的な生命をもつ」(II4 [12] 5.15-16)。

叡智界の質料は決して一者から独立に存在する原理ではなく，これもまた一者から生ずるものである。この質料は「一者の無限性——力の，あるいは永遠性の——から生じたのであろう」(II4 [12] 15.18-19) と述べられている。そして，それが一者から生ずるのは，一者からの「差異性（ἑτερότης）と動（κίνησις）」(II4 [12] 5.28-37) を通じてである。

「かのところの差異性は常にあり，これが質料をつくり出す。何故ならこれと第一の動が質料の始原なのであるから。それ故，これ（動）も差異性と呼ばれたのである[12]。動と差異性は一緒に生まれ出たからである。だが，第一者から出た動も差異性も無限定なものであり，限定されるためにかのもの（第一者）を必要とする。そしてそれらは，それ（第一者）の方を振り返るときに限定される。だがそれ以前は，質料もまた無限定なものであり，（第一者と）異なるもの（τὸ ἕτερον）で，まだ善いものではなく，かのものから照らされていない。何故なら光がかのものからくるのであれば，光を受け取るものは，受け取る以前は常に光をもたず，光は他のものからくるのだとすると，他のものとしてそれをもつのである」(II4 [12] 5.28-37)。

---

11) Szlezák (1979, p. 75, 79), Narbonne (1993, p. 69, 76, pp. 79-80) は，「かしこでは基体は実在である」(τὸ γὰρ ὑποκείμενον ἐκεῖ οὐσία: II4 [12] 5.22) という記述を根拠に，質料は実在だと主張している。しかし，プロティノスのこの発言は「質料を実在だと言う人々」(ibid. 20, cf. ibid. 1.7-9, S.V.F. II, 316, Graeser 1972, p. 36) に対する譲歩であり，むしろ形相と一体となった質料が実在だ (ibid. 22-23) と，その主張が修正されている。

12) アリストテレスは『自然学』III.2.201b20-21 で，動を差異性として捉えている人々（ピュタゴラスの徒やプラトン）に言及している (ἑτερότητα καὶ ἀνισότητα καὶ τὸ μὴ ὂν φάσκοντες εἶναι τὴν κίνησιν)。プラトン『ティマイオス』57e7 - 58a1 (κίνησιν δὲ εἰς ἀνωμαλότητα ἀεὶ τιθῶμεν) も参照。プロティノスも，動と差異性との密接な関係を述べている。第5章への注5)を参照。

叡智界の質料も，それを照らす光としての形相も，一者から生ずることになる。そして，質料が一者から形相を受け取って限定される際に，一者の方を「振り返る」という働きが行われる。だが，まず，ここで述べられている「動と差異性」の意味を明らかにする必要があろう。一者から叡智界の質料が生じるとき，まずそれは単に一者とは「異なるもの」として一者から発出する。これについては，『質料について』II4 [12] の直前に書かれた論考の中でも言及されている。

> 「(一者は) 何も求めないし，もたないし，必要としないことにおいて完全なものであるので，いわば溢れ出たのであり，その充溢が他のものをつくったのである。そして，その生じたものは，それ (一者) へと振り返って (ἐπεστράφη)，満たされ (ἐπληρώθη)，それに向かって見ているものとなったのであり，これがヌースである」(V2 [11] 1.7-11)。

一者からの発出は一者から離れる「動」であるとも言える[13]。一者から離れることにより，それは一者と「異なるもの」となる。但し，「異なるもの」といっても，限定される以前のこの段階では，それは未だ何等かの「存在」ではなく，単なる「動」であり，一者からの「差異性」に過ぎない。そこで，一者と「異なる」「他のもの」は，一者から離れる「動」と共に生じるので，「動と差異性とは一緒に生まれ出た」ということになる。それらは一者の無限性から生じた無限なものであるが，一者の無限性，無限定性，無形相性が，限界 (πέρας)，限定 (ὅρος)，形相を超えていることを意味するのに対し，〈一者と異なるもの〉として生じたものの無限性，無限定性，無形相性は，限界や限定や形相を欠いていることを意味する[14]。それは，限定されることを求めて一者の方

---

13) Rist (1971, pp. 77-88) は差異性を一者から離れる動とみなしている。また Hadot (1960, p. 134) はこの動と差異性を "pur éloignement" と言い換えている。Rist, Hadot に同意する。

14) Sweeney が指摘しているように，一者における無形相性が完全性を意味するのに対し，叡智界における無形相性は不足と不完全性を意味する (Sweeney 1957, p. 528, note 37, p. 732, note 123)。Fuller (1912, p. 282) のように，叡智界の質料の無限定性が一者の不可限定性の「影」だと言えるかどうかは疑わしい。少なくとも『エネアデス』の中には，そのよ

を「振り返る」。そして，一者からの光である形相を受け取るのであるが，形相を受け取る役割において，それは形相の受容者，基体としての「質料」と呼ばれるものとなる[15]。そこで，「差異性」と「動」とが叡智界の質料の起源だとされるのである[16]。

こうして，叡智界の無限定な質料が一者からの光に照らされて諸形相を受け取り，叡智界を構成するという構造は，無限定な視力に譬えられるヌースの直知作用が，直知対象を求めて一者の方を振り返って見ることにより満たされ，限定された直知の働きに至るという構造に相当する。その際，叡智界の質料に当たるヌースの無限定な作用は，一者を映像化する役割をしていると言うことができる。

第三項 「不定の二」(V4 [7] 2, V1 [10] 5)

プラトンに由来するとされる「一」と「不定の二」によるイデア数の

うな表現はない。無限定性において「原型と映像」の関係が成り立たないことについては，本章への注9)を参照。

15) Rist, Narbonne は，「差異性と動」と質料を同一視し，それが一者を振り向いて見ると考えている (Rist 1967, pp. 30-31, 1962, pp. 101-102, J. M. Narbonne 1993, p. 323. また Krämer 1964, p. 313, note 456 も，質料と「動と差異性」とを，安易に同一視している)。だが，「差異性と動」は，叡智界の質料の始原として，プロティノス自身によって区別されている。Rist は後に，それらを区別し，「差異性と動」は，一者へと振り返る前の「刻印されていない視力」(V3 [49] 11.12) の状態であり，叡智界の質料であるためには，形相を持たなくてはならないと述べている (Rist 1971, p. 82)。質料を，形相の基体という役割において，「差異性と動」から区別したのは正当である。

16) Armstrong はここでの「差異性と動」を，プロティノスがプラトンにおける最大の類 (μέγιστα γένη) (プラトン『ソピステス』254dff.) を，叡智界の類として解釈したものだとみなしているが (Armstrong, Plotinus II, p. 116, note 1)，Igal はそれらを区別している。叡智的質料の始原としての「差異性と動」は一者からの「異なり」，一者から離れる「動」であるが，叡智界の類としての「差異性と動」は叡智界の諸存在相互の「異なり」であり，完成されているヌースの「動」だからである (Igal, Plotino Enéadas I-II, pp. 418-419, note 27, 28)。叡智的質料が一者から生じる段階では，まだ叡智界の「存在」は成立していないので，質料の始原としての「差異性と動」は，叡智界の類としてのそれらから区別されるべきである。同様に，叡智界の「存在」が成立する以前のものとして，「静止」(cf. V2 [11] 1.11-12 καὶ ἡ μὲν πρὸς ἐκεῖνο στάσις αὐτοῦ τὸ ὂν ἐποίησεν) が述べられている。これらの「差異性」「動」「静止」は，限定される前のヌースにおけるものであり，これが「存在」として限定されるときに，叡智界の類としての「存在」「同」「異」「動」「静」が成立する。本章への注60)も参照。また，「差異性」と「動」の関係については，第5章注10)も参照。

第一節　ヌースにおける無限定性

成立という教義も，プロティノスにおいてはヌースの直知活動に即して説明される。

　プラトンの現存の著作集による限りでは，プラトン自身が「不定の二 (ἀόριστος δυάς)」という用語を使ったか否か，またイデアを「一」と「不定の二」とに分析したか否かは不明である。しかし，アリストテレスはプラトンの説として，「大と小」[17]という「二」，あるいは「不定の二」に言及しており，「一を分有することによって，それら（大と小）から，数である諸形相は成立する」（アリストテレス『形而上学』I.6. 987 b 21-22），「数は一と不定の二から成る」（ibid. XIII.7. 1081a14）と伝えている。「大と小」という「二」は，アリストテレスによって，一対のものであるかのように述べられているが，それは「無限なもの」(τὸ ἄπειρον) とも言われており（ibid. I.6. 987 b 26），プラトン『ピレボス』23c9-27b7 の記述からは，「より多くもなれば，より少なくもなる」というような，増大と減少という二方向への進行性における不定性を意味していることが察せられる。そして，アリストテレスによれば，「大と小」は，形相である数における質料 (ὕλη) としての (I.6. 987b20, ibid. 988a11) 原理 (ἀρχαί) であり，構成要素 (στοιχεῖα) である。そして，「一」は実体 (οὐσία) としての (I.6. 987b21) 原理で構成要素である (I. 6. 987b19, 21, XIII.7. 1081a15-16)。

　プロティノスは V4 [7]『如何にして第一者から第一者の後のものが（生じたか）。および一者について』第 2 章で，「不定の二」と「一」によるイデア数の成立という教義に言及しながら，ヌースの直知作用がそれ自体では無限定で，一者から限定されることによって完成していると説明している。

　「直知作用は直知対象 (τὸ νοητόν ここでは一者[18]) を見て，これの

---

17)　プロティノスは「大と小」という表現を，叡智界の形相の基体である叡智的質料には用いず，「物塊の幻影」(II4 [12] 11.29-30 φάντασμα... ὄγκου) としての感性的質料に用いている (II4 [12] 11.33-34 μέγα καὶ μικρόν, III6 [26] 7.17 μέγα καὶ μικρόν, VI6 [34] 3.29 μέγα καὶ σμικρόν, cf.III6 [26] 7.21-22 κἂν μέγα φαντασθῇ, μικρόν ἐστι)。

18)　ここで τὸ νοητόν が一者を指していることについては，本章，第二節，第一項，1. 「『直知対象』としての一者」を参照。

方へ振り返り、かのものによっていわば完成され、完全にされるのであり、ちょうど視力のように、それ自体は[19]無限定だが、直知対象によって限定される。それ故また、諸形相と数[20]は、不定の二と一とから成るとも言われているのである。何故なら、これ（諸形相と数）がヌースなのだから」(V4 [7] 2.4-8)[21]。

直知作用も視力のように、それ自体は無限定であり、対象によって限定される。つまり、ヌースの直知作用は自分からは限定をもたず、限定されるためには対象を必要とする。そこで、対象を求めて一者へと「振り返る」。そして、一者を対象として見ることにより、自己の内に認識を得て限定される。このときヌースの内に生じた認識内容は、多なる形相であり[22]、この諸形相が「数」である。「ヌースは自己が見る諸々の対象において数をもつ」(VI2 [43] 21.6)。そして、これらの形相によって、ヌースは形成されるのである。従って、プロティノスにおいて「一」と「不定の二」からの諸形相の成立は、ヌースの無限定な作用の

---

19) 写本、H.-S.1, Perna, Creuzer, Cilento では、αὕτη（指示代名詞）になっているが、Kirchhoff が αὐτή（強意代名詞）に直しており、Müller, Volkmann, Bréhier, Harder, Armstrong, H.-S.2 がそれに従っている。Kirchhoff の修正を採る。

20) プロティノスは形相を数だとみなしている (V1 [10] 5.15-16)。但し、VI6 [34] ではより詳細に分析しており、叡智界の内でも、数は生命やヌースや諸存在 (ὄντα) より先に、存在 (ὄν) の内にあるとされている。形相としての数は、「実在的な (οὐσιώδης) 数」と呼ばれ (V5 [32] 4.17, 18, VI6 [34] 9.35)、「存在を提供している」(V5 [32] 4.18)、「実在 (οὐσία) としての数」(V1 [10] 5.9) と呼ばれる。それは、数えられることによって存在する数ではなく、計算 (λογισμός) 以前のものである。これに対して、量を提供する「量的な数」(V5 [32] 4.19, 20) は「単子的な (μοναδικός) 数」(III7 [45] 9.17, VI3 [44] 13.5-6, VI6 [34] 9.34-35) とも呼ばれ、「実在的な数」の映像という関係にある (VI6 [34] 9.34-35, V5 [32] 4.20-22)。V4 [7] 2.8 では、プロティノスは τὰ εἴδη と οἱ ἀριθμοί とを καί でつないでいるが、Merlan (1964, p. 45) の指摘によれば、それはプロティノスがこの個所でアリストテレス『形而上学』I6, 987b21-22 を引用しており、アスクレピオスにおいても保持されている ἐξ ἐκείνων γάρ (sc. τοῦ ἑνός and τοῦ μέγα καὶ τοῦ μικροῦ) τὰ εἴδη εἶναι καὶ τοὺς ἀριθμούς を読んでいるからである。

21) V4 [7] 2.7-8 の原典として、H.-S.1 は、アリストテレス『形而上学』XIII.7. 1081a13-15 を挙げているが、H.-S.2 は、これと共に『形而上学』I.6. 987b21-22 を挙げている。Merlan (1964, pp. 45-46) は、プロティノスは V4 [7] 2.7-8 で、アリストテレス『形而上学』I.6. 987b21-22 を引用していると主張している。

22) 限定される前のヌースが、一者を諸形相として捉えることについては、本章第二節で論じる。

第一節　ヌースにおける無限定性

一者からの限定による直知活動の成立に当たり，ヌースの成立を意味することとなる。即ち，プロティノスにおける「不定の二」は，一者から限定されることによって，諸形相を成立させるものであり，またヌースを成立させるものだと言える。

　また V1 [10]『三つの原理的なものについて』第5章でもプロティノスは，この教義に言及しているが，ここでは「不定の二」を，「二」としてのヌースが一者による限定を受ける以前の状態として考えていたと推測される。そしてプラトン的な「不定の二」における「二」の意味が，プロティノスにとっては直知作用と直知対象という「二」であったと考えられるのである。

　「それ（ヌースを生んだもの）は単一な者，このような多の先の者，これ（ヌース）が存在し，多であることの原因者，数をつくり出す者である。何故なら，数は第一のものではないからである。というのもまた，二の前に一があり，二は第二のもので，一から生じたもので，かのものを限定者としてもつのだが，これ（二）は自分では無限定だからである。だが限定されたときは，既に数である。そして，それは実在としての数である。……そこで，かしこで数と言われるものと二は，諸原理（ロゴス）とヌースである[23]。しかし一方で二は，いわば基体という役割に関して考えられるときには無限定なものであるが，他方でそれ（無限定な基体としての二）と一とから生じる数は，それぞれが形相であり，（ヌースは）自分の内に生じた諸形相によって，いわば形成されるのである。だが，それ（ヌース）はある仕方では一から，別の仕方では自己自身から[24]形成されているのであり，いわば働いている視力のようなものである。何故なら，直知の働きは見ている視覚であり，両者（見る作用と見られる対象）は[25]一つだからである」（V1 [10] 5.4-19）。

---

23) 「かしこ（叡智界）で数と言われるもの」は，「諸々のロゴス」に，そして「二」は「ヌース」に当たる。この後，一方で「二」について，他方で「数」について説明される。
24) Creuzer, Kirchhoff, Müller, Volkmann と共に，παρ' αὐτοῦ という写本の読みを採る。VI7 [38] 16.32-35 を参照。
25) 写本，Perna, Creuzer では ἄμφω τὸ となっているが，意味をなさない。Kirchhoff

叡智界の質料が一者から生じ、一者の光によって照らされるとされていたように、ここでも「二」は「一から生じたもので、かのものを限定者としてもつ」と述べられている。「二の前に一があり、二は第二のもの」だからである。そして、「二」が「一」を「限定者としてもつ」(ll. 7-8) としたら、それは「自分では無限定なもの」(l. 8) である。或いはまた、それは「一」に由来する限定の「基体という役割に関して考えられるときには無限定なもの」(ll. 14-15) である。つまり、一者から受け取る諸形相の基体として、それ自体は無限定なものだと言える。そのような意味での無限定な「二」が、「一」によって限定されると、「形相」(l. 15) としての「数」になる。無限定な「二」と「一」によるイデア数の成立は、まさしくアリストテレスが伝える「不定の二」の教義である。ここでプロティノスは、プラトン的な「一」と「不定の二」からのイデア数の生成という教義を継承しながらも、「不定の二」を「一」から生じ、一者に依存するものとすることによって、二元論を回避している。

だが、「かしこで数と言われるものと二は、諸々のロゴスとヌースである」(ll. 13-14) と述べられているように、ここでは「数」が「諸々のロゴス」を意味するのに対し、「二」は「ヌース」を意味している。つまり、ここでプロティノスは「不定の二」ではなく、「二」と言っているのであり、それはヌースを意味している[26]。それが「不定」であるのは、「基体という役割に関して考えられるとき」でしかない。彼にとっ

───────

と Müller は ἀμφὶ τὸ に直している。Volkmann, Bréhier は ⟨καὶ⟩ ἄμφω τὸ としているが、Sleeman (1928, p. 30) の ἄμφω τε は、同じ意味で、より僅かな修正で済んでいる。H.-S., Harder, Armstrong, Atkinson (1983, p. 123) と共に、Sleeman に従う。

しかし、ἄμφω の内容は研究者の解釈によって異なる。Bréhier, MacKenna-Page, Sleeman (1928, p. 30) によれば「見るものと見られるもの」である。Atkinson (1983, p. 123) は「ヌースと直知作用」、Bouillet は「能力と働き」であるとしているが、ここでは III8 [30] 11.4-6 と同様に、〈見るものと見られるもの〉の一体性が述べられていると考えられる。III8 [30] 11.1-4 によると、ヌースは「見ている視力」(ὄψις ὁρῶσα) であり、「働きに至っている能力」(δύναμις... εἰς ἐνέργειαν ἐλθοῦσα) なので、叡智的質料（見る前の視力）と形相（視力を限定する対象）とをもつと言われている。V1 [10] 5 でも、ヌースは「働いている視力」(l. 18) であるから、形相である数と叡智的質料に当たる「不定の二」という二面性をもっているのだと考えられる。叡智的質料と形相とは、ここでは、ヌースの基体としての無限定な部分（不定の二）と数である形相 (ll. 14-16) とに当たる。この一体となったものが、即ち「活動している視力」としてのヌースである。

26) ヌースを「二」(δυάς, δύο) とする表現については、V4 [7] 2.11, V1 [10] 4.31-32, 6.6, V6 [24] 1.22-23, 6.29, III8 [30] 9.5, VI7 [38] 8.22, 25, V3 [49] 15.39 などを参照。

第一節　ヌースにおける無限定性　　　　　　　　　　　55

て，叡智界における「二」の意味は，直知するものと直知されるものであり，その意味でヌースは「二」である。だが，ヌースである「二」は，第一のものではなく，一者から生じたもので，一者を限定者としている（ll. 7-8）とすれば，それは一者により限定されない限り，自分からは無限定である（ll. 7-8）。つまり，ヌースである「二」は一者によって限定される以前は不定であったという意味になり，このようにしてプロティノスは「不定の二」を考えている。それは，一者から限定されることによって，ヌースである「二」となるものという意味で，可能的な「二」だと言うことができる。

　形相の「基体」であるヌースの質料は，形相である直知対象を得る以前の無限定な直知作用に当たるものであった。それは一者へと振り返って見て直知対象を得た時，限定された直知の働きを為すものとなる。それが，いわば「働いている視力」，「見ている視力」としてのヌースである。従って，ちょうど視覚が見る作用とそれを限定する対象とから成り立つように，ヌースは自己の無限定な直知作用（＝叡智界の質料＝「基体としての二」）と，一者からの限定とから成立することになる。

　このように，プロティノスにおいて「不定の二」とは，限定される以前のヌースの不定性であり，ヌースの無限定な「直知作用」（V4 [7] 2. 4）や叡智界の質料に当たるものである。それは，一者から生じて一者により限定されて，直知作用と直知対象という「二」としてのヌースをつくるものである。同時にそれは，一者から限定された時，諸形相，「数」としての多をつくるものだということになる[27]。ヌースの無限定

---

27) Rist（1962, pp. 100-101）も，プロティノスの「不定の二」は多をつくる可能性（potentiality of plurality）だと指摘している。だが，Szlezák（1979, p. 65）は，「不定の二」が無限定なものである限り，可能的な「二」（potentielle Zweiheit）ではなく可能的な「全」（potentielle Allheit）であると述べている（彼は，プロティノスにおける「不定の二」の「二」は，既に限定された段階でのヌースの主体と客体という二重性に関連しているとみなしている点で正しい）。また Narbonne（1993, p. 64）は，「不定の二」という呼び名の最初の意味は，プロティノスにおいては失われており，それによる最初の産物は「二」ではなく，一挙に「多」であるとみなしている。確かに，VI7 [38] 17.32-33 では，限定される前のヌースとしての「生命」（本章，第二節，第二項，3「生命」を参照）は「あらゆる可能性」として述べられており，ヌースの「多」なる諸形相は「すべて」でもある。だが，ヌースは第一に直知作用と直知対象という「二」である。V1 [10] 4.30-43 では，直知するものと直知されるものという「二」から，叡智界の諸類，つまり「多」が導き出されている。そこで，プロティノスにおいて「不定の二」は，「可能的な多」，「可能的な全」とも言えるが，当然「可能的

性である叡智的質料は一者を映像化する原理として働いていたが,「不定の二」としての記述からは,それが一者から多数の形相を生ぜしめる多様化の原理として働いていることが知られる.

ま と め

ヌースが直知活動であるとすると,そこから,以下のことが帰結する.
① 「見ている視力」に見る作用と見られる対象とが属するように,ヌースには直知作用と直知対象という二重性がある (III8 [30] 11).
② 「二」は「一」から生じたもので,ヌース(「二」)は一者を限定者としてもつとすれば,一者から限定されない限り,ヌースは自分からは無限定である (V1 [10] 5.8).ここに,プロティノス的な「不定の二」の概念が見出される.
③ 「見る前」(III8 [30] 11) の「視力」が無限定であるように,直知作用は直知対象により限定されない限り,それ自体は無限定である (V4 [7] 2).
④ 直知作用の無限定性は,直知対象である諸形相の基体として考えられる叡智的質料の無限定性に相当する.
⑤ ヌースは一者から生じ,一者を限定者としてもつ.それ自体が無限定であるヌースの作用は,一者を「振り返る」(II4 [12] .5.34, V4 [7] 2.5) ことにより限定される.

ヌースが直知活動であるとするなら,それは直知作用と直知対象という二重のもので,第一の始原ではなく,一者から生じたものだということになる.そして,直知の作用そのものは無限定であるので,限定されるために一者を「振り返る」.そのとき,一者からの光とも言える諸形相を直知対象として得て限定され,直知活動を行うヌースとして完成される.ヌースの直知作用の無限定性は叡智的質料や「不定の二」といった概念に当たり,それがいわば一者を映像化し,多様化する原理として

な二」でもある.プロティノスにおいては「不定の二」は,独自の意味ではあるが,「二」としてのヌースをつくり出すものという正当な意味をもつものであり,プラトンに従うためにのみ,無意味に「不定の二」という呼び名を採用しているわけではない.

の役割を果たす。そして，叡智界の質料や「不定の二」がヌースの無限定な直知作用に当たるということは，プロティノスがそれらの伝統的な概念を，存在論的にではなく，認識論的に受け取っていたということを意味する。

　しかし，ヌースの無限定な直知作用が，無限定，無形相の一者を「振り返る」とき，何故多様な形相が直知対象としてもたらされるのであろうか。次節では，ヌースの無限定な作用が一者を「振り返る」働きを検討しながら，その仕組みを明らかにしてゆきたい。

第二節　〈未完のヌース〉の教義

　ヌースにおける無限定な要素は，叡智界の質料（II4 [12] 4.1-7, 16-20）であれ，「不定の二」（V1 [10] 5.4-19）であれ，無限定な直知作用（III8 [30] 11.1-8）であれ，何れも既に直知活動を行っているヌースからの理論的抽象であり，ヌースから限定的な要素を取り去ることにより捉えられる無限定性にすぎない。即ち，それは，ヌースの直知活動から直知対象を取り除いた「直知作用」として捉えられたのであった。そして，ヌースの一者との関係が説明されるために，それは一者へと「振り返る」ことにより限定されると述べられたのである。しかし，厳密には，ヌースの直知作用は形相を直知対象とするものであって，一者を対象とするものではない。一者は直知作用を超えており，それによって捉えられるものではない。そこで，後の著作では，「まだ見ぬ視力」としてのヌースの無限定な作用が「非直知的な」作用として一者に接すると言われるようになる。そして，それは一者を振り返って見て，諸形相を得て直知活動に至るまでは，まだヌースでないものとして叙述される。ここから，ヌース限定のプロセスが，プロティノス研究者たちの間で〈未完のヌースの教義〉と呼ばれるようになる。

　この節では，プロティノスの著作年代順に従って，ヌースの作用が如何にして一者と関係し，諸形相を直知するに至るかを考察する。但し，叡智界について語られるプロセスは，理論的な因果関係を説明するものであって，時間的な前後関係を述べるものではない。

第一項　一者への直知（V6 [24] 以前）

1.「直知対象」としての一者（V4 [7] 2）

　ヌースの無限定な直知作用は，一者を振り返って見る。7番目の著作である V4 [7]『いかにして第一者から第一者の後のものが（生じたか）。および一者について』の第2章では，一者がそのような意味でヌースの「直知対象（τὸ νοητόν）」と呼ばれている[28]。本来，一者は「直知対象」ではなく（III8 [30] 9.11-12），ヌースの「直知対象」を超えたもの（τὸ ἐπέκεινα τοῦ νοητοῦ V5 [32] 6.20, cf. III8 [30] 9.12-13）であり，直知作用（νόησις）によっては把握されない（VI9 [9] 4.2）とされる。しかし，ここで一者を「直知対象」とするヌースの「直知作用」とは，諸形相としての「直知対象」により限定されている本来の意味での「直知作用」ではなく，無限定な「見る作用」としてのヌースである[29]。

　　「何故（生み出すものは）[30]，その働きが直知作用（νόησις）であるところのヌースではないのか。だが，直知作用は直知対象（τὸ νοητόν）（一者）[31]を見て，この方へ振り返り，かのものによっていわば完成され，完全にされるのであり，ちょうど視力のようにそれ自体は無限定だが，直知対象によって限定される。それ故また，諸形相と数は不定の二と一とから成るとも言われているのである。何故なら，これ（諸形相と数）がヌースなのだから。それ故，（ヌース

---

[28]　一者を「直知対象（νοητόν）」とする表現は例外的であるが（cf. *Les sources de Plotin*, 1960, p. 421, Bussanich 1988, p. 11），V6 [24] 2 でも一者が νοητόν と呼ばれている。但し，V6 [24] 以降，一者は νοητόν とみなされなくなる。

[29]　Cf. Lloyd (1987, p. 175), Bussanich (1988, pp. 12-14).

[30]　ここでは，「不生の始原（ἀρχὴ ἀγένητος V4 [7] 1.18-19）としての「生み出すもの」，即ち一者が問題にされている。

[31]　この「直知対象（νοητόν）」は一者である。V4 [7] 2で一者が νοητόν と呼ばれていることは，一般的に認められている（cf. Bréhier, *Plotin* V, p.81, note 1, Armstrong, *Plotinus* V, Introductory Note, p. 138, Sweeny 1957, pp. 532-533, note 47）。この個所では，12行目でヌースを生むものである一者が νοητόν とされており，12-13行目の νοητόν は直知者のように不足したものではないと述べられ，23行目では一者は νοητόν として留まっていると主張されている。

第二節　〈未完のヌース〉の教義　　　　59

は）単一ではなく多なるものであり，確かに直知的なものではあるが，自己の内に構成を示しており，既に多くのものを見ているのである。確かに（ヌースは）それ自身も直知対象であるが，また直知するものでもある。それ故，既に二つのものである[32]。だが，また（ヌースは）それ（一者）の後の直知対象であることによっても（一者とは）別のものである。

　しかし，如何にして直知対象（一者）から，このヌースが生じるのか。直知対象（一者）は自己自身だけで留まっており，見るものや直知するもののように不足したものではないが——直知するものは，かのもの（一者）に比べれば不足していると私は言っているのだが[33]——いわば無知覚なもの（ἀναίσθητον）[34]ではなく，それのすべてがそれの内にそれと共にあり[35]，それは自己自身を完全に識別

32）　一者はこの文脈では「直知対象（νοητόν）」であるが，ヌース自身もνοητόνである。だが，ヌースは一者とは違って直知するものでもあるので，既に二つのものである。「不定の二」はここで現実的な二となる。

33）　ヌースは一ではなく多であることによって（V3 [49] 15.10, VI7 [38] 8.19-22），そして直知を行わなくては善さを得られないことによって（III9 [13] 7.5-6），更にまた一者を観照しなければならないことによって（VI7 [38] 33.10-11），不足したものである（cf. V3 [49] 15.9, 10 ἐνδεέστερον, VI7 [38] 8.20-21 ἐλλεῖπον δ' ἐκείνου, III9 [13] 7.5 ἐλλιπές, VI7 [38] 33.10 ἐν δεήσει）。しかし，実際に一者を観照し，善を有しているという意味では，ヌースは「不足していない（ἀνενδεής）」（VI8 [39] 6.35）とも言われる。一者は「最も自足的」（VI9 [9] 6.17-18, 24 αὐταρκέστατον, VI7 [38] 23.7 αὐταρκεστάτην）で，他の何も必要とせず，「不足のない」（I8 [51] 2.4, V6 [24] 4.1, VI9 [9] 6.35 ἀνενδεές, III8 [30] 11.42 ἀνενδεοῦς, VI7 [38] 23.8 ἀνενδεᾶ, cf. VI9 [9] 6.18 ἀνενδεέστατον）ものであるのに対し，ヌースは「より不足した」ものである。

34）　プロティノスは後にV3 [49] 13で，「（一者は）自己自身を知覚せず（ἀναίσθητον），自己自身を意識せず（παρακολουθοῦν），自己自身を知り（οἶδεν）もしないのか」（ll. 6-8）という問いに対し，もし一者が知り，知られるものであるなら，一者は直知を必要とするもの（つまり欠けたもの）になってしまうだろうと答えている（ll. 9-11）。一者は知覚のできないもの，即ち知覚を欠いたものではなく，むしろ知覚を超えており，知覚の原因である（e.g. VI7 [38] 16.22-31）。そこで，一者は直知しないとはいえ，無知だというわけではない。無知というものは，異なるものが他にあって，一方が他方を知らない場合に生じる（VI9 [9] 6.46-50）。一者と自己意識との関係については，第3章，第四節，及び第5章で詳しく論ずる。

35）　「一者はすべてのものであって，（或る）一つのものですらない。何故なら，それはすべてのものの始原であって，すべてのものではないのだから。だが，先の意味（すべてのものの始原だという意味）ではすべてのものである。何故なら，すべてのものは，かしこにいわば忍び込んでいるのだから。否，むしろまだ（かしこでは）存在していないが，（かしこから発した後で）存在するであろう」（V2 [11] 1.1-3）。V3 [49] 15では，「如何にして，かの

し得る（διακριτικόν）[36]。そして，生命がそれの内にあり，すべてがそれの内にあり，いわば自己知覚（συναίσθησις）[37]によってそれ自身が自己への直観（κατανόησις）[38]である。それは永遠の静止[39]の内にあり，ヌースの直知作用とは違った意味での直知作用（νόησις）[40]の内にある。ところで，もしそれがそれ自身の内に留まっていて何かが生じるのであるなら，これは，かのものが最もそれであるところのものである時に，それから生じるのである。そこで，『それは固有の習性の内に留まりながら』[41]，生じるものはそれから生じ，それが留まったままで生じるのである。従って，かのものは直知対象として留まっているので，生じるものは直知作用として生じる。それは直知作用であって，自己がそれから生じたところのものを直知するので——何故なら他のものをもたないので——ヌースになるのであり[42]，別のいわば直知対象[43]で，いわばかのもの

───────

ものはすべてのものの始原であるか」（l. 27）という問いに対して，一者があらかじめそれらを有することによって，それらを存立せしめたからだと答えられている。

36) ここでは一者にある種の識別能力が認められているが，それは一者が無知覚でないことを主張するためであり，一者の内に識別されるような内容があるわけではない。

37) 厳密な意味では，一者は自己知覚を超えている。「彼（一者）自身が何かであるとすると，彼は，自己知や自己直知や自己知覚よりも偉大なものである（μειζόνως ἐστὶν ἢ κατὰ γνῶσιν καὶ νόησιν καὶ συναίσθησιν αὐτοῦ）」（VI7 [38] 41.25-27）。自己知覚は全く単一なものではなく，多なるものが行うことである（V6 [24] 5.1-2）。そこで，ここでは οἱονεί が付加されている。

38) 厳密には，一者は自己直知を超えており，III9 [13] 9.22 では，一者に κατανοεῖν が否定されている。

39) 一者は本来は，「運動の先に（πρὸ κινήσεως）あり，静止の先に（πρὸ στάσεως）ある」（VI9 [9] 3.44）。

40) VI8 [39] 16 では，一者は「目覚め」（ἐγρήγορσις l. 31, 32）であり，「超直知」（ὑπερνόησις l. 32）であると言われている。また，同論考第18章では次のように述べられている。「かのもの（一者）もまた，駆け巡る直知的な力の，つまり彼のいわば映像の原型であり，一におけるヌースである……」（ll. 26-27）。一者は「後にそれから発するであろう直知的な諸原因をすべて一緒に有している」（ll. 39-40）。一者は，すべての直知的なものの原因で，それらを潜在的に未分の状態でもっている。

41) 「固有の習性の内にとどまりながら（μένοντος οὖν αὐτοῦ ἐν τῷ οἰκείῳ ἤθει l. 21）」は，プラトン『ティマイオス』42e5-6 ἔμεινεν ἐν τῷ ἑαυτοῦ κατὰ τρόπον ἤθει に基づいた表現である。プロティノスは，上位のものがそれ自体は不変不動のまま下位のものをつくり出すということを説明する際に，プラトンのこの句をしばしば引用している（cf. V3 [49] 12.34, V4 [7] 2.33-34, IV8 [6] 6.10, V2 [11] 2.2）。

42) 先行する4-8行目で述べられたように，一者から生じたばかりの「直知作用」は，それ自体は無限定なもので，一者を「直知対象」として直知することによって限定される。

第二節　〈未完のヌース〉の教義

(οἷον ἐκεῖνο)[44]で，かのものの模像，つまり映像になる」(V4 [7] 2. 3-26)。

　この文脈は，次のように解することができる。まず，直知を行うヌースが，何故第一の始原でないのかが問われる (ll. 3-4)。「直知作用」は，視覚と同様，それ自体は無限定で，「直知対象」である一者によって限定される。このことをプロティノスは，「一」と「不定の二」によるイデア数の成立と同一視している (ll. 4-8)。つまり，ヌースの無限定な「直知作用」は，一者を「直知する」(l. 24) ことによって限定されるのであるが，そのときの具体的な直知内容は諸形相である。ヌースはこれらの形相によって形成されて，多様なものとなる。またヌースは直知するものでも，直知されるものでもあるという点でも二つのものであるし，「直知対象」であるという点だけから見ても，一者とは異なる，一者の後の「直知対象」である (ll. 8-12)。従って，直知を行うヌースは第一の始原ではない。

　次に「如何にして直知対象 (一者) から，このヌースが生じたのか」という新たな問いが出されている。この文脈では，一者にある種の自己直観や直知作用が認められており (ll. 15-19)，一者から何かが生じるのであれば，一者が「最もそれであるところのものである時に」(ll. 20-21) 生じるのだと述べられている。一者は超直知的な「自己直観」であり，ある種の超越的な「直知作用」で「直知対象」である。従って，生ずるものはそれと似たものとして生じて似たことを為すので，一者を振り返って「直知」し，一者を対象化し映像化して自己の「直知対象」となす。即ち，超直知的な一者の「自己直観」は，こうしてヌースの次元で「直知作用」と「直知対象」とに展開する。

この限定された直知活動がヌースである。

43)　ヌースは，本来の意味で直知対象でなければならないはずだが，ここでは「いわば (οἷον) 直知対象」だと言われている。V4 [7] 2 では一者が最初に「直知対象」と呼ばれている。この直後に，ヌースは「いわば一者」(οἷον ἐκεῖνο l. 25) であるとされており，その意味で「いわば直知対象」であると言える。ἄλλο τῷ μετ' αὐτὸ νοητόν (ll. 11-12) も参照。

44)　V2 [11] 1.14 οἷον ἐκεῖνος, V1 [10] 7.2 πως εἶναι ἐκεῖνο を参照。

2．一者が「直知対象」であることの意味（V6 [24] 2)

24番目の著作である V6 [24]『有のかなたのものは直知しないこと，および第一義的に直知するものは何か，そして第二義的に直知するものは何かということについて』でも，V4 [7] におけるのと同じ意味で，一者が「直知対象」と呼ばれている。ここでは，一者から生じたばかりのヌースにとって，一者が「直知対象」である意味が説明されている。

「だが，直知対象（νοητόν）であるものがすべて，直知するもの（νοοῦν）を自己自身の内にもち，直知するということは必然ではない。何故なら（そうだとしたら），それは単に直知対象であるだけでなく，直知するものでもあり，二つのものであるので[45]，第一のものではないことになるだろうからである。

そして，直知対象をもつものであるヌースは，純粋に直知対象である存在（一者）がなかったら――それはヌースにとっては直知対象であるが，それ自体は直知するものでもなく，本来の意味では直知対象でもないのだろうが――存立し得ないだろう。というのも，直知対象（としての一者）は他のもの（つまりヌース）にとって（直知対象）であり，ヌースはそれが直知するところの直知対象（一者）を把握し，つかまえるのでなければ，直知しようとする働きを空しいものとしてもつことになるからである。何故なら，直知対象なしに，直知活動をもつことはないのだから」（V6 [24] 2.4-12）。

もし一者が「直知対象」であるだけでなく，直知するものでもあるなら，それは既に二つのものだということになる（ll. 5-7）。V4 [7] では，一者にある種の「直知」が認められていたが，それは本来の意味での直知作用ではない。実際のところ，一者の内では，すべてが混然一体となっており（μὴ διακεκριμένα V3 [49] 15.31），一者は，自己が主体となって，客体としての自己を振り返って認識するわけではない。更に V6 [24] 2 では，一者は直知するものではなく，単にヌースによって直知さ

---

45) Cf. V4 [7] 2.10-11 ἔστι μὲν οὖν καὶ αὐτὸς νοητόν, ἀλλὰ καὶ νοῶν· διὸ δύο ἤδη.

れるものでしかないとされる。そして，一者は単に直知されるだけのものだという意味で，「純粋に直知対象である」($καθαρῶς\ νοητοῦ$ l. 8) と述べられる。つまり一者は，それ自身は自己直知の活動を行うものではないので，自己自身にとっての直知対象ではなく，その点で一者は，「本来の意味では直知対象ではない」(l. 9)。一者は単に，「ヌースにとって直知対象である」(ll. 8-9) に過ぎない。つまり，一者は自分からは「直知対象」ではなく，ヌースとの関係でのみ「直知対象」であり，それも，ヌースの無限定な「直知作用」(V4 [7] 2.4, 23) を限定する対象という役割においてのみ「直知対象」である。

3．一者への「欲求」と「動」(V6 [24] 5)

V6 [24] 5 では，一者から生じたばかりのヌースの「直知作用」が「一者を直知する」に至る過程が更に説明されている。

> 「直知すること ($τὸ\ νοεῖν$) は，存在すること[46]においても，価値があるということにおいても，第一のものではなく，第二のもので，生じたもの ($γενόμενον$) である。というのは，善（一者）が存立しており，生じたものを自己自身（つまり善）へと動かしたのであり，それは動かされて見たのである。そして，これが直知することである。つまり善を欲求して ($ἐφιέμενον$) 善へ向かって動くこと ($κίνησις$) が。というのは，欲求 ($ἔφεσις$) が直知作用を生み出したのであり，自分（欲求）と共に存立させたのだから。何故なら，視力の欲求は見る活動だからである」(V6 [24] 5.5-10)。

---

46) ここでは，「直知すること」は「存在すること ($εἶναι$) において」「第二のもの」だとされているが，本来一者は「存在」を超えているので，「存在」としてはヌースが第一のものである。V6 [24] では 2.8 でも，一者に「存在」($οὐσία$) という語が使われているが，6. 18-19 で第一に $οὐσία$ とされているのは，ヌースである。「第一に存在 ($οὐσία$) と呼ばれるものは，存在 ($εἶναι$) の影であってはならず，充実した存在をもっていなければならない。そして，存在が充実するのは，それが直知をし ($νοεῖν$) 生きている ($ζῆν$) という形をとるときである。それ故，直知することと，生きることと，存在することとが，存在するものの内に一緒にあることになる。従って，もし存在であるなら，それはヌースでもあり，もしヌースであるなら，存在でもあり，直知することは存在することと共にある」(6.18-23)。本文で引用した V6 [24] 5.5-6 で述べられているのは，厳密な意味で，直知を行うヌースが第二の「存在」だということではなく，単にヌース以前に一者があるということである。

V4 [7] 2.23-25 では，一者から「生じたもの」は，「一者を直知する」ことによってヌースになるとだけ述べられていたが，ここでは，一者から「生じたもの」が「一者を直知する」のは，一者が欲求対象として，それを自己へと動かしたからだとされている。一者が動かしたといっても，一者が何らかの仕方で働きかけるのではなく，それは単に欲求対象として留まっているだけである。そして，一者から「生じたもの」が一者を「欲求し」，一者へと「動き」，一者を「見る」ことが「直知すること」だとされている。そこで，ヌースの「直知作用」は，一者を直知しようとする欲求から生み出されたと述べられている。「視力の欲求が見る活動である」ように，ヌースは直知を行うことを求める。だが，それは「直知対象なしに，直知活動を持つことはできない」(V6 [24] 2.11-12)。ヌースは「それが直知するところの直知対象（一者）を把握し，つかまえるのでなければ，直知しようとする活動を空しいものとしてもつことになる」(V6 [24] 2.10-11)。こうして，無限定なヌースの「直知作用」は一者へと振り返って，一者を見る。そして，一者を見ると，ヌースはそれについての何らかの認識を得て，それを直知内容として直知を行うのである。

4．一者への「直知」から自己自身への直知への移行 (V6 [24] 5, V2 [11] 1)

V6 [24] 5 では，更に，ヌースの一者を対象とした「直知」と自己自身を対象とした「直知」との関係が述べられている。

「(ヌースは)，それ（善，即ち一者）[47]への直知 (νόησις) において，

---

47) H.-S.2, B.-T., Armstrong, 水地, Bussanich (1988, p. 64) は，16行目に αὐτοῦ を読み，それを一者と解し，17行目で Kirchhoff の修正 αὐτὸ (H.-S.1 αὐτὸ seipsum) を採っている。MacKenna-Page も同様の解釈である。しかし，Kirchhoff, Müller, Volkmann, Bréhier のテクストでは，αὐτοῦ (l. 16), αὐτὸ (l. 17) と，両方が再帰代名詞になっている。(しかし Bréhier の場合，訳は "C'est en pensant le Bien, qu'il se pense lui-même par accident" である。) Creuzer は16行目を αὐτοῦ, 17行目を αὐτὸ としている。Ficinus の訳も "quinetiam in sui ipsius cognitione sorte quadam cognoscit et illud" であり，Bouillet も "En se pensant elle-même, l'Intelligence pense en même temps le Bien" と訳している。Cilento もこの読みを採っているが，彼は κατὰ συμβεβηκός を ἐν τῇ νοήσει αὐτοῦ と共に読んでいる。ἐνεργοῦντα γὰρ αὖ ἑαυτὸν νοεῖ (ll. 17-18) が直前の αὐτὸ (αὑτὸ) νοεῖ (l. 17) を説明している

付帯的に自己自身を直知する（νοεῖ）。というのは，（ヌースは）善の方を見ながら[48]自己自身を[49]直知するからである。何故ならまた，働いている自己自身を直知するからである。そして，すべてのものの働きは善へと向いているのである」(V6 [24] 5.16-17)。

ヌースの無限定な「直知作用」は，「直知対象」として一者を求め，「一者を直知する」ことによって限定された直知の働きとなるわけだが，V6 [24] 5.1-17 では，ヌースは「善（一者）への直知において付帯的に自己自身を直知する」，「善の方を見ながら自己自身を直知する」とされている。ヌースは，無限定な「直知作用」として一者へと振り返り，一者を「直知対象」として見ることにより，一者についての何らかの認識を得て，もはや無限定な「直知作用」ではなく，限定された直知活動を行うものとなる。このときヌースが自己の内に得た認識内容が，ヌースを形成する諸形相なのであり，こうしてヌースは自己の内に直知作用と直知対象とをもつものとなる。そこで，ヌースは一者を直知することにより，自己自身を直知することになる。V4 [7] 2, V6 [24] 2 では，一者とヌース自身という二つの「直知対象」が述べられていたが，一者は，

とすると，αὐτὸ2 (l. 17) はヌース自身である。従って，17行目は，「というのは，（ヌースは）善の方を見ながら，自己自身を直知するからである」と読むことになるが，それが直前の記述 (ll. 16-17) の理由になっているので，16-17行目も17行目と同様に，善を直知することにおいて，結果的に自己自身を直知するようになるという意味にならなければならない。そこで，H.-S.2, B.-T., MacKenna-Page, Armstrong, 水地, Bussanich と共に，16行目をαὐτοῦ, 17行目をαὐτὸとし，「善への直知において付帯的に自己自身を直知する」と解する。

[48] 17行目で，αὐτὸ νοεῖにおける中性形から，突然βλέπωνという男性形に変わっている。Kirchhoff, Müller, Volkmann, Bréhier, B.-T. はβλέπωνをβλέπονに直し，続く17-18行目のἐνεργοῦνταをἐνεργοῦνに，18行目のἑαυτὸνをἑαυτὸに修正している。しかし，17行目冒頭の「自己自身を直知する」という表現以降，主語としてヌースが考えられるのは不自然ではないと考えられるので，H.-S., Armstrong と共に，βλέπωνの意味上の主語をヌースと解し，Kirchhoff の修正は採らない。

[49] H.-S.1, Cilento は写本のままαὐτὸ2 (l. 17) としており，τὸ ἀγαθόν (善) と解している。Cilento はここで，直知と観照とが同じものを対象としていることによって一体化していると解釈している。しかし，続くἐνεργοῦντα γὰρ αὖ ἑαυτὸν νοεῖ (ll. 17-18) が，ここのαὐτὸ (αὐτὸ) νοεῖ (l. 17) を説明している。そこで，Kirchhoff, Müller, Volkmann, Bréhier, B.-T. は αὑτὸという再帰代名詞に代えている。H.-S.2 は，βλέπωνという男性分詞の後のαὑτὸνを推測している。H.-S.2, Armstrong, Bussanich (1988, p. 64) と共に，αὑτὸνを採り，17行目は「（ヌースは）善の方を見ながら，自己自身を直知する」と読む。Ficinus の訳でも "Cognoscit namque se ipsum interim ad bonum suspiciendo" である。

限定される前のヌースが外から振り返って見る「直知対象」であり，ヌースの諸形相は，一者が見られたときヌースの内に生じた「直知対象」である。そして，本来後者の意味での直知対象が，厳密な意味で「直知対象」と言われる。

このように，善（一者）を「見る」，「直知する」という活動により限定された時に，ヌースの自己自身への直知が可能となる。他の個所でも，「（ヌースが）直知すると言われるのは，自己自身をもつからではなく，第一者の方を見るからである」(III9 [13] 9.6-7) と言われている。また，V2 [11]『第一者の後のものたちの生成と序列について』第1章でも，一者から生じたヌースは，一者を振り返ることによって「自己自身を見ているものとなった」(ll. 10-11) と述べられており，ヌースの自己直知の原因が，一者への「振り返り」だとされている。

> 「（一者は）何も求めないし，もたないし，必要としないことによって，完全なものであるので，いわば溢れ出たのであり，その充溢が他のものをつくったのである。そして，その生じたものはそれ（一者）へと振り返り（ἐπεστράφη），満たされて（ἐπληρώθη）[50]，自己自身[51]の方を見ているものとなったのであり，これがヌースである。そしてかのものに向かってのそれの静止（ἡ μὲν πρὸς ἐκεῖνο στάσις）が存在（τὸ ὄν）をつくり[52]，それ（一者）[53]への観照（ἡ δὲ πρὸς αὑτὸ

---

50) ヌースの生成過程での πλήρωσις については，III8 [30] 11.7-8 も参照。

51) ここで読んだ αὑτὸ2 (l. 10) は，Creuzer, Kirchhoff, Müller では αὐτὸ, Perna, Volkmann では αὑτὸである。H.-S.1, Ficinus, Bouillet, Cilento は再帰代名詞とみなしているが，H.-S.2, Bréhier, Harder, Armstrong, MacKenna-Page, 水地は指示代名詞とみなし，一者と解している。だが，ヌースは「一者を見ている者」と定義されるべきものであろうか。ここでは「そしてこれがヌースである」(καὶ νοῦς οὗτος l. 11) と言われている。一者から「生じたもの」(τὸ γενόμενον) は，一者へと振り返って，諸形相で「満たされた」後，一者ではなく，自己を満たしている内容，つまり自己自身を見るはずである。そこで，問題の個所は αὑτὸ を読み，一者から「生じたもの」自身を指しているものとする。確かに，一者への観照はヌースをつくるが (l. 12)，成立したヌースは自己自身を見ているもの，つまり自己直知しているものである。

52) 「静（στάσις）の観念や概念の方が，動についての観念や概念より，存在（ὄν）の身近にある」(VI2 [43] 7.28-30)，「イデアはヌースの限界（πέρας）であるから，静の内にあるが，ヌースはそれ（イデア）の動である」(8.23-24) と述べられるように，存在やイデア（形相）は静的なものとして，ヌースは動的なものとして捉えられる傾向がある。また，「（存在するものと言われるものは）内側へと向き直って止まり，すべてのものたちの実在（οὐσία）

第二節 〈未完のヌース〉の教義

θέα) がヌースをつくった。そこで，それは見るためにそれ（一者）[54]に向かって止まったのだから，同時にヌースと存在とになったのである」(V2 [11] 1.7-13)。

ヌースは最初に無限定なものとして，一者の充溢によって生み出される。これは無限定な一者から生じた，無限定なものであるが (cf. II4 [12] 15.18-19, V1 [10] 5.7, V4 [7] 2.22-24)，一者へと「振り返り」，一者を見たときに諸形相に「満たされる」。そして，諸形相で満たされた自己自身を見ている状態が，完成されたヌースである。

以上で見てきたように，ヌースは一者の力が溢れ出すことによって生じ (V2 [11] 1.8-9)，無限定な「直知作用」として「直知対象」である一者を「欲求し」(V6 [24] 5.9)，一者 (V4 [7] 2.4, 7, 12-13, 23) を「振り返り」(V4 [7] 2.5, V2 [11] 1.10)，それに向かって「動き」(V6 [24] 5.7-8)，一者を「見る」(V4 [7] 2.4, V6 [24] 5.17, V2 [11] 1.12)，あるいは「直知する」(V4 [7] 2.24, V6 [24] 2.11, 4.5, 5.8, 12-14, 16)。一者を見ることによって，ヌースはそのときの直知内容である諸形相で「満たされ」(V2 [11] 1.10)，限定される。そして，自己自身の内に生じたそれらの諸形相を「見ている」(V2 [11] 1.10-11)，あるいは「直知」(V6 [24] 5.17-18) しているものとなる。その時，ヌースは自己直知を行うものとなる。一者は，限定される前の「直知作用」であるヌースにとっての「直知対象」であり，その「直知作用」は一者を直知する，あるいは観照することによって，形成され，限定されることになる。

と炉になった」(V5 [32] 5.17-19) という叙述もある。

53) Creuzer, Kirchhoff, Müller では αὐτό (l. 12)，Perna, Volkmann では αὐτό である。H.-S.1, Ficinus, Bouillet は「自己自身」とみなしているが，H.-S.2, Bréhier, Harder, Armstrong, MacKenna-Page, 水地と共に，一者とみなす。

54) Creuzer, Kirchhoff では αὐτό (l. 13)，Perna, Volkmann では αὐτό である。Bouillet, Cilento は「自己自身」としているが，H.-S.1, Bréhier が指摘しているように，「かのものに向かっての静止」(πρὸς ἐκεῖνο στάσις) (l. 11) があるので，13行目における αὐτό も一者を指している。

第二項　一者への非直知（VI7［38］以降）

　しかしながら，一者を「直知対象」とする表現は，V6［24］を最後に姿を消す。なぜなら，本来「直知」とは，ヌースが自己自身を諸形相として知る働きであり，一者は「直知」の作用では捉えることができないものだからである。ヌースは「直知対象」をもつことにより限定されるまでは，まだ直知の働きに至っておらず，ヌースとして完成されていない。こうして，まだ直知活動に至っていない単なる「直知作用」とみなされていたものは，まだヌースになっていない「非直知的な」ものと考えられるようになる。その場合も，この作用は一者へと振り返って見るのだとされている（VI7［38］16.15-16）。それは，一者から生じた段階ではまだヌースではないが，「自己の存在と自己と自己をつくったものとをいわば求め，この観照において振り返り，認識することによって，初めて正当にヌースとなった」（VI7［38］37.19-22）とされる。ヌースは一者を振り返って，いきなり一者を〈知る〉のではない。〈知る〉以前の，一者との直接の接触が述べられることになる。

1．一者への「観照」（VI7［38］15）

　VI7［38］15 では，無限定なヌースが一者を「観照する（θεωρεῖν）」ことにより，諸形相を得る仕方が語られている。無限定なヌースは一者を観照する時，一者を多様な「観照対象」（τὰ θεωρούμενα）として把握する。

　　「(かのものは) 善であるが，これ（ヌース）は観照の内に生をもつことによって善いものである。そして，（ヌースは）多なる観照対象が，それら自体も善のようなもの（ἀγαθοειδῆ）であるのを観照するのであり，それらを（ヌースは）善の本性を観照したときに得たのである[55]。

---

[55]「ヌースは善を得ると善のようなもの（ἀγαθοειδές）となるのであり，善によって（ヌースとして）完成されもするのであって，善からヌースへとやってきた形相が，（ヌースを）善のようなものとするのである」（III8［30］11.16-19）。プラトン『国家』509a3 を参照。

第二節 〈未完のヌース〉の教義　　　　　　　　　　69

　だが，(多なる観照対象は)[56]かしこにあったままでそれ(ヌース)の内にやってきたのではなく，それ(ヌース)自身が得たように(やってきた)。何故なら，かのものは始原であり，かのものからこれ(ヌース)の内に(やってきたのであり)，これ(ヌース)はかのものからこれら(多なる観照対象)をつくったものなのである。というのは，かのものを見ながら($\beta\lambda\acute{\epsilon}\pi o \nu \tau \alpha$)何も直知しないことは許されなかったし，また，かのものの内のものたちを(直知することも)許されなかったのだから。何故なら(そうでなければ)(ヌース)自身が(それらを)生み出したことにはならないだろうから。

　そこで(ヌースは)生み出すための，そして，自分が生み出したものたちで満たされるため[57]の力を，かのものから得たのであるが，かのものは，自分自身がもっていなかったものたちを与えたのである[58]。しかしそれらは，一であるそれ(一者)から出て，これ(ヌース)において多となっているのである。何故なら，(ヌースは)(一者から)得た力を保持することができずに細分し，一つの力を多なるものとしたからである。それは，そのようにして順次に(その力を)担うことができるようにするためであった。そこで，何であれ(ヌースが)生み出したものは善の力から出たのであり，善のようなものであり，(ヌース)自身，善のようなものたちから成る善いものであり，多様な善であった」(VI 7 [38] 15.10-24)。

---

56) 13-14行目における $\mathring{\eta}\lambda\theta\epsilon$ と $\mathring{\eta}\nu$ の主語を，H.-S.1, Bréhier, Ficinus, Bouillet, MacKenna-Page は $\tau\grave{o}$ $\mathring{\alpha}\gamma\alpha\theta\acute{o}\nu$ (善) とみなしているが，H.-S.2, Harder, Armstrong, Cilento, 水地, Hadot (1988, p. 127) は $\tau\grave{\alpha}$ $\theta\epsilon\omega\rho o\acute{u}\mu\epsilon\nu\alpha$ (多なる観照対象) とみなしている。V3 [49] 15.29-33 では，一者があらかじめ未分の状態でもっていたものがヌースの内で多として分かれたと述べられている。すると，$\tau\grave{\alpha}$ $\theta\epsilon\omega\rho o\acute{u}\mu\epsilon\nu\alpha$ も，最初から一者のもとに，まだ諸形相としてではなく，未分の状態であったのだと言えることになる。そして問題のパッセージの12-22行目では，ヌースが一者を観照したときに，多様な観照対象がヌースの内に生じた仕方が説かれており，ヌースが一者から「それら」($\tau\alpha\mathring{u}\tau\alpha$) をつくった (ll. 15-16) と主張されている。そこで，13-14行目で，一者から ($\mathring{\epsilon}\xi$ $\mathring{\epsilon}\kappa\epsilon\acute{\iota}\nu o \upsilon$ l. 15) ヌースの内にやってきた ($\mathring{\eta}\lambda\theta\epsilon$ $\delta\grave{\epsilon}$ $\epsilon\mathring{\iota}\varsigma$ $\alpha\mathring{\upsilon}\tau\acute{o}\nu$) と言われているのは，「それら」($\tau\alpha\mathring{u}\tau\alpha$)，即ち「多なる観照対象」($\tau\grave{\alpha}$ $\theta\epsilon\omega\rho o\acute{u}\mu\epsilon\nu\alpha$ l. 12) である。

57) 「(ヌースは)生ずるときには，既に自己自身と共にすべての存在，即ち諸イデアの美すべてと知性的な神々のすべてとを生むのでなければならない。そして生み出したものたちによって満たされる」(VI [10] 7.28-31)。

58) 一者が，自分がもたないものをヌースに与えることについては，VI 7 [38] 17.1-18 を参照。

ヌースは善（一者）を観照したときに，多なる観照対象（諸形相）を得た（ll. 12-13）。それらは一者の内にあったままのものではなく，ヌース自身が受け取る仕方に応じて，多様なものとなってヌースの内へとやってきた（ll. 13-14）。そこで多なる観照対象（諸形相）の始原は善（一者）であるが（ll. 14-15），別の意味でそれらを「つくった」「生み出した」のはヌース自身（ll. 15-16, l. 17）である。何故なら，ヌースとは本性的に直知を行うものであるが，一者を見ても，一者の内にあるものをそのまま直知することができず，ヌース自身が受け取った仕方でしか直知することができないからである。本章の第一節で述べたが，ヌースの無限定な作用と同一視される叡智的質料や「不定の二」は，一者を映像化し，多様化する原理であった。ここでは，「（ヌースは）かのもの（一者）を見ながら何も直知しないことは許されなかったし，またかのものの内のものたちを（直知することも）許されなかった」（ll. 16-17）と述べられている。「一者を見ながら何も直知しないことは許されない」ということは，ヌースは一者を見ながら必ず何かを直知するということである。しかし，また「一者の内のものたちを直知することも許されない」ということは，直知の対象となるその何かは，一者自身の内にあるままのものではないということである。「一者の内にあるものたち」といっても，それらは多数のものとして一者の内にあるわけではない。ここで否定されているのは，一者の内にもともと多数の直知対象が存在しているとして，それらをそのまま（ὡς ἐκεῖ ἦν l. 14）の状態でヌースが直知するという想定である。ヌースが直知する対象は，一者を見たときにヌース自身が受け取った多様な観照対象（諸形相）である。

　それでは，何故ヌースが一者を観照したときに，ヌースの内に多様な直知対象が生じたのであろうか。それは，直知も一種の理解であるが，一つの不可分なものについては，何かを言ったり理解したりすることは不可能だからである（V3 [49] 10.31-32 εἰ γὰρ ἑνὶ καὶ ἀμερεῖ προσβάλλοι, ἠλογήθη· τί γὰρ ἂν ἔχοι περὶ αὐτοῦ εἰπεῖν, ἢ τί συνεῖναι; cf. VI7 [38] 39. 17-18, VI2 [43] 6.18-20）。何故なら，対象を理解するということは，対象を分節化して捉えることだからである。そこで，直知されるものは必ず多様なものになる（V3 [49] 10.39-41 δεῖ τοίνυν τὸ νοοῦν ἕτερον καὶ ἕτερον λαβεῖν καὶ τὸ νοούμενον κατανοούμενον ὂν ποικίλον εἶναι cf. V3 [49] 13.

第二節 〈未完のヌース〉の教義　　　　　71

12-13)。ヌースは直知活動を行おうとして直知対象を求め，一者へと振り返って見るのであるが，直知は一者における特殊な意味での自己知覚 (cf. V4 [7] 2.16-19, VI8 [39] 16.20-21) とは異なり，より劣ったものであり，単一なものをそのまま把握することができない。(但し，ヌースの直知作用は推論的思考と異なり，一つ一つの直知対象を順次に捉えていくものではなく，すべての直知対象を一挙に捉えるもの (συναίσθησις) である (e.g. V3 [49] 13.12-13)。そこで，直知によって捉えられるものは多様なものであるが (V3 [49] 10.40-41)，それらの多は一体であり (e.g. VI2 [43] 2.2-3)，一つの叡智界を構成する。こうして形成されたヌースは「多なる一」[59]である[60])。従って，ヌースは一者を見ても，一者そのものを直知という仕方で捉えることはできない。とはいえ，ヌース（知性）が一者を見ながら何も知らずにいる（何も直知しない）ということもあり得ない[61]。そこで，ヌースは一者を見て直知しようとすることにより，一者についての多様な理解を自分の内に生ぜしめ，それを自己の直知内容とすることになる。「（直知が）自分で自分を（直知する）時でも，他のもの（一者）の観照 (θέα) から自分の内に得たものたちを，いわば学んでいるのである」(VI7 [38] 40.51-52)。つまり，一者を「観照」することによりヌースが自己の内に得たもの（諸形相）を「いわば学ぶ」ことが，ヌースの直知活動なのである。

　こうして，ヌースは一者を観ることにより多様な観照対象（諸形相）

---

59)「プラトン対話篇におけるパルメニデスはより厳密に語っており，より正当な意味で一である第一の一，多なる一 (ἓν πολλά) と言っている第二の一，一にしてまた多なるもの (ἓν καὶ πολλά) である第三の一を互いに区別している」(V1 [10] 8.23-26)。第一の一は，プラトン『パルメニデス』137c-142a で述べられているもの，第二の一は 142b-155e，第三の一は 155e-157b で述べられているものに当たると考えられる。そして，これらはプロティノスによって，それぞれ一者，ヌース，魂として解釈されている。ここ以外にも，ヌースについての「多なる一」(ἓν πολλά) という表現は，V4 [7] 1.21, VI7 [38] 14.11-12, VI2 [43] 15.14, 15, V3 [49] 15.11 にみられる。序への注11) も参照。

60) 直知が行われるときには，直知するものと，直知されるものという「差異性」があることになるし，直知活動という「動」もあるし，直知は存在するものの活動であるから，「存在」もあることになる。また，「自己同一性」や，それが成り立つための「静」もある（本章への注16) を参照)。そしてこのようにして，「数」や「量」もあることになる (cf. V1 [10] 4.26-43)。

61) 通常の意味では，「ヌースは非直知的 (ἀνόητος) であることは決してない」(V3 [49] 6.32-33)。

を生み出すのであり，多をもたない一者が，多を生み出してそれらで満たされる力をヌースに与えている (ll. 18-20)。一者は「すべてのものへの力」(δύναμις πάντων V4 [7] 1.36, 2.38, VI [10] 7.9-10, III8 [30] 10.1, V3 [49] 15.32-33) であり，その力は一者のもとでは一であるが，ヌースは一者から与えられた力を一のまま保持することができずに，多様なものとして分割してもつのである (ll. 20-22)。このようにして，一者の力により生み出されたものは万有となる。もともと諸形相は，限定される前のヌースの内にも一者自身の内にも存在していなかったのだが，ヌースが一者を観た時に，自分なりの仕方で一者についての認識を得たことによって，ヌースの内に生じたのである。ちょうど，目は視覚対象を見るのであるが，現に見られているのは目に映っている像であるように，限定される前のヌースは，一者を対象として「見る」のだが，現に見られているものは，いわばヌースの目[62]に映っている諸形相なのだと言えよう[63]。

2．一者への「動」(VI7 [38] 16)

VI7 [38] 16 では，限定される以前のヌースの一者への働きが，更に詳述されている。ここでは「見る」(ὁρᾶν, βλέπειν) という表現が用いられているが，これは同論考第15章で述べられていた「観照」と同義である。

> 「果たして（ヌースは），善（つまり一者）の方を見ていたときに，かの一者を多として直知していた (ἐνόει) のであり，彼（ヌース）自身が『一』でありながら[64]，全体を一緒に直知することができな

---

[62]　ヌースを「目」(ὀφθαλμός) とする表現は，V3 [49] 10.30 に見られる。また，ヌースを「視力」(ὄψις)，「視覚」(ὅρασις) とする表現については，本章への注2)を参照。

[63]　〈未完のヌース〉は一者に目を向けても諸形相しか見ないという理由で，それは一者を見ないのだと言うべきでもない。V3 [49] 11.8 で一者はヌースにとって「視覚対象」(τὸ ὅραματ) だとされている。一者が対象に見られることにより，一者の映像である諸形相がヌースの目に映るのであり，もしヌースが諸形相に目をやっていたとしたら，その目に映ったものは諸形相の映像になってしまったことになる。Emilsson は，〈未完のヌース〉が見ている一者のイメージを "intentional object" として，"intended object" である一者と区別している (2007, pp. 73-78)。

[64]　III8 [30] 8.32 ἀρξάμενος ὡς ἕν を参照。一者から生じたばかりの無限定なヌースが

第二節 〈未完のヌース〉の教義

いために、自分のもとでそれ（一者）[65]を分割して、それ（一者）を多として直知していたのだろうか。しかし（ヌースは）かのものを見ていたときはまだヌースではなかったのであり、非直知的に（ἀνοήτως）見ていたのである。或いはむしろ、こう言うべきである。それは（非直知的にというだけでなく）如何なる仕方でも見ていなかったのであり、それ（一者）に向いて『生きて』いた。だが、既にそれに依存し、それの方を振り返ってしまっていた（cf. VI7 [38] 37.21）のである。そして、この動（κίνησις）がかのところで、かのものを巡って動くことによって満たされて、それ（ヌースとなるべきもの）を満たしたのであり、もはや単なる動ではなく、飽満し充実した動となった。その結果、それはすべてのものになり、自己知覚（συναίσθησις αὑτοῦ）[66]においてこのことを知り、そのときそれはヌースであった。つまりそれは、見るであろうもの（つまりヌース自身の内の諸形相）をもつために満たされたのだが、それらを光によって見たのであり、その光も、それらを与えた者から得たのである」（VI7 [38] 16.10-22）。

VI7 [38] 35.30-32 でも、「（ヌースは）かのものを見たときに、生成したものたち（諸形相）を得たのであり、それらが生じて内在するのを知覚した。そして、それら（生成したものたち、つまり諸形相）を見る時直知すると言われる」と述べられており、ヌースが諸形相を見る活動が「直知」なのだとされている。ヌースは一者を見たときには「まだヌー

「一」として述べられている箇所として、Narbonne (1993, p. 64, note 34) は V1 [10] 4.38, III8 [30] 8.32, III8 [30] 11.5, VI7 [38] 16.11, VI6 [34] 9.25 を挙げている。

65) αὑτόν2 (l. 12) は、ある写本では αὐτόν (即ちヌース自身) となっており、Creuzer がその読みを採っている。しかし、ἐνόει αὑτὸν πολλά, μερίζων αὑτὸν παρ' αὑτῷ τῷ νοεῖν μὴ ὅλον ὁμοῦ δύνασθαι (ll. 12-13) は、11行目の ἐνόει ὡς πολλὰ τὸ ἓν ἐκεῖνο を受けたものであるので、ヌースのもとで分割されるのは、ヌース自身ではなく、ヌースによって把握されている一者である。そこで、H.-S., Armstrong は αὑτόν という写本の読みを採り、τὸ ἕν を指したものと解している。Kirchhoff, Müller, Volkmann, Bréhier, B.-T. は αὐτόν に修正しているが、一者は ἐκεῖνο と中性形で呼ばれたり、ἐκεῖνος と男性形で呼ばれたりするので、敢えて写本を修正する必要はないであろう。

66) συναίσθησις については、III8 [30] 4.19; IV4 [28] 2.31; 24.21; V1 [10] 7.12; V4 [7] 2.18; V6 [24] 5.3-4; V8 [31] 11.23; VI7 [38] 41.27 を参照。

スではなかった」(〈未完のヌース〉)ので,直知はせず,ただ「非直知的な仕方で見始めた」,「或いはむしろ,いかなる仕方でも見ていなかった」のである。

というのも,「見る」と言うときには対象についての何らかの認識が伴うが,〈未完のヌース〉が一者に向かって見始めるときには,まだ何の認識も得ていないので,「見る」というよりも,むしろ「単なる動」[67]だったというべきだからである。だが,それは「(一者)に向いて生きていた(ἔζη)」のであり,「既に一者に依存し,一者に向かって振り返っていた(ἐπέστραπτο πρὸς αὐτό)」のである。「一者へと振り返る」という「この動」が「一者を巡って動く」ことにより一者の内容に満たされて,「単なる動」ではなく「充実した動」となる。この段階では,〈未完のヌース〉は一者を見ているのだと言えるだろう。「充実した動」とは一者の内容に満たされたものであり,自己を満たしているものを「知る」(即ち直知する)時,それは既にヌースである。

3.「生命」(VI7 [38] 17)

続く VI7 [38] 17 では,無限定な「生命」(ζωή)[68]が述べられているが,これは同論考第16章で「一者に向いて生きている」(VI7 [38] 16.15)と述べられた〈未完のヌース〉である。無限定な「生命」とは,一者から諸形相を与えられる以前の「生命」である。

> 「もし生命がこれ(ヌース)の内にあるのなら,与えた者(一者)は生命を与えたのだが,(それ自身は)生命よりも美しく価値あるものである。そこで(ヌースは)生命を得たのだが,(生命を)与えた者が多様なものである必要はなかったのであり,(ヌースの得た)生命は,かのもの(一者)の何らかの痕跡であって,かのものの生命ではなかったのである。そこで(その生命は)かのものの方を見る(βλέπουσα)ときは(つまり見始めるときは)無限定であったが,かのところ(一者)を見た(βλέψασα)ときに限定されたのである。

---

67) 本章,第一節,第二項で述べた,形相の基体としての叡智的質料の始まりである「動」に当たる。

68) 第1章への注36)を参照。

かのものは限定をもたないのであるが。何故なら（その生命は），何か一つのものに向かって見るとすぐさまこれによって限定され，それ自身の内に限定と限界と形相をもつからである。そしてその形相は形成された者の内にあるが，形成した者（一者）は無形であった。そしてこの限定は，いわば（物体的な）大きさを取り囲むように，外側から置かれたものではなく，あの多で無限な（πολλῆς καὶ ἀ-πείρου οὖσης）生命全体[69]の限定であった。（無限な生命と言うのは），そのような（無限な）もの（一者）[70]から輝き出たのだろうからである。……そこで，生命はあらゆる可能性（δύναμις）であったし，かしこから[71]発した視覚はすべてのものへの力（δύναμις πάντων）であったが，（見たことによって）生じたヌースは，まさにすべてのもの（τὰ πάντα）として現われた」(VI7 [38] 17.11-34)。

ここで，〈未完のヌース〉である「視覚」は「かしこから」(l.33)，即ち一者から発していると述べられている。〈未完のヌース〉は一者の「充溢」から生じた (V2 [11] 1.8-9) のであったし，それと同一視された叡智界の質料や「不定の二」も一者から生じた (II4 [12] 15.18-19, V1 [10] 5.7) のであった。VI7 [38] では，〈未完のヌース〉とされる「生

---

69) Szlezák (1979, p. 64, note 208) は，VI6 [34] 3.1ff. で ἄπειρον（無限）と πλῆθος（多）が同義であることを指摘し，ここでの「多なる生命」(τῆς ζωῆς... πολλῆς l. 20) を無限定な「直知」，即ち無限定な「二」と同一視しており，Bussanich (1988, p. 16, 167) がそれに従っている。しかし，「無限」と「多」とが両立し得るとしても，〈未完のヌース〉における「無限定性」が「多」と両立するとは考え難い。ここでは，一者を見始めたばかりの〈未完のヌース〉としての生命が「多で無限」だと言われるというよりも，既に見てしまってヌースとして限定されている生命が「多で無限」だと言われていると思われる。ヌースは限定（ὅρος），形相（εἶδος），限界（πέρας）を受け取る (l. 17) にも拘わらず，力において無限（ἄπειρος）であり (VI2 [43] 21.7-11, V8 [31] 9.24-28)，またヌースから何かが出ていっても，それによってヌースが減少することはないという点でも無限である (III7 [45] 5.23-25, III8 [30] 8.40-48, cf. V8 [31] 4.6-8, 33)。とはいえ，叡智界の数は限定されている (VI6 [34] 2.9-10)。つまり，限定されたヌースはある意味で無限でありながら，限定された多である。

70) 第1章への注10)を参照。

71) 「かしこから発した視覚」(ὅρασις ἡ ἐκεῖ θεν l. 33) を，Bréhier, Armstrong, Sleeman-Pollet (col. 350), Bussanich (1988, p. 151) は，「一者から発する視覚」と解している。〈未完のヌース〉としての無限定な「生命」が一者を「見る」のだとしても，この「生命」は一者から「輝き出した」(l. 21) ものだからである。一者は「すべてのものへの力」(δύναμις πάντων) (V1 [10] 7.9-10, III8 [30] 10.1, V4 [7] 1.36, 2.38) である。

命」は,「善者(一者)の働き,あるいはむしろ,善者から出る働き」(21.4-5),「一者に由来する働き」(18.5-6) とされる。これは一者から出たばかりの「第一の働き」(πρώτη ἐνέργεια) (18.12, 41) である。そして,これは「一者から出た生命」(18.18) であり,「一者から出てヌースへとやってきている」生命 (18.5) である。VI 7 [38] では,ヌースの直知作用 (νόησις) は「一者から生ずる」(40.12, 21) とも述べられている。ヌースのこの「視力」は一者から生じて一者へと振り返って見るのであり,その際,一者を見始めるときは無限定だったが,見たときに限定されて自己の内に「形相」をもつ (17.14-16)。一者自身は「限定」も「形相」も「生命」ももたないが,一者から生じたこの無限定な「生命」は「何か一つのものに向かって見るとすぐさまこれによって限定され,それ自身の内に限定と限界と形相をもつ」(ibid. 16-17)。即ち,「一つのものに向かって見る」という作用は対象を限定して捉える作用であり,ヌースはこのようにして無限の一者を限定して捉えるのだとも言える。そして,この時ヌースが受け取った形相のそれぞれが叡智的な生命である。こうして,〈未完のヌース〉の無限定な生命は「あらゆる可能性」(ibid. 32-33) であったが,これが一者を振り返って見ることによりヌースは「すべてのもの」(ibid. 34) として現われる。これは「すべてのものへの力」である一者の「痕跡」(ibid. 13) である。

4. 一者との「接触」(V 3 [49] 10)

ヌースが限定される以前の状態は,非直知的な「接触」(θίξις),「触覚」(ἐπαφή)[72]という言葉でも表現されている。

「そこで,直知するものは,あれこれと異なるものを捉えるのでなければならず,直知されるものは,直知で捉えられるものなのだか

---

72) 「触覚」や「接触」(ἐπαφή, ἐφάπτεσθαι, θιγγάνειν) という用語は,我々の魂が一者と合一する際に好んで用いられる (e. g. VI 9 [9] 4.27, 7.4, 9.19, 55)。
Schwyzer (*Les sources de Plotin*, p. 419) は,V 4 [7] 2,V 6 [24] で一者がヌースにとっての「直知対象」とされていることに関して,ヌースとその対象としての一者との関係は,νοεῖν (直知) だけでなく,ἐφάπτεσθαι や θιγγάνειν によっても成り立っていることを指摘している。ἐπαφή が直知的なものでないことについては,VI 7 [38] 39.19-20 も参照。

ら，多様でなければならない。でなければ，それを対象とする直知作用はなく，接触（θίξις），即ち，発言も直知も（ἀνόητος）伴わない，いわば単なる触覚（ἐπαφή）だけがあることだろう。それは，まだヌースが生じておらず，触れる（θιγγάνοντος）ものは直知しないのだから，直知に先立つ（προνοοῦσα）ものである」(10.39-44)。

ヌースは，一者を直知作用によっては捉えることができない。ヌースの作用は一者を見ても，一者のまま把握することはできず，諸形相として把握する。しかし，ヌースと一者との間に断絶があるのではない。ヌースは非直知的な「接触」によって，一者と直に接しているのである。「見る」という表現は，「見るもの」と「見られるもの」という二重性を孕んでおり（VI9 [9] 10.12-13），〈未完のヌース〉は一者を対象として見るとき，一者と異なるものとして見ているので，そのときヌースの視覚として生じるのは一者の映像でしかない。とはいえ，ヌースはいかなる仕方でも一者そのものと関係し得ないわけではない。ヌースは初め，「それ自身が一であり」（VI7 [38] 16.11)[73]，非直知的な「接触」によって一者に触れている。だが，一者を「振り返って」「見た」ときに一者の映像である諸形相を捉えて直知する。そして，諸形相を捉えることによってヌースとして完成し，直知が成立するのであるから，一者との非直知的な「接触」は，「直知に先立つ」ものである。

5．「まだ見ぬ視力」(V3 [49] 11)

V3 [49]『認識する諸存在とそのかなたのものとについて』第11章にも，まだ「ヌースでない」(V3 [49] 11.4, 16)〈未完のヌース〉が語られている。ここでは〈未完のヌース〉が「まだ見ぬ視力」として語られており，それが一者から多様な形相を獲得して「見ている視力」としてのヌースになる過程が説明されている。

「だからこそこのヌースは，かなたのもの（一者）を直知しようと

---

73) 本章への注64)を参照。

する時には多[74)]である。(ヌースは)確かにかのものそれ自体を(直知しようとしても)[75)],それを単一なものとして捉えよう(ἐπιβάλλειν)[76)]と欲しつつ,常に[77)]別のものを,つまり(ヌース)自身の内で増やされたものを[78)]得て出てきている。従ってそれはヌースとしてではなく,まだ見ぬ[79)]視力(ὄψις οὔπω ἰδοῦσα)としてそれ(一者)へと突進したが,それ自身が増やしたものをもって出てきたのである。従って,それは無限定な仕方で,それ自身の内に(一者の)ある種の表象(φάντασμα)[80)]を持ち,あるものを欲求したのだが,それ自身の内でそれを多とすることによって,別のものを得て出てきたのである。

というのも,それは見られたもの(一者)の印象(τύπος)[81)]をも

---

74) Kirchhoffの修正πολύςを採る。
75) テクストは写本の読みを保持する。H.-S.1, Perna, Creuzerは写本のεἰ (l. 2) を保持しているが,多くの校訂者たちが,それを修正している。B.-T.はοὐに直し,Kirchhoff, Müller, Volkmann, Bréhier, Cilento, MacKenna-Pageはνοεῖνに修正している。H.-S.2, Armstrong, 水地, Beierwaltes (1991, p. 46) はDoddsの修正ἕνに従っており,νοεῖν (l. 2) の後のピリオドをコンマにしている。ヌースは,だが〈未完のヌース〉として(οὐχ ὡς νοῦς, ἀλλ' ὡς ὄψις οὔπω ἰδοῦσα ll. 4-5) 一者へと向かい,直知しようとすることによって,結果的に多となるのである。
76) Perna以降,すべての版でἐπιβάλλειν (l. 2) という読みが採られているが,殆どの写本でἐπιθάλλεινになっている。後にSchwyzer (1987, p. 201) もἐπιθάλλεινを読もうとしており,Oosthout (1991, pp. 144-146) もἐπιθάλλεινを採っている。だが,Bussanich (1988, p. 223) の指摘によれば,プロティノスの通常の用語が使われているこの章で,ἐπιθάλλεινのような非常に詩的で稀な語が使われることは考え難い。13行目でもἐπέβαλεが述べられているので,ἐπιβάλλεινという写本の読みに従う。
77) 「ヌースの内には欲求があり,(ヌースは)常に欲求し,常に得ている」(III8 [30] 11.23-24)。ヌースの活動は時間的なものではなく,永遠のものである。
78) H.-S.2に従い,πληθυνόμενονという写本の読みを採る。
79) Ficinus, 及びKirchhoff以降のすべての版で,ἰδοῦσα (l. 5) が読まれているが,Perna, Creuzer及び訂正される以前のすべての写本でδοῦσαとなっている。10-11行目にἰδοῦσα ὄψιςがあるので,ここでもἰδοῦσαを読む。
80) V6 [24] 5.15でも善,つまり一者を直知するものは,善のいわば「表象」(φαντασία) をもつことによって直知すると述べられている。
いわゆる「表象」は魂の次元のものである。IV4 [28] 13.11-13では,「自然(φύσις)は表象(φαντασία)さえもっていない。だが,直知作用(νόησις)は表象より優れている。そこで,表象は自然の領域と直知作用との中間にある」と述べられている。そこで,V3 [49] 11.7では,叡智界に位置する〈未完のヌース〉がもつφάντασμαに「ある種の」(τι) が,またV6 [24] 5.15では善を直知する者がもつφαντασίαに「いわば」(οἷον) が付加されている。
81) VI7 [38] 16.34では,〈未完のヌース〉は一者からの諸形相で満たされることによ

第二節 〈未完のヌース〉の教義　　　　　　　　79

つのだから。そうでなければ（印象をもつというのでなければ），それは（見られたものが）[82]自己の内に生じることを許さなかっただろう。そして，これ（ヌース）[83]は一から多になったのであり，そのようにして[84]，それ（見られたもの，つまり一者）を見たのであって，そのとき見ている視力（ἰδοῦσα ὄψις）[85]となったのである。そして（その印象を）もつときには，この（視力）は既にヌースであり，ヌースとしてもつのである。だがそれ以前は欲求でしかなく（ἔφεσις μόνον），印象を受けていない視力（ἀτύπωτος ὄψις）であった。

　そこで，この（意味での）ヌースがかのものを捉えたのだが，（印象を）得てヌース——だが，それは常に自己を内面的に構成しているのだが[86]——になったのであり，直知したときにヌースとも真実

って，「いわば刻印される」（οἷον ἐτυποῦτο）と述べられている。

82) B.-T., 水地は正当に，「生じる（γενέσθαι）」(l. 9) の主語を「見られたもの（ὅραμα）」(l. 8) としているが，Beierwaltes (1991, p. 47) はそれらを「印象」（τύπος）(l. 8) としている。「そうでなければ」（ἤ）(l. 8) 以下の内容は，直前の「見られたものの印象をもつ」(l. 8) のでなければ，ということである。そこで，γενέσθαι の主語を τύπος としてしまうと，「印象をもつという仕方でなければ，印象がその内に生じることはない」と言っていることになり，意味をなさない。Bouillet は "sinon, elle ne recevrait pas l'Un en elle" と訳しているが，〈未完のヌース〉の内に生じるのは，一者そのものではなく，〈未完のヌース〉に見られている限りでの一者，即ち ὅραμα である。

83) οὗτος (l. 9) を，Bouillet は "l'Intelligence", Bréhier は "cet objet" 即ち ὅραμα (l. 8) とみなしており（この場合 οὗτος と性が別），H.-S., B.-T., Armstrong, Mac-Kenna-Page, Cilento, 水地, Bussanich (1988, p. 222, pp. 226-227), Lloyd (1987, p. 165), Beierwaltes (1991, p. 47), Oosthout (1991, p. 146) は，一者からヌースの内にやってきている τύπος とみなしている。だが，VI7 [38] 16.11 ἐν ὂν αὐτός, III8 [30] 8.32 ἀρξάμενος ὡς ἕν があるので，「一から多になった」と言われる οὗτος (l. 9) はヌースを指すと考えることもできる。この場合，οὗτος (l. 9) は，この文脈で主題となっている ὁ νοῦς οὗτος (l. 1) を受けたものだということになる。この後 (ll. 10-11) で述べられる「見ている視力」とは，直知する能力から働きに至ったヌースのことである。

84) 写本の οὗτος ὥς を保持している H.-S.1, Perna, Creuzer, Cilento に対して，H.-S. 2, Müller, Volkmann, Bréhier, B.-T., Armstrong, 水地, Bussanich (1988, p. 222, 227), Beierwaltes (1991, p. 46) は，Kirchhoff の修正 οὕτως を読んでいる。Ficinus の訳でも "ita" である。

85) 「見ている視力」（ὄψις ὁρῶσα III8 [30] 11.2, ὅρασις ὁρῶσα V1 [10] 5.19）を参照。

86) 写本は，欠落のある ἐνδιάμενος (ll. 13-14) か，または ἐνδιαθέμενος を伝えている。H.-S. は ἐνδιάμενος を，Perna, Creuzer, Kirchhoff, Müller, Volkmann, Bréhier, B.-T., Sleeman-Pollet (col. 373), Oosthout (1991, pp. 148-149) は ἐνδιαθέμενος を採っている。Bréhier の訳では "elle garde alors pour toujours sa disposition", B.-T. の訳では "Geist, welcher sich ständig konstituiert" である。また，MacKenna-Page も "always self-constitu-

在とも直知作用ともなった。何故ならその前は直知対象をもたなかったので，直知作用ではなかったし，まだ直知していなかったので，ヌースでもなかったからである」(V3 [49] 11.1-16)。

VI7 [38] 16.13 で，ヌースは一者を見始めるとき「まだヌースでなかった」と述べられていたように，この個所でも，ヌースが一者に向かっていくのは「ヌースとしてではない」(V3 [49] 11.4) とされている。それは「直知対象をもたなかったので，直知作用ではなかったし，まだ直知していなかったので (οὔπω νοήσας l. 16)，ヌースでもなかった」(ll. 15-16)。この〈未完のヌース〉まだ一者を見ていないので，「まだ見ぬ視力」(ὄψις οὔπω ἰδοῦσα l. 5)，「印象を受けていない視力」として一者へと向かっていく。それはまだ「欲求でしかない」(ἔφεσις μόνον l. 12, cf. ἐπεθύμησεν l. 6) と言われているが，それは知ろうとして一者に向かう欲求である。「認識もある種の希求 (πόθος) であり，いわば探し求めていた者の発見である」(V3 [49] 10.48-49) と言われる。ヌースの本性は直知であり，何も知らないヌースなどというものはヌースではない。そこで，一者から生じたばかりの無限定なヌースは，本性的に知ることを求めて一者を振り返って見る。とはいえ，もともと一者について如何なる観念ももたないのであったら，それは一者を求めることさえできないはずである。「衝動や欲求は表象 (φαντασία) や理性 (ロゴス) に従って起こる」(IV3 [27] 23.32-33) と言われる。そこで，一者から生じたばかりの無限定なヌースも，既に一者の「ある種の表象」(l. 7) をもっていたと考えられるわけである。これは，〈未完のヌース〉に先天的に与えられたものであるが，何ら具体的な認識ではない。具体的な認識は，一者を見てその「印象」を受けたとき，初めて得られることになる。

但し，ヌースは一者を直知しようとしても，実際に直知することがで

---

tive" と訳している。Sleeman (1928, p. 31) は ἓν δύο θέμενος を推測しているが，H.-S. は ἐνδιαθέμενος という誤った写本の読みによるものだとして，これを否定している。Harder は ἐνδιαφερόμενος を推測しているが，Igal は ἐνδεόμενος を推測しており，Armstrong，水地，Bussanich (1988, p. 222, 227) が Igal に従っている。Beierwaltes のギリシア語テクストは欠落のある ἐνδιάμενος であるが，訳は "immer freilich dessen [des Einen] bedürfend" である。Igal の推測 ἐνδεόμενος は III8 [30] 11.23-24 (ἐφιέμενος ἀεὶ καὶ ἀεὶ τυγχάνων) と調和しているが，ἐνδιαθέμενος という写本の読みで，理解可能である。

きるのは「ヌース自身の内で増やされたもの」(ll. 3-4),「ヌース自身が増やしたもの」(l. 5, cf. ll. 3-4, 7-8) である。〈未完のヌース〉は一者へと向かっていき,「かのものを把握した（ἐπέβαλε）」(ll. 12-13) だが, ヌースの内に生じた一者についての認識は「多」になってしまっているのである。即ち, ヌースが一者に目を向けても, 実際にその目に映るものは一者の「印象」（τύπος l. 8）であり, それは多様な諸形相である。そして, これらを知る働きがヌースの直知活動である。

まとめ

以上で述べたように, VI7 [38], V3 [49] では,〈未完のヌース〉が一者を非直知的に見ることによって諸形相を得た結果, ヌースの自己直知が成立するとされている。これを, 一者への活動と, ヌース自身への活動に分けて, 次のように整理することができる。

① 一者に向かう作用

〈未完のヌース〉は, 初めは「それ自身が一であり」(VI7 [38] 16.11, III8 [30] 8.32), 非直知的な「接触」によって一者に触れている (V3 [49] 10.42-44) が, 一者について認識しようと欲して, (V3 [49] 11.6, 12), 振り返り (VI7 [38] 16.15-16, 37.21), 一者を巡って動き (VI7 [38] 16.16-19), 非直知的 (VI7 [38] 16.14, V3 [49] 10.42) に見る (VI7 [38] 15.13, VI7 [38] 15.16, 16.10, 13, 14, 17.14-16)。だが, それは一者を単一なものとしては, 観照できない (cf. VI7 [38] 15.12-14)[87], あるいは見ることができない (cf. VI7 [38] 17.15-17, 35.30-32)。つまり, それは一者を「多」なる形相として観照する, あるいは見る。換言すれば, それは一者を対象として見ることにより, 一者の映像を自己の内につくり出す。そこで, 諸形相は本来,〈未完のヌース〉の内にも一者の内にも存在していなかったが,〈未完のヌース〉が一者へと振り返り, 一者を対象化, 映像化することにより作り出されるのである。

② ヌース自身への直知活動

---

87) III8 [30] 8.31「(ヌースは), 一者を観照する場合でも, 一つのものとして観照するのではない」。

自己自身の内の諸形相を認識してヌースになる（VI7 [38] 16.19-20, 37.21），或いは，自己自身の内の諸形相を見るとき「直知する」と言われる（VI7 [38] 35.32, 40.51-52）。こうして，ヌースの自己直知が成立する。

　自己直知の働き②が行われる時には，その働きの主体は本来の意味でのヌースであるが，一者へと振り返る作用①は〈未完のヌース〉に述語される。また，この区別は，ヌースに自己直知と，一者への非直知という二つの面があることを示唆しており，ヌースの自己直知②は一者への非直知①に依存している。

　更に，ヌースの一者との関係①には二つの段階があり，ヌースは，(i) 一者を見始めるときには無限定であったが（VI7 [38] 17.14-15），(ii) 見たときには，一者から諸形相を受け取っている（VI7 [38] 17.15-17, cf. 15.12-13, 35.30-32）。言い換えれば，ヌースの一者との関係①には，(i) 一者へと振り返る段階（VI7 [38] 37.21）と，(ii) 一者を見て，一者から諸形相を受け取る段階とがある。(i) の段階については，「いかなる仕方でも見ていなかった」（VI7 [38] 16.14）と言われ，一者へと振り返る「単なる動」（VI7 [38] 16.18），「まだ見ぬ視力」（V3 [49] 11.5），「単なる欲求」（V3 [49] 11.12）だったとされている。そして，II4 [12] 5における叡智界の質料と，その始原としての「第一の動と差異性」の区別は，ここで言う(i)と(ii)の二つの段階に対応する。つまり，〈未完のヌース〉の一者へと振り返る作用(i)は，叡智界の「質料」の始原としての無限定な「第一の動と差異性」（II4 [12] 5.31-32）が一者へと「振り返る」（II4 [12] 5.34）作用に当たる。そして，一者から諸形相を受け取る役割(ii)は，諸形相を受け取るもの（II4 [12] 4.7, cf. 6.11），諸形相の「基体」（II4 [12] 4.7, 5.20）としての叡智界の「質料」に相当する。

　以上で，叡智的質料，「不定の二」，無限定な直知作用，〈未完のヌース〉，その何れの観点からも，叡智界の無限定性が一者を映像化し，多様化する原理として働いていることが確認された。ヌースの無限定な作用は，叡智界という対象界をいわば構成する作用なのである。

第三節　「恋するヌース」（VI7 [38] 35）

　叡智界は本来，永遠不変の世界である[88]。叡智界には，「あった」ということも「あるだろう」ということもなく，常に「ある」だけがある（III7 [45] 3.33-36, 4.15-24, cf. プラトン『ティマイオス』37e6-38a1）。そこで，ヌースは変化しない（III7 [45] 3.14, 20-21）。ヌースは常に直知活動を行っており，それが単なる可能性にすぎなかった時があったわけではない。そこでまた，叡智界の質料は実際のところ常にすべての形相により限定されている。

　「生成するものたちの質料は常に異なる形相をもっているが，永遠なるものたちの場合は同じ質料が常に同じ形相をもっている。おそらく，ここ（感性界）での質料は逆であろう。というのは，ここでは質料が次々とすべての形相をもつが，それぞれの時には一つの形相しかもたない。それ故，ある形相が別の形相を押しのけるので，何れの形相もそこに留まらない。それ故，質料は常に同じものではない。だが，かしこ（叡智界）では，質料は同時にすべてである。それ故，そこへと変化する先をもたない。何故なら，既にすべてをもっているのだから。従って，かしこでも，かしこの質料は決して無形ではない。ここでの質料も無形ではないのだから。しかし，両者が別の仕方でそうなのである」（II4 [12] 3.9-16）。

　「形相は後から（叡智界の質料に）やってくるのではなく，思考（ロゴス）によってしか切り離されないのであり，それは二重のものとして直知されるという意味で質料をもつのだが，その両者（質料と形相）は一つのものなのである」（II5 [25] 3.15-18）。

---

[88] 叡智界は永遠である（III7 [45] 2-6）。IV3 [27] 25.15-17 も参照。叡智界の永遠性については，第4章第三節「ヌースからの魂の生成」で述べる。

「ヌースは直知することができるという能力から，直知するという活動へと移るのではなく……ヌースの内にはすべてがある」(II5 [25] 3. 25-28) と主張されているように，現実にはヌースが諸形相を直知していなかった時はなかった。III8 [30] 11.2 で，ヌースは「活動に至っている能力」とされていたが，この表現が意味していたのは，ヌースが初め可能的なものだったということではない。「活動している視力も二重性をもっている」(III8 [30] 11.4-5) と説明されていたように，ヌースに「質料と形相」，つまり無限定な作用とそれを限定する対象という二重性とがあるということであった。実際にはヌースは常に「見ている視力」(III8 [30] 11.2) である。

前節では，ヌースがある種の過程を経て生成するものであるかのように述べてきたが，ヌース完成のプロセスは飽く迄も理論上のものにすぎない。ヌースは本来，時間的に生成するものではなく，常に存在しているものであり永遠不変である。とすれば，実際にヌースが無限定で非直知的であった時があるわけではなく，敢えて言えば，最初から常に自己直知を行っているのである。本節では，永遠不変のヌースが一者に向ける非直知的な働きの意味を再考する手掛かりとして，VI 7[38] 35 における叙述を取り上げる。そこでは，自己自身の内の諸形相を直知するヌースが「正気のヌース」，一者を見るヌースが「恋するヌース」として語られている。

> 「ヌースも一方で直知するための能力をもち，それによってそれ自身の内にあるものを見るのだが，他方でそれ自身を超えたものを[89]ある種の直観（ἐπιβολή）[90]と受容（παραδοχή）[91]によって見る能力をもっており，その能力によって以前にも（καὶ πρότερον）（直知はせ

---

89) τὰ ἐπέκεινα αὑτοῦ (l. 21) と，複数になっている。VI9 [9] 3.33, 35 でも，ヌースの先の観照対象が τὰ πρὸ αὑτοῦ となっている。ヌースは一者の方を見るとき，一者を多なる形相として見るからだと考えられる (cf. VI7 [38] 15.12-13, 17.15-17, 35.30-32, V3 [49] 11.1-11)。但し，VI9 [9] 3.36 では μᾶλλον δὲ τὸ πρὸ αὑτοῦ と言い直されている。

90) 一者を捉える ἐπιβολή については，III8 [30] 9.21-22, VI8 [39] 11.23, V3 [49] 11.2 ἐπιβάλλειν, ibid. ἐπέβαλε を参照。一者を捉える超直知的直観として使われる用語である。

91) VI7 [38] 34.7-8, VI9 [9] 3.24, 4.25 に，一者と合一する魂が一者を「受け入れる」（δέχεσθαι）という表現がある。これは，直知を超えた仕方による一者の把握を意味している。

第三節 「恋するヌース」(VI7 [38] 35)

ずに) ただ見ていたが, 見ることにより, その後で (ὕστερον) ヌースを得て, 一つのものとなっている[92]。そして, 前者の観照は正気のヌース (νοῦς ἔμφρων) のものであるが, 後者の観照はネクタルに酔って[93]正気を失った時の恋するヌース (νοῦς ἐρῶν) である。そのとき, 彼は充足による至福の状態[94]へと拡がり[95], 恋するものとなる。そして, 彼にとってはそのような酩酊で酔っていることの方が, もっと謹厳であることよりもよいのである。

だが, かのヌースが交互に, ある時にはあるものを, 別の時には別のものを見るのだろうか。否, そうではない。理論 (λόγος) が教示することによって (そういったことを) 生ぜしめるのだが[96], (実際には) 彼は常に直知することを行っているし, 直知するのではなく別の仕方で (つまり非直知的な, ある種の直観と受容によって)

---

92) Bouillet は "elle s'est identifiée à l'Un" と訳しているが, ここで述べられているのは, 一者への帰一ではなく, 反対に一者からの発出である。ヌースは一者を見るには,「全くヌースでなくならなければならない」(III8 [30] 9.32)。だが, ここでは「ヌースを得た」(καὶ νοῦν ἔσχε l. 23) とされている。つまり,〈未完のヌース〉は最初に超直知的な「ある種の直観と受容によって」自分の先のものを見ていたが, 見ることによって一つのヌースとして限定されたという意味である (cf.VI7 [38] 17.15)。ヌースの一体性は, VI7 [38] 17.25 διὰ δὲ αὖ τὸν ὅρον ἕν にも見られる。

93) 「ネクタルに酔って」(μεθυσθεὶς τοῦ νέκταρος) という表現は, プラトン『饗宴』203b5 の引用である。

94) 「至福の状態」(εὐπάθεια) という単語がプラトン『国家』615a3 で, またその動詞形である εὐπαθεῖν がプラトン『パイドロス』247d4 で使われている。プロティノスにおいては, 一者と合一している魂の状態として, VI7 [38] 34.38 で εὐπάθεια が, VI7 [38] 34.30, VI9 [9] 9.38 で εὐπαθεῖν が述べられている。

95) ἁπλωθείς (l. 26) の解釈には二通りある。H.-S.1, MacKenna-Page, Bréhier, B.-T., Armstrong, 水地, O'Daly (1974, p. 160), Bussanich (1988, p. 172, 179) は simplex factus と解し, H.-S.2, Ficinus, Bouillet, Cilento, Hadot (1988, p. 174, 343) は seipsam diffundens と解している。「単一化する」と訳すと, κόρος という語の意味が曖昧になるので, H.-S.2, Ficinus, Bouillet, Hadot と共に, III5 [50] 9.2 (ἁπλωθείς) と同様の意味で,「拡がる」と訳す。そこでは, ポロスが「ネクタルに満たされ」(l. 5),「酔って」(l. 4), 魂へと拡散している。また, プラトン『饗宴』203b5 の表現である「酔い潰れている」(βεβαρημένος) の引用が III8 [30] 8.34 に見られるが, そこでもヌースは「多」になっている (ἔλαθεν ἑαυτὸν πολὺς γενόμενος, οἷον βεβαρημένος ll. 33-34)。

96) 「理論 (λόγοι) も (物語と同じように), 不生のものを生成させたり, 一緒に存在しているものどもを, (理論) 自体が区別したりする」(III5 [50] 9.27-28)。「常に一定の仕方で生成し存在するものどもを, 仮定 (ὑπόθεσις) が順を追って説明するときには, 全体者の本性の内にあるものどもを, 生成するものとしたり, 作られるものとしたりする」(IV8 [6] 4.40-42)。また, V1 [10] 6.19-22, V3 [49] 17.23-24 も参照。

かのもの（一者）を見ることも行っているのである。何故なら，彼はかのものを見た時に，生成したものたち（諸形相）を得たのであり，それらが生じて（自己に）内在するのを知覚した（συνῄσθε-το）[97]からである。そして，それらを見る時に直知すると言われるのだが，かのもの（一者）を見るのは，それによって直知しようとしたところのその能力[98]によるのである」（VI7 [38] 35.19-33）。

この文脈では，ヌースは「直知するための能力」と一者を「ある種の直観と受容とによって見る能力」という二つの能力を有しているとされている。そして，後者の能力により「以前にもただ見ていた」が，「見ることにより，その後でヌースを得て一つのものとなっている」（ll. 22-23）。ヌースを成立せしめる一者への観照は，同論考第16章で「かのもの（一者）を見ていた時にはまだヌースではなかったのであり，非直知的に見ていた」（VI7 [38] 16.13-14）と述べられていた〈未完のヌース〉の一者への「振り返り」に当たる。だが，ここでは「正気のヌース」として自己直知を行うヌースに対して，一者を見るヌースは「恋するヌース」と呼ばれており，この「恋するヌース」によって，一者を「以前にもただ見ていた」と言われている[99]。更に，この文脈によれば，ヌースはある時一者を見て，別の時に自己自身を見るというわけではない。ヌースは「常に」自己自身を直知する一方で，「直知するのではなく別の仕方で」一者を見てもいるのである。ヌースは永遠不変のものであるから，理論上，ヌースとして完成される「以前」に行われたと考え

---

97) ヌースの生成の場面での自己知覚については，VI7 [38] 16.19-20 を参照。
98) ヌースは諸形相を直知するために，まず一者を諸形相として見るのだから，直知しようとする「能力」が，一者の観照をももたらしていることになる。O'Daly (1974, p.165) は，この「能力」（δύναμις）と，VI7 [38] 17.32-33 で述べられた〈未完のヌース〉である無限定な「生命」としての δύναμις πᾶσα とを結び付けている。
99) Hadot (1988, pp. 39-43, 66-67, p. 174, 262, pp. 264-265, 342-344, 1986, pp. 243-244), O'Daly (1974, p. 167), Loyd (1987, p. 182, 1990, pp. 169-171) も，「恋するヌース」と〈未完のヌース〉とを同一視している。Armstrong は (1967, pp. 262-263) ではそれらを同一視しようとしているが，(1971, p. 71) では両者を区別している。Bussanich (1988, pp. 173-179) は，この文脈で，ヌースにおける三つのタイプの観照（超直知的なもの，前直知的なもの，自己を対象としたもの）が述べられていると解しているが，プロティノス自身によって認められているヌースの区分は，一者への観照と自己直知という二面のみである。

第三節 「恋するヌース」(VI7 [38] 35)　　　87

られる一者への観照は，実際には「以後」も引き続き行われていなければならない。というのも，ヌースが自己を直知し続けられるとすれば，それは常に一者を諸形相として見続けることによるからである。プロティノスは他の個所でも，「ヌースの内には欲求があり，(ヌースは)常に[100]欲求し，常に得ている」(III8 [30] 11,23-24) と述べている。つまりヌースの生成の場面で，最初に行われた一者への観照は，一者から諸形相を得ることによって終わるわけではなく，ヌースは一方で常に一者を見続け，他方で常に諸形相を直知し続けている。

　そこで，「ヌースは二方向(つまり自己自身と一者)に面している(ἀμφίστομος)」(III8 [30] 9,31) とも言われる。「ヌースは，一方では善即ち第一者の傍らにあって，かのものを見るが，他方では自己自身と共にあり，自己自身を直知して，自己自身が万有であることを直知するというようなものだとしなければならない」(VI9 [9] 2.40-43)。V5 [32] にも，「直知するヌース (νοῦς νοῶν)」(V5 [32] 10.9) という表現がある一方で，ヌースは「自己自身の非ヌースによって (τῷ ἑαυτοῦ μὴ νῷ)」(V5 [32] 8.22-23) 一者を見るとも言われている。ヌースも一者と接するには，ヌースであってはならない。ヌースには自己直知と，一者への非直知という二つの面があり，前者は後者に依存している。

　従って，前節で取り上げた〈未完のヌース〉の教義は，ヌースの生成にプロセスがあることを意図するものではなく，ヌースの直知が一者への観照に依存しているという因果関係を説明するための理論である。叡智界においてはすべてが永遠で時間的な〈前後〉がないとはいえ，一者への観照がなければ，諸形相への直知もあり得ないという依存関係がある限りで，理論上の〈前後〉が語られ得るわけである[101]。しかし，実際

---

　100)　叡智界の存在については，「常に」(ἀεί) という語は，感性界の事物について言われる時のような，時間的な延長を意味しない (III7 [45] 6.21-26, cf. 2.28-29, W. Beierwaltes 1967, pp. 205-208)。

　101)　「直知対象」と「直知作用」とでは，そのどちらが先かということが問題とされることがある (Atkinson p. 93, Emilsson 1996, p. 248 note 34)。V9 [5] 7.16-17, 8.11 では，「直知対象」である「存在」が，「直知作用」である「ヌース」より先だとされているが，VI7 [38] 40.11 では，「直知作用」が「存在」を生み出すとされている。理論的な順序を言えば，一者から発して振り返って見る〈未完のヌース〉の視力が，それによって見られた内容である形相(存在)に先立ち，その形相を得てヌースが完成するのだから，形相を対象とした本来のヌースの「直知作用」が「直知対象」である形相に続く (cf. V9 [5] 8.11, VI6 [34] 8.17-22,

には，ヌースは或る時に一者から生じ，別の時にヌースとして完成されるというのではない。それは常に諸形相を直知しており，また，諸形相を直知するために一者を見続けている。一者に向かう，無限定で非直知的な作用が，ヌースにおける一者との接点なのであり，これなくしては，ヌースは存続し得ないのである。

そして，一者との接点であるヌースのこの作用は，我々の魂が一者と合一する際のステップとなる「ヌースの第一の部分」(VI9 [9] 3.27) でもある。〈未完のヌース〉は，最初は「それ自身が一であり」(VI7 [38] 16.11)，非直知的な「接触」によって一者に触れているとされていた (V3 [49] 10.41-44)。我々の魂はこの非直知的なヌースの働きに与って，一者と一体化するのである。

「魂は，自己の内に留まっているヌースをいわばかき乱し，払い去ることによって（一者を見る）。否，むしろそれ（魂）のヌースが最初に見て，その観照がその（魂の）内にもやってくるのであり，その二つ（ヌースと魂）は一つになるのである」(VI7 [38] 35.33-36)。

「その時ひとは，学んだことのすべてを手放す。あるところまでは（それによって）教え導かれ，美しきもの（ヌース）の内に座を占めたのであり，その内にある間は直知するのだが，まさにそのヌースのいわば波（のうねり）によって連れ出されて，いわば膨れ上がるそれ（波）によって高く押し上げられて，如何にしてかは分からないままに，忽然と（一者）を見てとるのである」(VI7 [38] 36.15-19)[102]。

V3 [49] 11.11, VI7 [38] 16.13-22, 35.30-32) ことになる。VI7 [38] 40 における「存在」を生み出す「直知作用」は，ヌースとして成立する以前のものであるから，厳密には，一者を「非直知的に見る」(VI7 [38] 16.14) ことにより後にヌースの直知活動となるところのもの (35.21-23) である。但し，これは理論上のプロセスであり，実際には「直知作用」と「直知対象」とは同時に成立する。「ヌースは直知することによって，存在を存立せしめ，存在は直知されることによって，ヌースに直知することと存在することとを与えている」(V1 [10] 4.27-28)。

[102] 「ヌースとなり，自分の魂をヌースに任せ，その下に置き，かのもの（ヌース）が見るところのものを目覚めた魂が受け入れるようにし，これ（ヌース）によって一者を観照しなくてはならない」(VI9 [9] 3.22-25)。「それ（魂）はヌースとなり，いわば叡智的にされ，

我々は，ヌースにおける非直知的な「波のうねり」に攫われて一者へと至る。その時魂は，魂でもなければ「直知」するヌースでもなく，一者同然のものとなって一者に帰一するものである（VI7 [38] 35.42-45）。一者は無形相で非直知的なものであるから，我々が一者のもとへ帰するには，叡智界の諸形相を捨て去り，一者と同様に，全く無限定で非直知的なものとならなければいけない。

結　論

ヌースの無限定な作用が一者を諸形相として直知するか（V6 [24] 以前），それとも一者を諸形相として（非直知的に）見て，諸形相を直知するか（VI7 [38] 以降）という点で，プロティノスの論述には変化が見られるとしても，何れの場合も，ヌースの無限定な作用が一者へと〈振り返って見る〉働きが，ヌースの諸形相への直知をもたらしている。そして，ヌースの無限定な作用は自己自身が受け取る仕方で一者の内容を受け取る。それは一者を一者のまま見ることができずに，多様化して見る。即ち，この作用が，無形相の一者を対象化し，映像化し，一者の「印象」としての叡智界を構成するのだと言える。というのも，対象を分節化し多様なものとして限定するのが，認識作用の機能だからである。叡智界の諸形相は，ヌースの無限定な作用が一者を〈振り返って見る〉ことにより，一者が映像化されたものであり，諸形相を対象とするヌースの直知は，一者を対象化，映像化して成立した，一者についての認識だと言うことができる。

そして，ヌースの無限定な作用が一者を対象化して見て捉えたものが諸形相であり，諸形相はヌースのこの作用と一者からの限定とから生ずるのであるから，ヌースにおいて一者により近いのは形相（対象，存在）の面よりも，むしろ質料（作用，働き）の面である。一者は無形相，無限定で直知を超えており，ヌースの質料と同一視される〈未完のヌー

叡智的な場に入って観照する。しかし，（魂は）その内に入り，そのもとにあることによって直知対象を直知するのだが，ひとたびかの神（一者）を見るなら，今やすべてを捨て去るのである」（VI7 [38] 35.4-7）。

ス〉も無形相,無限定,非直知的である。その意味で,一者から最初に生ずるのはヌースの無限定な作用で,それが一者を振り返って見て限定されるという順序で述べられるのであって,そこには時間的な前後関係はない。質料的,作用的な面が,永遠不変のヌースにおける一者との接合面なのである。そして,我々の魂も諸形相を捨て,ヌースのこの面に与ることにより,一者へと上昇することになる。即ち,一者は対象的に捉えられるものではなく,対象をもたない無限定な作用の根源に見出されるものなのである。

第3章
一者からのヌースの発出

　一者の内容がヌースの作用により分節化されて構成されたものが、叡智界というヌースの対象界であるというのが、前章の論点であった。ところで、ヌースのこの作用は一者から発して一者へ返って見る作用である。本章では、一者を振り返って見るヌースの作用が如何にして一者から生ずるかという点を究明したい。

第一節　問題点

　唯一の原理から如何にして多が生じるかという問題は、一元論が解決を迫られる大きな課題である。〈一者を振り返って見る〉ヌースの視力は、一者を自分なりの仕方でしか見ることができないため、それを多様な形相として見るのであった。しかし、そもそもヌースの「視力」は何故一者から生じたのであろうか。それは一者の「充溢」から生じたとされていたが、一者の「充溢」とは何を意味するのか。或いは逆に、一者の「充溢」が何故ヌースの無限定な〈作用〉であるのかとも問い得るであろう。というのも、一者の「充溢」が何等かの〈存在〉だとした上で、直知作用をその〈存在〉が主体となって行う働きだとすることもできたはずだからである。だが、プロティノスはむしろ、一者から最初に生ずるのはヌースの無限定な〈作用〉であり、ヌースの〈存在〉はこの無限定な〈作用〉が限定される時に成立すると考えたのであった。
　また、前章で論じた所謂〈未完のヌース〉の教義の難点は、そこで完成されるヌースの活動が何故自己直知であるのかを端的に説明できない

ことである。ヌースは「第一義的に自己を認識する者（ὁ γινώσκων πρώτως ἑαυτόν）」（V3 [49] 8.49-50, cf. ibid. 12.46-47）である。しかし、〈未完のヌース〉の「視力」が一者の「印象」としての諸形相を受け取るのだとすると、それらの対象を直知することがヌースの自己直知だと言えるのは何故であろうか。

一者は単にヌースの直知対象の原因であるだけでなく、直知作用の原因でもなければならない。ヌースの「直知作用」は、「かのものから出て」（VI7 [38] 40.21）、独立の存在となった（ibid. 11, 19, 22）のであり[1]、「自分がそれから生じたところのものの内に留まることはできなかったであろう」（ibid. 11-12）と言われる。一者は「後にそれから生ずるであろう直知的諸原因をすべて一緒に有している」（VI8 [39] 18.39-40）のであり、一者を対象化して見た時に直知活動となるヌースの視力は、一者自身から発している（cf. VI7 [38] 17.33 ὅρασις ἡ ἐκεῖθεν）。即ち、叡智界において〈一者を振り返って見る〉無限定な作用は、一者から発して一者に返るというわけである。この点が考慮される時、プロティノスにおけるヌースの自己直知の意味はより明らかになる。

〈未完のヌース〉の教義においては、〈未完のヌース〉の一者への「振り返り」による限定というように、ヌースの成立がヌースの働きに即して説明されたが、これに対して、プロティノスが一者の側からのヌースの産出を、何らかの比喩的な表現によらず理論的な仕方で説明することは極めて少ないと言える。その理由は一者自体の不動性と不可言表性にあるが、それでも、『三つの原理的なもの』[2]と題する論考（V1 [10]）の中に、一者からのヌースの生成についての示唆的な一文がある。その第6章末尾から第7章冒頭にかけて、プロティノスは一者とヌースとの関係を論じ、「一者は如何にしてヌースを生み出すのか」という問いを発している[3]。

---

    1)「第一の直知作用」であるヌースの直知作用は一者から発しているとされ、また、〈未完のヌース〉は一者の「充溢」から生じた（V2 [11] 1.8-9）のであったし、それと同一視された叡智界の質料や「不定の二」も一者から生じた（II4 [12] 15.18-19, V1 [10] 5.7）とされていた。

    2) 第1章への注37)を参照。

    3) Ὁρᾷ δὲ αὐτὸν οὐ χωρισθείς, ἀλλ' ὅτι μετ' αὐτὸν καὶ μεταξὺ οὐδέν, ὡς οὐδὲ ψυχῆς καὶ νοῦ. Ποθεῖ δὲ πᾶν τὸ γεννῆσαν καὶ τοῦτο ἀγαπᾷ καὶ μάλιστα ὅταν ὦσι μόνοι τὸ γεννῆσαν καὶ τὸ

第一節　問題点

「ヌースはかのもの（一者）を（そこから）切り離されて見るのではない。（離れて見ないのは）ヌースがかのもののすぐ後にあり，その間には何ものも介在しないからであり，これは魂とヌースとの間についても同様である。すべての者は（自己を）生み出した者を欲し，愛するのであり，とりわけ，生み出した者と生み出された者とが自分たちだけでいる時にはそうである。そしてまた，生み出した者が最善の者である時には，（生み出された者は）必然的に生み出した者と一緒になっており，（両者は）差異性により区別されるにすぎない。

そして我々は，ヌースはかのもの（一者）の似像[4]であると主張する。こう言うのは，（一者と一緒にありながら差異性により区別されるということの意味を）より明確に言わなければならないからである。まず，生み出されたものは[5]何らかの意味でかのものであり[6]，かのものの多く（の特徴）を保有し，ちょうど光が太陽に対してそうであるように[7]，かのものに対して類似性がなければならないか

γεγεννημένον· ὅταν δὲ καὶ τὸ ἄριστον ᾖ τὸ γεννῆσαν, ἐξ ἀνάγκης σύνεστιν αὐτῷ, ὡς τῇ ἑτερότητι μόνον κεχωρίσθαι.
　Εἰκόνα δὲ ἐκείνου λέγομεν εἶναι τὸν νοῦν· δεῖ γὰρ σαφέστερον λέγειν· πρῶτον μέν, ὅτι δεῖ πως εἶναι ἐκεῖνο τὸ γενόμενον καὶ ἀποσῴζειν πολλὰ αὐτοῦ καὶ εἶναι ὁμοιότητα πρὸς αὐτό, ὥσπερ καὶ τὸ φῶς τοῦ ἡλίου. Ἀλλ᾽ οὐ νοῦς ἐκεῖνο. Πῶς οὖν νοῦν γεννᾷ; Ἢ ὅτι τῇ ἐπιστροφῇ πρὸς αὐτὸ (αὐτὸ) ἑώρα· ἡ δὲ ὅρασις αὕτη νοῦς. Τὸ γὰρ καταλαμβάνον ἄλλο ἢ αἴσθησις ἢ νοῦς· (V1 [10] 6.48-7.7)

4) 「似像」は「原型」に対する類似性と差異性とをもつ。ヌースは一者の似像であり，一者への類似性が2-4行目「第一に……類似性がなければならないからである」（πρῶτον μέν... ἡλίου）で述べられ，差異性が4-5行目「しかしながら，かのものはヌースではない」（ἀλλ᾽ οὐ νοῦς ἐκεῖνο）で述べられている。

5) H.-S., Armstrong は τὸ γενόμενον を採っているが，Atkinson (1983, pp. 155-156) が指摘しているように，γεννᾶν が同論考第6章の終わりで4回使われ，また第7章でも5行目と39行目で使われている。Perna, Creuzer, Kirchhoff, Müller, Volkmann, Bréhier, Harder と共に，τὸ γεννώμενον という写本の読みを採る。

6) V4 [7] 2.25 οἷον ἐκεῖνο, V2 [11] 1.14 οἷον ἐκεῖνος を参照。VI8 [39] 18.36 では，「拡散した映像であるヌースは，（一者とは）別種のもの（ἀλλοειδές）ではない」と述べられている。ヌースは「一のようなもの」（ἑνοειδής VI9 [9] 5.26），「善のようなもの（ἀγαθοειδές）」（第1章への注37）を参照）である。
　写本の ἐκεῖνο の代わりに，Volkmann, Bréhier, MacKenna-Page は Vitringa の修正 ἐκείνου を採り，δεῖ πως εἶναι ἐκείνου τὸ γεννώμενον と読んでいる。MacKenna-Page の訳では，"there is a certain necessity that the first should have its off-spring" である。しかし，Harder (note ad loc.), Atkinson (p. 155) が指摘しているように，ここでの強調点は，ヌースの一者に対する類似性である。

らである。しかしながら，かのものはヌースではない。それでは，かのものは如何にしてヌースを生み出すのであろうか。それは，かのものが自己自身に向かって振り返ることにより，見始めたからだ。そして，この見る働き（現に見ている働き）がヌースである。何故なら，何か別のもの（対象）を捉えるもの（作用）は，感覚であるか，ヌースであるかだからである[8]。（勿論この場合は，ヌースである）」(6.48-7.7)。

ここでは一者からのヌースの生成が語られているが，この記述の解釈ほど，プロティノス研究史上，多くの論争の的になった難問はないであろう。というのは，「一者は如何にしてヌースを生み出すのか」という問いに対する答えのギリシア語原典が曖昧であるため，二つの異なる解釈が可能だからであり，しかもその両方に複数の難点が伴うからである。まず，ここでは振り返ることによって「見始めた」という動詞の主語が示されておらず，また見られた対象を示すギリシア語も再帰代名詞（αὑτό「自己自身」）とも，非再帰的な代名詞（αὐτό「一者」）とも読み取れるのである。上の読みでは「見始めた（ἑώρα）」の主語を一者とし，振り返って見られる対象を「自己自身（αὑτό）」とした。この解釈を(A)とすると，それに対し，「見始めた（ἑώρα）」の主語をヌースとし，振り返って見られる対象を「一者（αὐτό）」とする解釈(B)が可能である。そこで，その二通りの解釈とは，以下の通りである[9]。

---

7) 一者を太陽とする比喩については，プラトン『国家』508e6ff. を参照。一者を太陽，ヌースを光とする譬喩については，V1 [10] 6.29-30, V3 [49] 12.39-44, I7 [54] 1.24-28, VI9 [9] 4.10-11, 9.6-7 を参照。ただし，太陽と光の譬喩は，ヌースと魂との関係にも用いられるし（II3 [52] 18.21-22, III5 [50] 2.31-32, IV8 [6] 4.3-4, V3 [49] 9.8-10），魂とそれから発するものとの関係にも用いられる（IV3 [27] 10.2-3, IV4 [28] 29.9-12）。

8) ここで「他のもの（ἄλλο）」と言われているのは，「把握する作用」（τὸ καταλαμβάνον）に対して区別される〈対象〉のことである。「他のもの」を主格として「把握するもの」の述語とする読み方をする場合，「把握するものは，感覚やヌースとは別のものである」となる。一者の自己観照がヌースの生成をもたらすと解している Harder は，「把握するもの（τὸ καταλαμβάνον）」を一者とみなし，"Denn das was dies Auffassen tätigt, ist etwas anderes als Wahrnehmung oder Geist" と訳している。Harder の註釈によれば，「一者の観照はヌースを生み出すが，一者や一者の観照は，感覚でもヌースでもない」。尚，V1 [10] 7.5-6 に続く個所の解釈については，第4章への注23) も参照。

9) H.-S.3, p. 397 によれば，(A) の擁護者は，Müller, MacKenna, Harder, Bréhier,

(A) 一者を ἑώρα の主語とし，再帰代名詞 αὑτό を読むと，次のように訳される。
「一者はいかにしてヌースを生み出すのであろうか。それは，一者が自己自身の方を振り返って見始めたからである。そして，この視覚がヌースなのである。」

(B) ヌースを ἑώρα の主語とし，αὑτό を一者として読むと，以下のように訳される。
「一者はいかにしてヌースを生み出すのであろうか。それは，ヌースが一者の方を振り返って見始めたからである。そして，この視覚がヌースなのである。」

この解釈(B)は，ヌースの一者への「振り返り」による完成という，これまで検討してきた教義をここに読み込むもうとするものである。しかし，その場合，「一者は如何にしてヌースを生み出すのか」という問いに対して，その仕方が説明されているとは言い難い。何故なら，そもそも一者を振り返るヌースがどのようにして生じたかが不明のままだからである。これに対して解釈(A)では，作用と対象という二重性を超えたものであるはずの一者が，自己を対象に「見る」ことになってしまう。

Hadot (1963, p. 94), Schwyzer (1969, p. 260) であり，(B)の擁護者は，Fic., Taylor (Cr. t. III, p. 277), Bouillet, Volkmann-Schluck (p. 122), Cilento, Huber (p. 69), Anm. (p. 11), Henry (*Sources de Plotin*, p. 387), H.-S.1, Theiler (*Revue internat. de philos.* 24, 1970, p. 296), Krämer (p. 398), Kremer (p. 148) である。本章では，その後に現われた解釈者たちにも言及する。〈未完のヌース〉の教義が一般的になって以来，欧米諸国のプロティノス研究者達の間で(B)の解釈が圧倒的に優勢となっている。なお，ヘーゲルのプロティノス解釈では(A)である (G. W. F. Hegel, *Vorlesungen über die Geschichte der Philosophie. Teil 3. Griechische Philosophie*. p. 181, 山口，伊藤2005, 52頁)。日本では，西田幾多郎がプロティノス哲学についての講義の中で，「一者は主観客観の別を越えたものであるが，かかる一者が云はば自ら自己を眺めることによってヌース即ち理性が生じ，ヌースの内容がプラトンのイデヤである」(第十四巻，253頁) と論じている。

第二節　これまでの解釈

　プロティノス研究者たちはこの解釈について，長年絶え間のない論争を続けてきた。論争に先立って，始めに提示されていた読みは(B)の解釈によるものだった。これは，アンリとシュヴィーツァーが1959年に共同でテクストを校訂したした際に，フィチーノによるラテン語訳に従ったものだった[10]。当時，他の校訂者や翻訳者の多くは(A)の読みを採用していたが[11]，アンリとシュヴィーツァーが(B)を採った理由は，単一な一者が〈自己自身を振り返る〉ことはあり得ないということである。何故なら振り返って見るということは，見るものと見られるものという二つのものを想定するからである。プロティノスによれば，「完全に単一であるものは，自己の方へ振り返って自己を覚知することができない」(V3 [49] 1.3-4)。この箇所と同様の問題が直前のV1 [10] 6.17-19でも生じており，一者の後のものが生じるのは，(A)「一者が常に自己自身に向かって振り返るままに」生じるのか，(B)「生じるものが常に一者に向かって振り返りながら」生じるのかが問題となっている[12]。しかし，

---

　10) Bouilletのフランス語訳でも，この読みが採られている。Schwyzerは1951年に既にこの解釈を採っている（Schwyzer 1951, col. 570）。

　11) Kirchhoff, Müllerによる校訂本やBréhierのフランス語訳，Harderのドイツ語訳など。出の訳によれば，「然らば彼は如何にして理性を産出するか。全く自らに向かっている彼は，この自らに向かっているによって自らをみているのであり，この見るが即ち思惟であり理性である。理性が直接に彼を見ると言ったのはそれである」。邦訳『プロティノス全集』における田中の訳は，「すると，どのようにして知性を生むのであろうか。むろん，自己自身のほうをふりむいて，完全に見てしまうことによってである」となっている。

　12) V1 [10] 6.17-19 ἀλλ' εἴ τι μετ' αὐτὸ γίνεται, ἐπιστραφέντος ἀεὶ ἐκείνου πρὸς αὐτὸ (αὑτό) ἀναγκαῖόν ἐστι γεγονέναι, というギリシア語において，(A)ἐκείνουは一者を指しているとみなし，その後のαὐτόを再帰的にとると，この文の意味は，「もし何か一者の後に生ずるものがあるとすれば，それは一者が常に自己自身に向かって振り返るままに生じたのでなければならない」となり，(B)ἐκείνουを「一者の後に生ずるもの」，αὐτόを一者を指すものとみなすなら，この文の意味は，「もし何か一者の後に生ずるものがあるとしたら，それは生ずるものが常に一者に向かって振り返りながら生じたのでなければならない」となる。Schwyzer (1987, p. 200) はV1 [10] 7.5-6及び6.17-19の両パッセージにおける諸解釈を以下のように分類している。a) 両方のパッセージで一者を「振り返り」の主語とする（Hadot 1963に従い，Hanry と Schwyzer 1977が *editio minor* でこの読みを採用している）。b) 両方のパッセー

第二節　これまでの解釈

この二箇所を除き，一者の自己自身への「振り返り」(ἐπιστροφή) を読み取ることができる記述は，プロティノスの他の著作には見られない[13]。こういった点が，(A)の解釈を困難にしているのである[14]。

しかし(B)の読みが不自然であることも確かであり，1963年にアド (Hadot 1963, pp. 95-96) が，次のような批判点を挙げている。

(1) ヌースが一者の方を振り返るには，既に生まれて存在していなければならない。だが，このように解された答えの中には，ヌースが生成した仕方について如何なる言及もない。ヌースは何処かから突如現われて，一者の方を振り返って見ていることになる。
(2) ヌースが「見る」という動詞の主語であるとしたら，この文は「ヌースが見る，その視覚がヌースである」という意味になる。だが，この言表は我々に何かを説明したことにならない。

そこで，彼は解釈(A)を擁護し，このパッセージを「一者は如何にしてヌースを生み出すのか。それは一者が自己自身への『振り返り』において見るからである。現実に活動しているこの視覚がヌースである」[15] と読む。アドによれば，一者の視覚が単に可能的なレベルのものであって，それ自身への「振り返り」に留まるのに対し，ヌースの視覚は現実的であって，既に主体と客体とに二分されているのだという。一者は自己へと向かう視覚しかもたない，換言すれば，一者の視覚は絶対的であり，無限定で，可能的なものである。それに対してヌースは，現実的な視覚 (ἡ νόησις ὅρασις ὁρῶσα V1.5.19) である[16]。一者の視覚は自己自身

ジでヌースを「振り返り」の主語とする (Henry & Schwyzer 1959 (*editio maior*)) に従い，Atkinson (1983) がこの解釈を擁護している。c) 6.17-19 における「振り返り」の主語は一者だが，7.5-6 における「振り返り」の主語はヌースである (Ficinus に従い，Igal 1971 がこの解釈を擁護している)。

13) Aubin (1963, pp. 161-163, p. 165, note 2) を参照。しかしながら，彼は以前には (Aubin 1953, p. 361, 364, 376) 両パッセージにおける「振り返り」の主語を一者とみなしていた (前注の Schwyzer による分類の a にあたる)。

14) O'Brien (1997, pp. 45-46) も一者が「振り返り」の主語となり得ないことの根拠として，Aubin が指摘した V3 [49] 1.3-4 及び V6 [24] 5.2-3 を挙げている。

15) 'Comment l'Un engendre-t-il l'Intelligence? C'est que, dans sa conversion vers soi-même, il voit. Cette vision en acte, c'est l'Intelligence' (Hadot 1963, p. 94).

への「振り返り」にあるが，ヌースに固有の視覚は知性とその対象との分離を前提する。

アンリとシュヴィーツァーはアドのこの議論に説得され，1973年に(A)の解釈へと意見を変更し（H.-S. 3)[17]，更にシュヴィーツァー（Schwyzer 1969, p. 260）は(B)を採った場合のアドの(1)(2)の批判に加え，第三番目の難点を指摘することになる。

(3)「一者は如何にして生み出すのか」という問いに対して，「ヌースが見たからだ」と答えると，文の主語が唐突に変わってしまうことになる[18]。

しかし1971年，イガル（Igal 1971, pp. 129-137）がアドに対する反論から，新しい解釈を提示した。彼の論点は，「見る」の主語を所謂〈未完のヌース〉，即ち，一者を見て限定される前の無限定な作用の主体としてのヌースだとする点である。彼は，動詞「見る」の文法上の主語として，問題のパッセージの直前で述べられている「生み出されたもの」[19]を採り，このパッセージを次のように解する。

(B)′「一者は如何にしてヌースを生み出すのか。それは，生み出されたもの（つまり未完のヌース）が一者の方を振り返って見たからだ。そして，この視覚がヌースである。」[20]

---

16) ὅρασις が現実に見ている視力であるのに対し，ὄψις は現実化される前の可能的な視力を意味する。Atkinson, p. 122 を参照。

17) Henry and Schwyzer 1973, at the end of tomus iii of the *editio maior*, in the *addenda ad textum*.

18) ギリシア語の文章で特別に主語が立てられていない場合，普通は先行する文章の主語をそのまま読む。

19) V1 [10] 6.51 に τὸ γεγεννημένον, ibid. 7.3 に τὸ γενόμενον 又は τὸ γεννώμενον という単語が見られる。O'Daly, Atkinson, O'Brien も Igal と同様の読み方をしている。

20) この解釈(B)′に O' Daly (1973, pp. 71-72), Atkinson (1983, pp. 156-160), Schroeder (1986, pp. 186-187), Lloyd (1987, p. 160), and O'Brien (1997, pp. 44-46, 88-97) が従っている。但し，この後も，Santa Cruz de Prunes (1979, p. 312), Bussanich (1988, pp. 34-43) は(A)の解釈を擁護している。また，日下部 (2003, 81頁), 今 (2007, 76頁) も (A) の解釈を採っている。

第二節　これまでの解釈

　この解釈は，アドが指摘した難点(2)を回避している。つまり，もしヌースが「見る」の主語であったら，このパッセージはヌースが何であるか殆ど何も説明しないことになるが，(B)′の解釈を採るなら，〈未完のヌース〉が一者を見る，その視覚がヌースを完成させるという〈未完のヌース〉の教義をここに読み込むことができるからである。しかし，この解釈は，ヌースの生成が説明されないという難点(1)をも解決していると言えるであろうか。アド (Hadot 1963, p. 94) はアンリとシュヴィーツァーの解釈を批判した際に，ヌース成立における生成と「振り返り」という二つの段階を既に考慮に入れている。ヌースは生じたばかりの段階では無限定で未完であり，限定され形成されるために一者を振り返る。つまり，ヌースが完成されるために一者の方を振り返るのは，一者から生じた後であり，初めに〈未完のヌース〉が何らかの仕方で一者から生み出されていなければならない。そこで，(B)′の読みでは，ヌースの完成が叙述されてはいても，ヌースの生成は述べられていないことになる。しかし，この文脈では，まさにこれが問われている点なのである。

　この難点に対して，(B)′を擁護するオブライエン (O'Brien 1997, pp. 89-92) は次のような解決策を提示する。即ち，このパッセージが現われる直前の文章の主旨は，「ヌースはある意味で一者である (7.1-4) が，一者はヌースではない (7.4-5)」ということである。オブライエンはここで，産出者と産出物の間における非相互的な類似が，一者とヌースとの間にもあることを指摘する。そして，一者がヌースのようなものでないとすると，「ヌースでない一者がヌースを生み出すのは如何にしてか」という問いが生じるのだと論じる。ヌースの生成は，一者から生じたものが一者へと向かうときに完成するのだから，「如何にしてヌースでないものがヌースを生み出すのか」という問いに対して，単に「何か」が一者から生じると答えるのでは不十分である。要は，その「何か」が如何にしてヌースであり得るかである。そして，それは一者への「振り返り」によってヌースとなるのである。一者はヌースではないが，一者から生じたものが一者の方を振り返ることにより，それは自分からヌースとなる。オブライエンの解釈はこのように，「一者はヌースではない。それではそれは如何にしてヌースを生み出すのか」(7.4-5) という問いを，「ヌースでないものが如何にしてヌースを生み出すのか」という問

いとして解することにより，ヌースが自分から一者へ振り返ることをその答えとして導き出そうとするものである。

しかしながら，一者は単にヌースでないものではなく，ヌースを生み出す原因である。プロティノスの主張によると，一者は「後にそれから発するであろう直知的諸原因をすべて一緒にして（未分化のままに）所有している」(VI8 [39] 18.39-40, cf. ibid. 25-30, V1 [10] 4.29-30)。一者は直知対象である形相の原因であるだけでなく，「振り返り」の作用である〈未完のヌース〉を生み出すものでもある。一者はヌースではないが，ヌースは一者の力から生み出されるのである。そこで，問題のパッセージにおける問いにおいても，やはり，振り返った時にヌースとなるものが一者から生ずる仕方が問われていると考えられる。実際，「一者は如何にしてヌースを生み出すのか」という問いは，如何にしてヌースが生じるかではなく，如何にして一者が生み出すのかを問題としている。もしヌースがヌースとなる仕方が問題であったなら，ここでプロティノスはそのような問いの立て方をしたはずである。

とはいえ，イガルは問題のパッセージにおける(A)の解釈の決定的な難点を指摘する（Igal 1971, pp. 132-133)。彼が着目するのは，「そして，この視覚がヌースである」(V1 [10] 7.6) という叙述における「この」(αὔτη) という指示代名詞の意味である。「この視覚」はその前の「振り返って見た (ἑώρα)」という動詞によって表現された活動を受けている。つまり，「この視覚」とは，「振り返って見た」という動詞によって意味されている視覚のことである。そして，それがヌースだと言うことになる。そこで，イガルの指摘によれば，「この視覚」はヌースそのものであるのだから，それはヌースの〈実体を構成する働き〉である。すると，「見た」という動詞によって示された活動もまた，ヌースの〈実体を構成する働き〉である。しかしながら，もし「見た」という動詞の主語が一者だとしたら，この活動は一者の自己観照であり，それは一者のいわば〈実体を構成する働き〉になってしまう。一者の一種の自己観照は VI8 [39] 16.19-21 で言及されているが，アトキンソン（Atkinson 1983, p. 159) も指摘するように，一者のその自己観照は一者自身の〈実体を構成する働き〉であって，決してヌースの生成をもたらすものではない。従って，問題の箇所でヌースだと言われている視覚と同一視され

る動詞「見た」は，その主語が一者ではあり得ない。イガルのこの議論は説得的であり，決定的でさえあるかのように見える。これは以下のようにまとめられる。

　V1 [10] 7.5-6 の主張によれば，
　動詞「振り返って見た」で示された視覚＝「この視覚」＝ヌース＝ヌースの〈実体を構成する働き〉

　ところが，もし動詞「振り返って見た」の主語が一者であったら，
　動詞「振り返って見た」で示された視覚＝一者の〈実体を構成する働き〉≠ヌース

　従って，動詞「振り返って見た」の主語は一者ではない。
　そこで，以上の議論が V1 [10] 7.5-6 におけるそれぞれの解釈について明らかにした難点を要約すると，以下のとおりになる。

解釈(A)の難点
① 一者は自己自身を「振り返る」ことがない。
② 動詞「振り返って見た」で表現された視覚＝「この視覚」＝ヌースであるのに，もし動詞「振り返って見た」の主語が一者であったら，この視覚は，一者の〈実体を構成する働き〉となり，ヌースではあり得ない。

解釈(B)の難点
① 一者の方を振り返るには，ヌースは既に生み出されてしまっていなければならない。しかし，この場合の答えは，ヌースの生成について何も言及していない。
② 問いにおける動詞「生み出す」の主語が一者であるのに，答えにおける動詞「見た」の主語が突然ヌースに変わることになる。
③ 「ヌースが見た……そしてその視覚がヌースである」という文は，同語反復的でしかない。

解釈(B)′の難点

① 「一者は如何にしてヌースを生み出すのか」という問いに対して，この場合の答えは，〈未完のヌース〉の「振り返り」によるヌースの完成しか述べておらず，一者による〈未完のヌース〉の生成について何も説明していない。
② 問いにおける動詞「生み出す」の主語「一者」に対して，答えにおける動詞「見た」の主語が突然「生み出されたもの」に変わることになる。

第三節　〈二つの働き〉の教義再考

　ここで，先にイガルによって言及された「実体を構成する働き（エネルゲイア）」という概念に焦点を当てることにしよう。この活動は，「実体から発する働き」に対比されるものである。ちょうど，火に火としてあらしめる熱と，そこから外に発して他のものを暖める熱とがあるように，すべてのものにその実体をあらしめる働き（実体的，内的な働き）と，その実体から派生的に生ずる働き（派生的，外的な働き）とがある（V4 [7] 2.27-33）。実体から発する外的な働きは，実体を構成する内的な働きに依存しており，それから離れることがなく（IV5 [29] 7.16-17, ibid. 39-41），内的な働きの「映像（εἴδωλον）」(ibid. 16) であり，「類似したもの（ὁμοίωμα）」(ibid. 18) だとされている。そして，この二つの働きは，すべての実体に伴う（cf. V1 [10] 6.30-34）。
　一者それ自身は存在するものや活動するものではないので，一者に「実体」や「働き」という言葉を用いるのは適切でないが，一者にも「いわば（οἷον）」(cf. VI8 [39] 13.49-50) その実体を構成する内的な働きと，その外部に発する外的な働きとが備わる。一者のいわば内的な働きは，ある種の自己観照や自己知であると言うことができる。

　「（一者には）彼自身に対する一種の単一な直観（ἁπλῆ τις ἐπιβολή）[21]

---

21) 我々は一者との〈合一〉において，一者のこのような内的な働きに与る。我々が一

があるだけであろう」（VI7 [38] 39.1-2）。

　「（一者は）いわば自己自身を眺め（οἷον πρὸς αὑτὸν βλέπει），そしてこの『自己を眺める』こと（τὸ πρὸς αὑτὸν βλέπειν）が彼にとっていわば『有る』こと（τὸ οἷον εἶναι）である」（VI8 [39] 16.19-21）。

　「かのもの（一者）はいわば無知覚の（οἷον ἀναίσθητον）ものであるわけではなく，かのものの一切（の内容）がかのものの内に，かのものとともにあり，かのものは自己自身を完全に識別し得る（διακριτικὸν ἑαυτοῦ）。そして，生命がかのものの内にあり，一切のものがかのものの内にあり，いわば自己知覚（συναίσθησις）によって，かのものそれ自身が自己直観（κατανόησις αὑτοῦ）であり，かのものは永遠の静止とヌースにおける直知とは異なる直知（νόησις）の内にある」（V4 [7] 2.15-19）。

　そして，「（一者）が意志し，働くままに，かのものの存在性（οὐσία）はある」（VI8 [39] 13.10）とも述べられるように，一者のいわば内的な働きは，いわばそのあり方そのものである。逆に言えば，一者はいわばこの働きそのものである（cf. VI8 [39] 20.1-27）。そして，ちょうど火が火として留まっているままに，そこから熱が発するように，一者が一者としての内的な働きを営むままに，そこから外的な働きが発する。一者のこの外的な働きは，一者のいわば顕現であり，これが即ちヌースである。一者は「すべてのものへの力」であり，この力の発現が一者の外的な働きであるヌースなのである。

　「もしわれわれが当を得た描写をするとすれば，太陽から出る光のようにかのものよりいわば流れ出る働きを，ヌース[22]と直知される

者を把握する仕方について，ἐπιβολῇ ἀθρόᾳ（III8 [30] 9.21-22）という表現がみられる（cf. V5 [32] 10.7-8）。O'Daly（1973, pp. 92-94, cf. 1974, pp. 167-169）は，プロティノスにおいてἐπιβολή という用語が，前認識的な直観（an pre-cognitive intuition）を意味していることを指摘している。

22) H.-S.3（addenda ad textum）の訂正に従い，φῶς νοῦν θησόμεθα を読む。

本性全体であると言うだろう」(V3 [49] 12.39-41)。

　一者のいわば実体から発する外的な働きは，ヌースの〈実体を構成する働き〉である。「ヌースは現実の働きであり，その存在（οὐσία）は働きである」(V3 [49] 5.41) と言われるように，ヌースの存在とは，その〈実体を構成する働き〉である。そこで，一者の外的な働きはヌースであり，この働きはヌースにとっては実体的な働きだということになる。このような文脈では，一者から生じているのは現実的に働いているヌースであって，〈未完のヌース〉の教義において見られたような無限定なヌースではない。更にヌースから外的な働きが発し，この働きは魂であると言われる。

　「ヌースが自己自身の内において働く時には，その活動内容は他の諸々のヌース（諸形相）であるが，ヌースが自己自身から外へと働く時には，その活動内容は魂である」(VI2 [43] 22.26-28, cf. V1 [10] 3.7-12, V3 [49] 7.21-27)。

　ヌースの派生的な働きは魂の実体的な働きである。そこで，ヌースは一者の外的，派生的な働きで，魂はヌースの外的，派生的な働きである。ヒュポスタシスの外的な働きはそのヒュポスタシスとは別のものとなり (V4 [7] 2.29-30)，後続するヒュポスタシスの内的な働きとなる (V3 [49] 12.39-41, V2 [11] 1.16, V1 [10] 6.44-45)。こうした〈二つの働き〉の教義が意味するところは，要するに，一者，ヌース，魂という三つのヒュポスタシスにおいて，存在とは働きそのものであり，異なる働きが生ずる時，それが異なる存在（ヒュポスタシス）とみなされるということである[23]。そして，本章で問題にしているパッセージ (V1 [10] 7.5-6) の直前にも，この意味で解することのできる記述が見られる。

　「ちょうど魂がヌースの言論的表現で一種の働きであるように，ヌ

---

　23) 我々がヌースや一者と合一し得るのも，その働きがヌースや一者のそれと一致するからに他ならない。我々の存在が外部の超越的存在と一体化するという魔法のようなことが起こるわけではない。

第三節 〈二つの働き〉の教義再考

ースも一者の言論的表現で一種の働きである」(V1 [10] 6.44-45)。

ここで言う「一種の働き」とは、上位の実体から発する外的な働きのことである。そこで、我々は、次のように定式化することができる。

　一者の外的な働き＝ヌース（＝ヌースの内的な働き）
　ヌースの外的な働き＝魂（＝魂の内的な働き）

下位の存在は、その内的な働きが上位の原理の外的な働きであることにより、自己の内面に始原を見出すことが可能なのである[24]。

しかし、一者の外的な働きもヌースの内的な働きも共にヌースであるとすると、この二つの働きが互いに区別されるのは如何にしてなのであろうか。この二つの働きの概念的な違いは、一者から発するものは一者自身ではないが、それを発するのは一者だという事実に由来する。即ち、一者から出るものは一者ではなくヌースだという点に着目するなら、我々はそれをヌースの内的な働きとみなすことになるが、その働きを発するのは一者だという点に着目するなら、我々はそれを一者の外的な働きとみなすことになる。しかしながら、ここで起こっているのはヌースの存立という一つの同じ事実なのである。例えば、火の外的な働きは熱

---

24) Emilsson は「歩く」という自動詞的な活動を内的な働きの例とし、「足跡をつける」という他動詞的な活動を外的な働きの例とすることにより、ヒュポスタシスの内的な働きと外的な働きとは「存在論的に異なる二つの項」ではなく (Emilsson 1999, pp. 276-283)、一つの同じ働きの二面であるという見解を示している (Emilsson 2007, pp. 30-52)。だが、Emilsson 自身も気付いているように、「歩くこと」と「足跡をつけること」という比喩は、足跡（形）がその上につく質料の存在を既に前提している。だが、ヒュポスタシスから発する外的な働きは後続のヒュポスタシスの形相だけでなく質料をも作り出すものでなければならない。また、「歩くこと」と「足跡をつけること」という比喩において成り立つ同一の働きの二面性という見方を、ヒュポスタシスの内的な働きと外的な働きの間に認めるべきだという主張はテクスト上の根拠をも欠いている。外的な働きは内的な働きの「映像」であるのだから、一者とヌース、及びヌースと魂といった関係に見られるように「存在論的に異なる二つの項」でなければならない。Emilsson のように、内的な働きと外的な働きとを同一の働きについての「二つの記述」とみなすのは、「範型」である上位のヒュポスタシスの働きとその「映像」である下位のヒュポスタシスの働きとを、見方によって異なる同一のものとみなすことに他ならない。同一の働きに二面性があるのは、むしろ上位のヒュポスタシスの外的な働きと下位のヒュポスタシスの内的な働きとの場合である。両者は共に、上位のヒュポスタシスの「映像」である下位のヒュポスタシスを構成するものである。

を発することであるが、この熱の内的な働きは熱として存在することだと言うことができる。火の派生的な働きと熱の実体的な働きという二つの働きは、熱の存在についての二つの面にすぎない。同様に、一者の派生的な働きとヌースの実体的な働きの場合も、それらはヌースの実体を構成するという一つの同じ働きの二面なのである。

　ところで、エミルソンは、一者の外的な働きは〈未完のヌース〉を構成するものだとしている。エミルソンによれば、ある実体から出る外的な働きは、その実体に続く下位の段階において一種の質料となり、それが自らの出て来た源へ向かって「振り返る」ことにより完成される。この「振り返り」が次の段階での内的な働きを構成するものであり、そこに更に新たな外的な働きが伴うようになるという (Emilsson 1999, pp. 274-275)。この解釈に基づくと、一者の外的な働きは一者からの〈未完のヌース〉の生成で、ヌースの内的な働きは〈未完のヌース〉の一者への「振り返り」によるヌースの完成だということになる。しかし、その場合、一者の外的な働きとヌースの内的な働きとは区別され、ヌースの実体がヌースの内的な働きにある限り、ヌースは一者の外的な働きだと言うことはできなくなる。

　　　　一者の外的な働き　≠　ヌースの内的な働き　＝　ヌース
　　　（〈未完のヌース〉の生成）　（「振り返り」によるヌースの完成）

　実際のところ、プロティノスの記述によれば、一者の外的活動が構成するのはヌースの質料だけではなく、「直知される本性全体」（V3 [49] 12.40-41)、即ちヒュポスタシスとしてのヌースである。プロティノスがヌースの外的な働きは魂だと言う時も、彼はヒュポスタシスとしての魂を意味しているのであって、魂の無限定な部分だけを意味しているのではない。外的な働きは内的な働きの「映像」であり、続くヒュポスタシスをそのような「映像」として構成する。それは、内なるものの発現である。

　それでは、〈未完のヌース〉の理論は、ヌースを一者の外的な働きだとする主張とどのように噛み合うのであろうか。〈未完のヌース〉は「まだ見ていない視力」（V3 [49] 11.5）と表現されるものである。この教

第三節 〈二つの働き〉の教義再考

義によると，第一段階として一者から無限定な視力だけが生じ，第二段階としてその視力が対象によって限定されるとヌースとして完成されるのであった[25]。しかしながら，「まだ見ていない」という表現は時間的な意味をもたない。直知される領域には可能的なものはないのだから，実のところヌースは常に見ている視力でなければならない。ヌースは「可能的なものでも，無知からヌースへと至ったものでもなく，現実的なものであり，常にヌースであるもの」(V9 [5] 5.2-4) である。叡智界における時間的表現は〈理論的順序〉[26]を述べたものであるが，この〈理論的順序〉をヌースについて文字通り当て嵌めようとするのは誤りである。というのは，ヌースの世界は理論の世界でさえないからである。〈理論的順序〉が存在するのは，叡智界の中ではなく，我々の推論的思惟の内においてである。我々はヌースを分析し，ヌースの幾つかの要素を見出し，我々の思惟の秩序に従ってそれを再構成する[27]。これが〈理論的順序〉である。そこで，〈未完のヌース〉による説明が意図しているのは，叡智界に理論上の可能態があることを主張することではなく，ヌースの構造を我々の知性に明らかにすることである。つまり，我々が

---

25) 一者の外的な働きを〈未完のヌース〉だと解釈する Emilsson は，一者が〈未完のヌース〉を生み出し，それに形相を与えるという二つの異なる外的な働きをもつことを危惧し，一者が為すことはただ〈未完のヌース〉を，一者についての生得のイメージをもったものとして生み出すことだと考えている (2007, p. 97)。彼によれば，このイメージをヌースが直知的に把握したものが，限定された多様な直知対象である (pp. 92-101)。しかし，この解釈のテクスト上の根拠は，〈未完のヌース〉が「自己の内にある種の表象をもって」一者を欲求したという V3 [49] 11.6-7 以外には見られず，「ある種の表象」の意味を深読みしている。しかもこの解釈においては，プロティノス自身が繰り返し用いている一者への「振り返り」という表現が意味をなさない。Emilsson によれば，所謂「振り返り」とは，〈未完のヌース〉に生得の一者のイメージを直知的に把握しようとするヌースの試みだというが (p. 97)，それを一者への「振り返り」だとは言い難い。

26) Cf. VI7 [38] 35.27-30, III5 [50] 9.24-29, IV8 [6] 4.40-42, V1 [10] 6.19-22, V3 [49] 17.23-24. 第2章への注96) も参照。

27) ヌースの内で一体になっているものを分割して思惟するのは，我々の理性である。「我々が分析することにより，（叡智界の諸要素の）あるものが他のものより先に考えられるのである」(V9 [5] 8.19-20)。「一つのヌースの内にあるものは，如何なるものなのであろうか。我々はそれらを分析して思考するのだが。というのは，あたかも一つになっている知識（学問）の中から，そこに内在するもの（諸定理）を次々と観てゆくようにして，取り出してゆかなければならないのだから」(ibid. 9.1-3)。ヌースにおいてはすべてが永遠，不変であるが，それらを「理論が教示するために，生成したものとしてつくり出す」(VI7 [38] 35. 28-29)。II4 [12] 4.16-20, 5.4-7 も参照。

推論的にヌースを分析しさえしなければ，ヌースは常に「見ている視力」なのである（III8 [30] 11.2, cf. ibid. 23-24）。そして，〈二つの働き〉の教義も，この文脈において理解されなくてはならない。〈二つの働き〉の教義においては，一者がその外的な働きとして，直知の働きを為しているヌース，即ち本来の意味で一者の「映像」であるヌースを生み出す仕方が述べられているわけである。叡智界においては，ヌースは常に現実的な働きであり，その意味でのヌースが一者から発する。これが一者の外的な働きとして述べられたヌースである。そこで，我々は次のようにも定式化することができる。

　　一者の外的な働き＝ヌース＝現実的な視覚（ὅρασις）

第四節　問題の解決

　V1 [10] 7.5-6 についてのイガルの論述に拠れば，「この視覚」は直前の「振り返って見た」という動詞によって意味された視覚を受けたもので，その視覚がヌースだと言われている。「見た（ἑώρα）」＝「この視覚（ἡ ὅρασις αὕτη）」＝「ヌース（νοῦς）」だから，動詞「振り返って見た」の主語はヌースでなければならず，またその視覚はヌースの内的・実体的な働きだということになる。だが，前節で明らかにしたように，ヌースの現実的な視覚は一者の外的・派生的な働きである。すると，動詞「振り返って見た」が表わす視覚は一者の外的な働きでもあり得ることになる。ヌースの内的な働きと一者の外的な働きとは，ヌースを構成する同一の働きであるが，概念的に区別される。一者の外的な働きは一者が次のヒュポスタシスを構成するもので，それは一者自身の実体を構成する働きに対して外的なものである。これに対し，ヌースの内的な働きはヌースが自己自身の実体を構成するもので，それはヌースが魂を生み出す働きに対して内的なものである。要するに，一者の外的な働きは一者の活動で，ヌースの内的な働きはヌースの活動だと言ってよい。そして，ヌースの内的な働きは，一者からの働きについては何も含意しない。

第四節　問題の解決

　そこで，一者がヌースを生み出す仕方が問われている文脈で，もし我々がこのパッセージをヌースの内的な働きに言及したものとして読むならば，文脈に飛躍が生じることは不可避となる。これが解釈(B)及び(B)′が難点①と②[28]を引き起こす原因である。そして，もし我々がこのパッセージにおいて，動詞「振り返って見た」で表わされた活動をヌースの内的な働きとして読むなら，その結果，ヌースの一者に対する関係が示されなくなる上，まるで「ヌースの内的な働きという，この働きがヌースだ」と言っているかのような一種の冗語にしかならない。これが解釈(B)が難点③を生ぜしめる原因である。

　しかしながら，動詞「振り返って見た」の主語を一者とし，この活動を一者の内的な働きとして読む従来の解釈(A)は一者が自己を対象とする視覚はあり得ないという矛盾に直面する。更に悪いことに，この働きはヌースだと言われているのだから，それを一者の内的な働きとして読むことは不可能である[29]。

　以上で明らかになったように，一者を見るという働きは一者の内的な働きとして読まれても，ヌースの内的な働きとして読まれても具合がわるい。しかし，我々は既に第三の道を見出している。即ち，この働きを一者の外的な働きとして読むという方法である。その場合，このパッセージの構成は「一者の外的な働き，それがヌースである」ということになる。一者の外的な働きはヌースの内的な働きと一致するのであった。一者から生じた〈未完のヌース〉が「一者を振り返って見て」ヌースとなると言う場合，これはヌースが自己の実体を構成する働き，即ちヌースの内的な働きを意味するが，「一者を振り返って見る」視力は一者から生じて一者に返ることにより，ヌースの作用と対象とを生み出すのだという点に着目すれば，それは一者がヌースを生み出す働き，即ち一者の外的な働きを意味する。従って，一者の外的な働きとして「自己を振

---

28) 101-102頁（本章第二節「これまでの解釈」末尾）を参照。
29) 例えば Hadot は，動詞「見た」で表わされた視覚を VI8 [39] 16.19-30 における一者の内的視覚と同一視し，ヌースの視覚である「この視覚」を一者の外的活動であるとみなしているが (Hadot 1968, ⅰ 321, note 4)，「見た」が一者の内的視覚であるとすると，それが「この視覚」（一者の外的活動＝ヌースの内的活動）と言い換えられることは不可能である。従って，「見た」は一者の外的活動でなくてはならない。

り返って見る」活動は，ヌースの内的な働きとして「一者を振り返って見る」活動と一致する。即ち，一者から生じた〈未完のヌース〉を主語として，それが「一者を振り返って見る」と言う場合，この活動はヌースの内的な働きを述べたものとなるが，「一者を振り返って見る」視力は一者から生じて一者に返るのだと考えるなら，それは一者の外的な働きとして捉えられる。〈未完のヌース〉の教義においても，「まだヌースでない」無限定な作用は，一者から生ずるのだとされていた。すると，「まだヌースでない」ものが一者から発し始める時，それは何時からもう一者でないと言うことができるのであろうか[30]。しかも，叡智界における順序は時間的なものではなく，理論的な依存関係を説明したものだとするならば，ヌース生成を説明する理論次第では，必ずしも〈未完のヌース〉が語られる必要はなくなる。

　V1 [10] 論考におけるこのパッセージが現れる章の冒頭 (7.1-5) は，前章末尾の記述 (6.48-53) の展開である（「しかし，もっと明確に言っておく必要がある」(V1 [10] 7.1-2)）。この文脈では，ヌースは一者から「切り離されて見るのではなく」，一者と「一緒になって」おり，ただ「差異性」によってのみ一者から区別されると述べられている。一者からのヌースの生成は，一者からの切断によって行われるのではなく，むしろ連続的に行われるということになる。ヌースは「一者と一緒になって」(6.52) おり，「一者の似像」(7.1) であり，「何らかの意味において一者」(7.2-3) である。但し，原型と似像との間には異なりがあり，「一者はヌースではない」(7.4-5)。だが，「両者が区別されているのは，差異性によって」(6.53) でしかなく，分離されているからではない。それでは，ヌースが一者と「一緒になって」おりながら「区別される」とは，如何なることであろうか。それは，ヌースが一者から発する一者の外的な働きだという意味だと考えられる。ヌースは「何らかの意味で一者」だが「一者はヌースではない」。何故なら，ヌースは一者の実体的な働きではなく，その派生的な働きだからである。ヌースは一者の外的な働きだという意味で「何らかの意味で一者」であるが，一者そのものでな

---

30) VI8 [39] 18.21, 27 では，「一の内のヌース」が語られており，それは「一」であるのでヌースではなく，一者なのだとさえ述べられている。第4章4．「未分の原理からの展開」137頁を参照。

いのは，それが一者の内的な働きでないからである。つまり，ヌースを一者から区別する〈異なり〉とは，一者の二つの働きにおける区別だと言うことができる。

1．一者の外的な働きは視覚である

しかし，一者の外的な働きは視覚（ὄρασις）だということができるのであろうか。というのは，ちょうど火から発する熱のように，派生的な働きは実体的な働きに必然的に伴うのだということを理由に，一者の外的な働きは一種の放射のようなものであり，「見る」（ὁρᾶν）というような意図的な働きではないと考えられるかもしれないからである。だが，比喩はそれが譬えている当の事柄に当て嵌まる点においては有意味であるが，逆に，ある一つの比喩から考えられる帰結をすべて当の事柄に適用するのは決定的な誤りだと言わざるを得ない。確かに，一者は意図してヌースを生み出そうとするのではない。一者からのヌースの発生は自然，必然的である。しかしながら，その際プロティノスが〈意図的でない〉と考えているのは，一者が外的な働きを発する仕方なのであって，一者の外的な働き（＝ヌースの内的な働き）の内容ではないということに注意しなくてはならない。一者は下位のものを生み出そうという意図も欲求ももたずに生み出す。それは，一者から外的な働きが発するとき，外側に向けての如何なる意図も動きも一者自身に生じることはないという意味である。それが火と熱の比喩が意図するところである。従って，一者の外的な働きが単なる物質的放射のように，それ自体が非意図的な活動でなければならないと言うことができない。事実，この働きはヌースなのであり，それは〈常に見ている視覚〉である。この視覚が一者から発するのでなければならない。

しかし，それでも，一者をその外的な働きの主語として，「一者が自己自身を見る」と言うことが可能であるか否かを，尚検討する必要があろう。

2．一者はその外的な働きの主語となる

動詞「振り返って見た」で示される視覚が一者の外的な働きであるとしても，一者自身はその内的な働きの内に留まっていなければならない。

すると，動詞「振り返って見た」の文法上の主語はヌースでなければならないと考えられるかもしれない。しかし，もしヌース（或いは〈未完のヌース〉）を主語として「ヌース（〈未完のヌース〉）が見た，そしてこの視覚がヌースである」と読むとすると，その視覚が意味するのは，ヌースが自己自身の実体を構成する働き，即ちヌースの内的な働きでしかなくなる。それは，一者がヌースを構成する働きではないのだから，一者の外的な働きではない。既に指摘したように，この二つの働きの区別は，それを一者の働きとみるかヌースの働きとみるかという点にある。一者の外的な働きによって構成される実体がヌースだとしても，その働きを発するのは一者である。従って，「振り返って見た」という働きをヌースの内的な働きではなく一者の外的な働きとして示すには，文法上，一者をその主語とするしかない[31]。

　そもそも問題のパッセージ（VI [10] 7.5-6）においては，答えにおける動詞「振り返って見た」以前に，既に一者の外的な働きを示す動詞が現われている。「一者は如何にしてヌースを生み出すのか」という問いにおける動詞「生み出す」がそれである。プロティノスが「一者がヌースを生む」と言う時，この産出は決して一者自身の実体的な働きではなく，まさに一者が続く実体を生ぜしめる，一者の派生的な働きである。そして，この場合の主語は一者である。また，一者が外的な働きにより如何にして産出するかという問いに対する答えは，同様に一者の外的活動を述べたものでなければならない。

　但し，一者のいわば実体は，その内的な働きに留まるものである。「ヌースを生み出す」と言われる「一者」は自己自身に留まる一者ではなく，いわば自己自身を発現させる一者だと言わざるを得ない。一者は自己自身に留まる一方で，「いわば溢れ出す」（V2 [11] 1.8）。一者の産出活動は，一者の派生的な働きであり，その主語となる一者は派生的な働きの作用因としての〈一者〉である。これは〈未完のヌース〉が振り

---

31) あるヒュポスタシスをその外的活動の主語として立てることができるという一つの例として，VI2 [43] 22.26-28におけるヌースについての記述を挙げることができよう。そこでは，「ヌースが自己自身の内において活動する時，その活動の内容は諸々のヌースとなり，自己自身から発する活動をする時，その活動内容が魂となる」と述べられており，ヌースがその内的活動と外的活動の主語となっている。

返って見る時の目的語となる「一者」と同様に，一者そのものではなく，ヌースと接触している一者の発出面である。即ち，〈未完のヌース〉は「一者を」振り返って見たと言われるが，一者そのものは対象化して捉えられるものではなく，作用の対象とはならない。実際に対象となるのは，一者の映像としての諸形相である。従って，「一者を見る」と言う時に目的語となる「一者」は，実際にヌースの対象となる諸形相をもたらす原因としての〈一者〉でしかない。〈未完のヌース〉は〈一者〉を諸形相として見ると言う代わりに，実際に見られるのは諸形相だという理由で，〈未完のヌース〉は〈諸形相〉を見ると言ってしまうなら，それらの形相が一者の映像だということが示されない。そこで，たとえ一者そのものは見る働きによって捉えられなくても，振り返って見られる対象は「一者」と呼ばれる必要があるのである。同様に，一者からヌースの次元に発する働きにおける作用の側に関しても，次のように言うことができる。一者から外的な働きが発するとき，この働きの実体はヌースだという理由で，ヌースが働くのだと言ってしまうなら，その働きが一者から発しているものであることが示されなくなる。そこで，この働きが一者から発することを示すためには，文法上，「一者」を主語として述べるしかない。こうして，一者から発して一者を振り返って見る働きにおいては，その主語も目的語も，ある意味で〈一者〉であり，厳密に言ってその意味とは，外的な働きを通じて外在化し顕現する一者の発出面である。

従って，問題のパッセージ（V1 [10] 7.5-6）において，「ヌースを生み出す」と言われる「一者」は，外的な働きの作用因としてのこの〈一者〉である。そして，動詞「見た」の主語も，この意味での〈一者〉である。

3．一者の外的な働きの実体はヌースである

一者のいわば内的・実体的な働きと外的・派生的な働きとは何れも一者の働きであり，何れの主語も一者なのであった。だが，一者の外的・派生的な働きはヌースの内的・実体的な働きである。即ち，一者から発する働きそのものがヌースの実体である。そこで，一者の派生的な働きの作用因は〈一者〉であるが，その実体はヌースである。従って，一者

の外的な働きの主語として一者を立てても,「一者が自己自身へと振り返って見る」働きの実体は,一者ではなく既にヌースである。即ち,「その視覚はヌースである」ということになる。

4. 二つの働きにおける一者の自己直観

問題となっている個所 (V1 [10] 7.5-6) の直後に,一者は「部分に分けられるようなものではない」(ll. 8-9) と述べられている。これは内的な働きに留まる本来の意味での一者について述べたものである。これに対して,一者が外的な働きにおいて自己自身を見て,自己を作用と対象とに二分するとき,その視覚の主語は一者から発する働きの作用因としての〈一者〉であり,その対象は形相として見られる〈一者〉である。作用と対象という区別のあるものは,既にヌースであり,こうしてヌースはいわば「不可分なものから生じた,分割されたもの」(V1 [10] 7.17-18) となる。問題の個所を,一者の自己自身への「振り返り」によるヌースの生成を述べたものだとする解釈(A)を否定する論拠となっていた「完全に単一であるものは,自己の方へ振り返って自己を覚知することができない」(V3 [49] 1.3-4) という主張は,一者のいわば実体的・内的な働きについて述べたものである。しかし,一者が自己を主客へと二分したものは,一者から派生的に生ずる外的な働きとしてのヌースなのである。つまり,一者の内的な働きに否認される自己自身への「振り返り」は,一者の外的な働きが自己を対象とする視覚であることを妨げない。

それどころか,むしろ,一者の内的な働きとの関係からも,その外的な働きが自己に向けられた視覚であることは必然的である。あるヒュポスタシスの外的な働きは,その内的な働きの映しでなければならない。外的な働きは内なるものを外に現わす活動である。そして,「成熟完全の域にあるものは,すべて生む」(V1 [10] 6.37-38) と言われているように,一者の外的な働きも,その内的な働きが充実していることにより外に発する。ところで,一者は,いわばその実体的な働きにおいて「自己自身に対する単一な直観 (ἐπιβολή)」(VI7 [38] 39.1-2) をもち,「いわば自己自身を眺める」(VI8 [39] 16.19-20) のだと言われていた。一者のいわば実体的な働きは「いわば自己観照」である。すると,それが本来の

働き（本来の意味で「働き」（エネルゲイア））という用語が使えるのは，一者の外的な働き以降においてである）として発現するときには，〈本来の意味での自己観照〉となる。そして，自己が反省的に自己自身を見る時，それは見る作用と見られる対象とに二分される。そこで，この視覚は既にヌースである。従って，〈一者〉はヌースを生み出すのに，外部に向かう活動をする必要がない。一者は「自己の内へといわば惹き付けられている」（VI8 [39] 16.12-13）と言われる。一者はただ自己自身に向かって見るままに，多なるものを生ぜしめるのである。「もし何か一者の後に生ずるものがあるとしたら，それは一者が常に自己自身に向かって振り返るままに，生じたのでなければならない」（V1 [10] 6.17-19）と言われるのはこのためである。このようにして，一者の内的な働きの顕現である外的な働きは，自然，必然的に自己自身を眺める働きとなる[32]。

5．自己観照による産出

〈一者〉は自己観照によりヌースを生み出すという見方は，「自然，観照，一者」（III8 [30]）と題された論考で示された理論によっても正当化される。そこでプロティノスは，すべての産出は観照だと主張しており，もし「自然」（宇宙の魂の下位部分）が語ったならば，次のように言うだろうとしている。

> 「（この自然界に）生じているものは私が黙って[33]観たもの（θέαμα）で，私の本性にしたがって生じた観照の対象であり，この種の観照から生まれた私は観照好きであることを本性としています[34]。そし

---

32) 既に第2章で取り上げたV4 [7] 2.12-26でも，一者に超直知的な自己直観が帰せられており，一者がまさにそのようなものであるときにヌースが生ずるのだとされていた。即ち，一者はある意味で「直知対象」であり「直知作用」であって，それがヌースの直知対象と直知作用をつくる原因だとされていたのであった。西谷啓治はV4 [7] 2の叙述を引用しながら，「かの第一のnoêsisと第一のnoêtonとは全く一つであり，絶対的一（一者）」であるとし（『西谷啓治著作集』第三巻所収「神秘思想史」（1932）40頁），「神の自己直観のnoêsisを本質とするnousは，それ自身（神の模像として）自己直観をな」す（37頁）と指摘している。彼によれば，ヌースのノエシスに二面があり，下方はヌース自身のノエシスで，上方は一者のノエシスと一つである。
33) H.-S.3（三巻末のAddenda ad textum） p. 380に従い，σιωπώσηςを読む。
34) 「自然は観照であり，観照の対象である。何故なら，それはロゴス（形成原理）だ

て，ちょうど幾何学者たちが観照しながら（即ち，完全な形を思い浮かべながら，図形を）描くように，私の観る働きは観照の対象を作るのです。しかし，私の場合は，描くのではなく，観照している時に，そこからいわばこぼれ落ちるようにして，物体の線（や形）が生まれてくるのです。なお，私の母や私を生んだ者たちに起こったことが，私にも起こっています。つまり，彼らも（より上位のものの）観照から生まれており，私の誕生も（同様に，より上位のものである）彼らが何も行為することなくもたらされたのであって，より偉大なるロゴスである彼らが自分自身を観照している時に，私が生まれたのです」(III8 [30] 4.5-14)．

「自然」そのものは自己の内に留まり，自己の内を見るのだが (III8 [30] 4.17-20, 26-27)，「自然」の「観照する働きは観照の対象を作る」(4.7-8) とされる[35]。下位のものが生み出されるのは観照によってであり，下位のものは上位のものによって観照されたものである。また，「存在するものはすべて観照の副産物である」(8.26)，「真に存在するものたちも，それらが観照している時にそれらから生まれたものたちも，そのすべてが観照から生まれ，（それら自体）観照である」(7.1-3) とも述べられている。即ち，ヌースもまた観照によって生み出され，ヌース自体が観照であることを示唆している。その際，上位のものが下位のも

からである。従って，それは観照であり観照の対象でありロゴスであるという，そのことゆえに，そしてそれらのものである限りにおいて，作り出すのである」(III8 [30] 3.18-20)。「自然」はロゴス（形成原理，言葉）だと言っても，それは沈黙して語らないロゴスである (cf. III8 [30] 4.3, 4, 6.11)。

35) 個別的な身体と関わる部分霊（「自然」，cf. O'Brien 1991; 1993, pp. 19-27, 61-68）は，「自己自身に向かおうとすることにより」，「いわば空虚なものに踏み込み，より無限定なものとなって」，「暗闇」としての「有らざるもの」，つまり感性的質料をつくる (III9 [13] 3.9-14) とも述べられている。「自然」は自己を見る時，自己の内の諸形相を対象化し，映像化して自然物を作り出すが，この時質料をも生ぜしめ，その内に形を映し出すのだと考えなければならない。何故なら，感性界でも質料は，何処かに独立して存在する何かではなく，常に「形をまとって諸物の内で存在している」(II4 [12] 10.31-32, cf. 3.14-15, II9 [33] 3.18-21) からである。質料が単独で捉えられるのは，我々が感性的事物から思考上で形相を「取り除き」(II4 [12] 4.18, 10.15, I8 [51] 9.15, 17)，「解放し」(II4 [12] 10.29)，「分離する」(II4 [12] 10.29) ことにより，「推論によって」(II4 [12] 12.33) 抽象する時である。我々は感性的事物を形相と質料との「複合物」(II4 [12] 10.24, 28) として直観しており，質料とはそこから抽象されたものに他ならない。Cf. Zeller, p. 601.

第四節　問題の解決

のを生み出すのは，下位のものを観ることによってではなく，自己自身を観ることによって（4.13-14）である。そこで，別の論考においても，上位のものが下位のものに係わる働きは，上位のものが自己自身へと向かう働きとして述べられている。即ち，上位のものが自己自身を観照したとき，観照されたものが下位のものとして生じるのである。というのは，観照されたものは，観照の対象の「映像」や「印象」，「言論的表現」として生ずるからである。

「より理性的な魂は自己の先にあるものに向かって見ながら（これを）直知する一方で，自己自身へと向かって見ながら自己の後にあるものを秩序づけ，管理し，これを支配する」（IV8 [6] 3.25-27）。

「もし何か（即ち，魂）がヌースから生じる場合でも，ヌースが自己の内で自己に対して働くことによって生じるのである」（V3 [49] 7.20-21)[36]。

　同様に，〈一者〉も外的な働きを行うとき，自己自身を観照することによってヌースを生み出すのだと言える。〈一者〉が自己自身を観照するとき，観照されたものは諸形相であり，それらの形相によって限定されて，その観照作用はヌースの直知作用となる。即ち，〈一者〉がその外的な働きによって自己自身を振り返って見るとき，〈一者〉は見る作用と見られる対象とに二分されて，もはや一なる者ではなく，ヌースとなるのである。一者の外的な働きであるヌースの視覚は，一者のいわば内的な働きにおいて未分であった自己観照の発現だと言えるであろう[37]。

---

36)　ヌースのこの働きは，一者の方を見ることにより限定されてヌースとなるというヌースの実体的な働きに対して，その派生的な働きとみなされるものである。
37)　観照によって生まれた「自然」は，観照好きの性格を持ち，自己自身を観照することによって産出する。産出活動である外的な働きとしての自然の観照は，「自然」自体が構成されている「自然」の内的な働きとしての観照の外部への発現だと言うことができる。

結　論

　以上，1から5の理由により，問題のV1 [10] 7.5-6における「見た」という働きは，一者の外的な働きとしての産出的，反省的自己観照だと言うことができる。その主語は「一者」でなくてはならないが，それはいわばその内的な働きに留まる一者そのものではなく，実際にはヌースとして働き出す一者の発出面である。問題のパッセージでプロティノスが言おうとしたのは，一者の外的な働きとしての反省的自己観照による，一者からの発出なのである。そして，このパッセージの解釈(B)及び(B)′が困難を伴うのは，一者からのヌースの生成を問う質問に対して，ヌースの内的な働きをもって答えている為である。この場合，あたかもヌース（あるいは〈未完のヌース〉）が既に生じて働いているかのようになり，文脈に飛躍が生じる。他方で，その問いに一者の内的な働きをもって答える解釈(A)が矛盾に直面するのは，それがヌースを生み出すのではなく，一者自身を構成する働きだからである。また，「いわば」という制限を附けずに自己観照を一者に帰することにも問題がある。

　問題になっている「見た」という活動は一者の外的な働きで，その内なる観照の外在化であり，プロティノスがこのパッセージで叙述しているのは，〈一者〉の反省的自己観照による一者からのヌースの発出である。そして動詞「見た」の未完了過去形の意味は，一者からの発出の始まりを示すものとみなすことができる。一者から発する外的な働きはヌースの実体を構成する。この働きは一者から始まり，現実的な視覚（ὅρασις）として完成されたときにはヌースに終わるのである。従って，このパッセージの意味は以下の通りとなる。

　　「〈一者〉は（外的な働きにおいて）如何にしてヌースを生み出したのか。それは，〈一者〉が（外的な働きにおいて）自己自身に向かって振り返ることにより，見始めたからである。そして，この（現実の）視覚がヌースである。」

ヌースは「何らかの意味で一者」であるが，一者そのものではない。何故ならヌースは，一者の外的な働きであって，一者が直知的な次元に自己を外在化したものだからである。〈一者〉がその外的な働きにおいて，自己自身を振り向いて見始めるとき，その反省的な働きが自己を対象化し外在化し，主観と客観へと分化させる。それは一者が外に向かうからではなく，まさに自己自身に向かうからである。即ち，一者は，その内観が「成熟完全の域にある」ことにより，自然，必然的に自己を対象化し外在化させるのであり，この外在化が一者の所謂「流出」である。そして，このとき成立したヌースの自己直知は，事実上，外的な働きにおいて具体化された〈一者〉の自己観照なのである。従って，一者が反省的な働きへと自己を展開したものが，自己を直知するヌースである。

　尚，プロティノスが他の著作において，一者の自己観照によるヌースの産出に再び言及しなかった理由は，その観照が一者の内的な働きを指しているという誤解を招くものだったからだと考えられる。そこでプロティノスは，一者から無限定な作用が発して，それが一者へと振り返るという逐次的な説明法を採ったのである。この場合，一者からその外に発した作用はもはや一者そのものではなく，これからヌースになろうとする〈未完のヌース〉だということになる。但し，この場合でも，一者を振り返って見る無限定な作用は，他ならぬ一者から発している。これが一者へと振り返って見るのである。しかも〈未完のヌース〉とされるものは，何か限定された〈存在〉ではなく，単なる無限定な〈作用〉に他ならない。そこで，一者の力の充溢が〈未完のヌース〉を生み出すと言われる真意は，一者の内的な働きにおける超直知的な自己直観が，自己を振り返って見ようとする反省的な〈作用〉の原動力だということである。一者という〈もの〉があって，〈未完のヌース〉という〈もの〉を無自覚的に溢れ出させるという意味ではない。そのような〈もの〉を溢れ出させる働きが一者の外的な働きだというのでもないし，一者の外に何かが溢れ出す空間があるわけでもない。まして，〈未完のヌース〉という〈もの〉が，まるで我々が歩き回って行ったり来たりするかのように，一者から出て来て，再び向きを変えて戻って行くというわけではない。このような見方は，〈作用〉と言われるものも，〈働き〉と言われるものも，すべて対象化，実体化して〈存在〉と見る見方である。しか

し、〈未完のヌース〉は〈存在〉ではなく、無限定な〈作用〉であり、ヌースの存在は働きそのものである。

　〈未完のヌース〉の教義では、ヌースの作用により一者が対象化されて見られ、叡智界の諸存在が構成される仕方が説明されていたわけだが、既述のように、叡智界についての理論的な説明とは、我々の推論的思惟がヌースを分析した時に初めて生ずるものであって、我々がこうした分析を行わない限り、ヌースは常に現実的な働きそのものである。〈二つの働き〉の教義という別の分析方法によれば、この現実的な働きであるヌースが、一者の外的な働きである。だが、〈未完のヌース〉の教義においてさえ、叡智界を構成する作用は一者から発して一者を対象化している。従って、〈未完のヌース〉の教義と〈二つの働き〉の教義との両方から見なくてはならないプロティノスの哲学体系の根本的構造は、一者の内なるものが外へと発する時、ヌースにおいて作用とその対象界とに展開するという、一者からの直知活動の発出である。

第4章
一なるものからの展開としての認識

　ヌースは一者を対象化，多様化，映像化して見るのであった。認識を超えた一者が認識の対象となった時，それはもはや一者そのものではない。すると，一者の映像しか捉えないヌースは，一体，真理を把握していると言えるのであろうか。それは，対象の映像を捉えるとされる感覚作用と，如何なる点で異なるのであろうか。

第一節　真理か臆見か

　ヌースは一者を対象として見ることにより，一者の「印象（τύπος）」を捉える。それは一見，感覚的な視力が外界の対象の映像を捉える仕方に似ている。プロティノスは「感覚によって認識されるものは，事物の映像（εἴδωλον）であり，感覚は事物そのものを捉えはしない。何故なら，それは外部に留まっているのだから」（V5 [32] 1.17-19, cf. IV4 [28] 23.23-24）と述べている。視覚の内に外部の対象そのものが入ってくる訳ではないので，視覚が捉えているのは，対象の単なる映像に過ぎない[1]。「見る働き（ὅρασις）は映像を伴っている」（III5 [50] 3.13）。また

---

1) IV6 [41] 1.29-32 では，「もし我々が視覚対象の刻印を（τύπος）把握しているのであれば，我々は視覚対象そのものではなくて，それの映像（ἴνδαλμα）や影（σκιά）しか見ることができないことになる。従って，事物そのものと我々に見えるものとは，別のものであることになるであろう」と述べられている。しかし，ここでは，感覚が捉えているのは客観的な事物そのものだということが主張されているのではない。この文脈でプロティノスは，「感覚」やそれに由来する「表象」を蠟に捺された「刻印」のようなものとして考える物質主義的な感覚論（cf. *SVF.* I. 141,I. 484,II. 55; Wallis 1989, p. 915 note 29）に対する反論を行っており

感覚的なものを対象とした知識の場合も、それは事物が存在した上で、その事物を対象とするのであるから、「事物の似像」なのだとされる（V9 [5] 7.1-4）。同様に、〈未完のヌース〉の視力も一者を対象として見るが、そのときヌースの目に映るのは「見られたものの印象」（V3 [49] 11.8）に過ぎない。ヌースは自分なりの仕方でしか一者を知ることができず、一者を「彼自身が受け取ったように」（VI7 [38] 15.14）しか捉えない。というのも、そのとき認識されるのは、認識機能が捉えるかぎり

(cf. IV7 [2] 6.37-41)、「感覚とは魂の中で刻印が行われること（τύπωσις）でもなければ、捺印が行われることでもない」（IV6 [41] 1.1-2, cf. IV3 [27] 26.29-32)、「魂の中には刻印は何も生じていない」（VI6 [41] 1.18-19）と主張している。プロティノスによれば、「魂は外部に向かって見ている」（ibid. 18）のであって、もし「視覚対象の刻印が魂の中に入って来ることによって見るのであれば、魂は既にその視覚対象の形姿を自分のところに持っているのであるから、外のものを見る必要は全くなかったはずである」（ibid. 21-23, cf. 15-16）。従って、IV6 [41] 1.29-32 で否定されているのは、魂が蠟のように外部の対象から物質的な刻印を受けて、それを対象に見るという考え方である。

プロティノスは非物質的なものを非受動的だとする立場から（cf. III6 [26]『非物体的なものの非受動性について』）、魂があたかも蠟であるかのように、物質的な「刻印」を受動的に受け取るという考えを否定している（III6 [26] 1.7-8）。しかし、物質的で受動的な意味での τύπος（「刻印」と訳す）とは異なる、非物質的で能動的な意味での τύπος や τύπωσις（「印象」と訳す）を認識主体が持つことを、プロティノスは感覚についても直知についても認めている（III6 [26] 1.8-11, cf. I1 [53] 7.9-14）。例えば〈未完のヌース〉が一者の「印象（τύπος）」（V3 [49] 11.8）を把握するのは能動的な作用であって、受動的に一者から押されるようなものではない。魂が把握する感覚対象の「印象」も「大きさのあるものでもなければ、型押しのようなものでもなく、反発作用や刻印作用でもない。押し合うことでもなければ、蠟の内に生じるようなものでもないからである。むしろ、そのあり方は、感覚的なものを対象とした場合でも、いわば直知作用のようなものである」（IV3 [27] 26.29-32）。つまり、プロティノスは τύπος や τύπωσις と言っても、物質的に捺される「刻印」という受動的な意味と、認識作用が捉える対象の「印象」という能動的な意味とを区別し、後者の意味での τύπος や τύπωσις を持つことを、直知や感覚の作用に認めていることになる。

感覚作用が捉えるのは感覚対象の映像ではなく、対象そのものであるとする Emilsson の解釈（esp. 1996, pp. 224-227; 2007, pp. 134-137）には明らかな難点がある。何故なら、感覚的な視力でさえ外部の対象そのものを捉えるのに、それより遥かに優れたヌースの視力が一者を対象とした時には、その映像しか捉えることができないということになるからである。また、ヌースの一者への視力は感覚的な視力に譬えられているにもかかわらず、後者は映像でなく実物を捉え、前者は実物でなく映像を捉えるという決定的な相違があることになる。だが、ヌースや魂の視力が感覚的な視力に譬えられるのは、まさに対象の「印象」を捉えるという点においてである（I2 [19] 4.19-20）。プロティノスはプラトンに従い、感覚されるものは真なる知ではなく臆見の対象だとしている（cf. V5 [32] 1.62-63, V9 [5] 7.2-3, プラトン『ティマイオス』28a-c, 52a,『パイドン』65a-66a, 79c, 83a,『国家』509c-511e）。これに対して、ヌースの直知や魂の智慧が真実を捉えたものだとされるのが何故であるかを明確にする必要がある。

第一節　真理か臆見か　　　　　　　　　　　　123

での多様なものだからである。更にまた，我々にとって徳（ἀρετή）としての知は，ヌースを観照することによって得られるとされるが[2]，それは，「（魂の）観る働きであり，（魂の）内に置かれて働いている，視覚対象（ヌース）の印象（τύπος）である」(I2 [19] 4.19) と述べられている。即ち，魂はヌースそのものではなく，その「印象」を受け取るのであり，「それは，視力が見られる対象についてそうであるのと同様である」(ibid. 20) と説明されている。

しかし，ヌースや魂の視力が感覚的な視力と同様に，対象の「映像」や「印象」を受け取り，対象そのものを捉えはしないのだとすると，それらは「知」ではなく「臆見」にすぎないことになるのではないだろうか。何故なら，感覚が「臆見（δόξα）」だとされるのは，それが捉えるものが対象そのものではなく，対象の「映像」でしかないという，まさにその理由によってだからである。

「思うに，それ故（真なるものをもたず，その映像をもつ故に）[3]，感覚

---

2) 「魂においては，ヌースに向かって見る働きが智慧（σοφία）であり思慮（φρόνησις）であって，それらが魂の徳である」(I2 [19] 7.6-7)。それぞれの徳は，「ヌースがもっているものの観照における智慧であり，思慮である」(I2 [19] 6.12-13)。だが，「徳は魂のものであって，ヌースのものでもヌースを超えたもののものでもない」(ibid. 3.31)，「かしこ（ヌースの内）にあるのは徳ではなく，魂の内にあるのが徳である」(ibid. 6.14-15)。ヌースの内にあるのは徳の「範型（παράδειγμα）のようなもの」(ibid. 17) であり，「かしこから，ここで別のもの（魂）の内に宿っているものが徳」(ibid. 16) だとされる。但し，ここで述べられているのは「浄化」（κάθαρσις）としての徳である。「市民的な徳（πολιτικαὶ ἀρεταί）」が人々を善人とする (ibid. 2.13-17) のに対し，「浄化」としてのより高度の徳は，人々を「神に似た」者とする (ibid. 3.1-22, cf. 7.23-30)。例えば，「市民的な節制（σωφροσύνη）は（情念に）適度さを与えるが，浄化としての節制は，（情念を）完全に取り去ってしまう」(ibid. 7.17-18)。徳の段階付けについては，Dillon (1983, pp. 92-105 及び 1996, pp. 315-35) を参照。

3) 引用文に先行する個所では，ヌースの直知対象である諸形相がヌースの外部にあるという説に対する反論が行われている。その場合，ヌースは形相そのものではなく，その「映像」や「印象」を捉えることになり，「真なるもの」ではなく「偽りのもの」を持つということになる (V5 [32] 1.50-61)。プロティノスは，III9 [13] 1.8-9 でも同じ議論をしており，ヌースが自己の外部に見る対象をもつとすれば，ヌースは「映像」を持って「真なるもの」を持たないことになると主張している。この個所でプロティノスが引用しているプラトン『ティマイオス』39e7-9 (及び同書 30b6-31a1, 37c6-d7) の解釈として，中期プラトニストたちは『ティマイオス』のデミウルゴス（世界制作者）をヌースとみなし，「生き物」を直知対象（諸形相）とみなしている。その際，尚，「生き物の内にあるイデアを見る」と言われるデミウルゴスと見られる対象である「生き物」とが同一であるか否かが問題となる (cf. Pépin 1956, pp. 39-64, Schwyzer 1954, pp. 255-256)。プロティノスはここで両者を区別する解釈に対

の内には真理ではなく臆見が存する。というのは，臆見は（対象の映像を）[4]受け取るからであり，それ故にまた臆見は臆見（＝受け取り）[5]であって，それが受け取るもの（映像）と，それが受け取るもの（映像）をそこから得るところのもの（対象自体）とは，別のものなのである」(V5 [32] 1.62-65)。

　感覚的な事物を対象とした知識も，認識作用の外に存在する「事物の映像」であるので，「知識」というよりも「臆見」と呼んだ方がふさわしいものだと述べられている (V9 [5] 7.1-4)[6]。しかし，感覚作用も，自己を生み出した者を「振り返って見る」ヌースや魂の視力も，何れも対象の「映像」や「印象」を捉えるのであるとすると，ヌースの直知や魂の徳としての智慧（ヌースについての知）が「臆見」でないと言えるのは何故なのであろうか。

　その決定的な違いは，対象が自己の外部のものであるか内部のものであるかという点にある。プロティノスにおいては，真なる知と臆見との違いは，必ずしも対象が真実在か否かという点にはない。ヌースが真実在である諸形相を見るという場合でも，もしそれらがヌースの外にあるのだとすれば，ヌースは「真なるもの」を持たないことになるとプロティノスは主張している (V5 [32] 1.50-61, 本章への注3)を参照)。真なる知と臆見との違いは，むしろ，対象を見る見方の方にある。臆見とされている認識の場合は，作用が対象を自己の外に見ているのに対し，知と言われているものの場合，作用は対象を自己の内に見るのである。

───────

し，その場合，ヌースは自己の外を見ることになり，叡智界に真理が存在しないことになると反論しているわけである。但し，ヌースは一者については，その「印象」を持つ。つまり，ヌースが「印象」を持つとしても，それは一者の「印象」としての諸形相であり，形相である諸存在の「印象」ではない (V5 [32] 2.1-2)。

　4) εἴδωλα が引用文の直前に二度使われているので (V5 [32] 1.55, 56)，ここでも「映像」を補う。

　5) プロティノスはここで，「臆見 (δόξα)」という語を，形容詞 δοχός を介して「受け取る」という意味の動詞 δέχομαι に結び付けて語源的に解釈している。

　6) V5 [32] 2.7-8 では，対象が「何 (τί) であるか」ではなく「どのようなもの (ποῖόν τι) であるか」を認識することは，対象の「映像 (εἴδωλον)」と「痕跡 (ἴχνος)」をもつことだと言われている。

「それ（魂）の感覚的（能力）は外部のもののみを対象とするのだ，と我々は即座に言うことであろう．何故なら，たとえ肉体の内部で生起することの自覚があるとしても，その場合でも，その把握はそれ（感覚能力）自身の外部のものを対象としているからである．というのは，肉体の内の諸状態をそれ（感覚能力）によって感覚するのであるから」(V3 [49] 2.2-6)．

感覚は外部のものを対象とする (cf. V5 [32] 1.19, IV6 [41] 1.18, 21, 2.20)．自己の肉体の状態を知覚する場合でも，感覚作用は感覚されている状態を作用そのものとは異なる他のものとして把握する．これに対し，「ヌースは外を見るのではない」(V3 [49] 8.20-21)．ヌースが一者を見る場合も，魂がヌースを見る場合も，それらを自己自身の内に見るのである．

第二節　ヌースは一者の内から一者を見る

「ヌースはかのもの（一者）を（そこから）切り離されて見るのではない」(V1 [10] 6.48) とされる．ヌースの視力は，所謂主観が外界の客観を捉えるように，一者を外部の対象として見るのではない．ヌースの視覚が感覚と異なるのは，それが一者の外から一者を見るのではないという点である．一者を振り返って見る〈未完のヌース〉は，一者自身から生じている．例えば我々が何らかの事物を感覚する場合，その感覚作用は我々から発しているのであって，感覚対象からではない．これに対し，〈未完のヌース〉が一者を見る場合は，〈未完のヌース〉は一者から発しているのである．これは，一者から発する作用が一者に返って見るという再帰的な働きである．

　しかし，V2 [11] 1.7-11 では，一者の充溢が〈未完のヌース〉としての「他のもの」($\check{α}λλο$) をつくり出し，それが「一者を振り返る」と叙述されていた．一者の他者としての〈未完のヌース〉が自己の外部の一者を見て，その「印象」を受け取るのだとすると，外部の感覚対象の「印象」を把握する感覚作用が「臆見」であるのと同様に，ヌースの働きも「臆見」でなければならないことになってしまう．（まして，そのよ

うな主体による外部の他者認識はいかにしても主客一致の自己直知ではないであろう。それが説明できないのは、プロティノスが神秘主義者だからではなく、単にそのようなことがあり得ないからである。)

だが、ここで一者から生じた「他のもの」が〈未完のヌース〉だとすると、それは限定された何らかの存在ではなく、未だ存在として存立していない無限定な視力であり、「単なる欲求」であるに過ぎない (εφεσις μόνον καὶ ἀτύπωτος ὄψις V3 [49] 11.12, cf.V6 [24] 5.5-10)。その「欲求」とは一者を見ようとする欲求、即ちそれを〈知ろう〉とする欲求である。それは何らかの「存在」ではなく、無限定な「作用」である。この「作用」が対象を得て初めてヌースは直知するものとなり、また「存在するもの」として成立する。逆に言えば、それまでは何も「存在」はしていない。つまり、一者の他者が存在するに至るのは、〈未完のヌース〉としての無限定な作用が生じた時ではなく、それが一者を見て対象を得て限定された時である。更に、第2章、第三節「恋するヌース」で触れたように、〈未完のヌース〉は「恋するヌース」と同一視され、我々はこれと一体となって一者と合一するのであるから、それは一者の外にあるものだとは言い難い[7]。

〈未完のヌース〉の教義においては、一者からの〈未完のヌース〉の発出とその「一者への振り返り」という二つの局面が、二つのステップとして分離して捉えられる傾向があるが、〈未完のヌース〉の働きは一者から発するだけでも、一者へと振り返るだけでもない。それは一者から発して一者へと返るのである。そして、それは一者へと返ることによりヌースとして限定される。即ち、〈未完のヌース〉の「一者への振り返り」は一者との〈合一〉への方向性ではなく、むしろ一者からのヌー

---

7) Hadot は「恋するヌース」と〈未完のヌース〉とを実体的に同一視した上で (cf. VI7 [38] 35.32-33)、我々の魂がこれと一体となりながら一者へと上昇する点を重視している (1988, pp. 66-67, 340-345, 1985, pp. 24-27, 1980, p. 245, cf. O'Daly 1974, pp. 164-169)。そうであるとすると、〈未完のヌース〉は必ずしも一者の外部のものとは言えなくなってくる。それは、ちょうど円の半径が中心点に触れているように (VI8 [39] 18.7-22)、一者との接点を有している。永遠的なヌースについて「恋するヌース」と〈未完のヌース〉という二つの表現が可能であるのは、それが我々の体験や思考に即して記述されたものだからである。つまり、我々が一者へと上昇する際のステップとしては「恋する」ものとして、我々の逐次的思惟が一者からのヌースの誕生を考察する際には「まだヌースでない」ものとして表現される。ヌース自体は、ある時上昇したり下降したりするものではない (cf. VI7 [39] 35.29-30)。

スの分離を決定付ける方向性を有している。そこで、この一連の働きそのものが一者からのヌースの〈発出〉だと言うべきである。一者の外的な働きとしてのヌースは、一者から発して一者へ返るという反省的な働きである。それは単に一者から発するだけでなく、一者へと振り返って見なければ、ヌースとなり得ない。従って、〈未完のヌース〉は一者から独立した存在（ヒュポスタシス）として存立した後で、外部の一者を振り返るのではなく、むしろ「一者を振り返る」ことにより一者と異なる存在（ヌースというヒュポスタシス）として存在するに至るのである[8]。

　第2章で詳述したように、〈未完のヌース〉の教義は、我々の推論的思惟が、本来は永遠不変のヌースの活動を一者に依存しているものとして分析した時に、作用そのものの無限定性を抽象して把握し、それをヌース成立の理論的プロセス[9]という文脈に移して、前直知的に「一者を振り返る」作用として位置付けたものである。〈未完のヌース〉の「発出」とその「振り返り」という二つのステップに見えているものは、ヌースという一つの存在が「発出」する際の、その直知活動における作用と対象の成立を別々に説明したものだと言うことができる。即ち、〈未完のヌース〉の発生は直知の作用面の生成を、振り返って見られた一者の「印象」は、その作用を限定する対象面の生成を説明している。一者から〈未完のヌース〉が発して、次にそれが一者を振り返るという過程は、たとえ時間的なものではなく理論的なものだとしても、ヌースについてのそのような逐次的説明は、我々が推論的思惟によりヌースを対象化する時に成り立つものであり、そうした分析が行われる以前の直知的なヌースを述べてはいない。「『これの次にはあれを』ということは、『すべてを同時に』（ἅμα πάντα）ということが不可能な事物におけるこ

---

[8]　プロティノス解釈においてヘーゲルは、一者の充溢が「他のもの」を生み出し、それが一者を振り返ると言われた V2 [11] 1.7-11 に言及しつつ、「産出されたものの一者への反転が知性一般である。したがって、一者は絶対本質と呼ばれるものである。それならば、知性、ヌース、思惟は、第一の本質が、自己自身を振り返ることによって、自己自身を見るという点にある。見る働きであるという点にある」（G. W. F. Hegel, *Vorlesungen über die Geschichte der Philosophie. Teil 3. Griechische Philosophie*, p. 181, 山口・伊藤2005, 52頁）と述べている。

[9]　すべてが永遠であるヌースを、「理論が教示するために、生成したものとしてつくり出す」（VI7 [38] 35.28-29）。第2章への注96)及び第3章への注27)を参照。

とである」（IV4 [28] 16.19-20）が，実際のところ，ヌースの内では「すべてが同時に（ἅμα τὰ πάντα）」（III7 [45] 3.18）ある。

　ヌースは一者から離れた後，他者としての一者を振り返るのではなく，寧ろ，一者を振り返ることが，一者から離れることである。ヌースは一者の「印象」を捉えることにより直知の働きに至るが，ヌースのこの直知は「他所からもたらされたもの」（V5 [32] 1.25）ではなく，「感覚と同じように（自己の）外部のものを対象とするもの」（V5 [32] 1.26-27）ではない（cf. V3 [49] 3.16-18, 8.20-21, 13.15-16, II9 [33] 1.47-48）。すると，〈未完のヌース〉は外からではなく内から一者を見ていったということになる。一者から発する以前は，ヌースの直知作用も直知対象も一者の内にある。「一者の力から生み出されるものども（諸形相）を」ヌースの「直知作用は，その力から（自分も）いわば引き裂かれて[10]見て取る」（V1 [10] 7.10-11）のである。即ち，それは一者と異なる別の「存在」として存立した後で外部の一者を対象として見るのではなく，むしろ自己を一者から引き離しながら，一者を対象化して他者として見ていくのだと言える。そこで，「ヌースはかのもの（一者）を（そこから）切り離されて見るのではない」のである。

第三節　ヌースからの魂の生成

　〈未完のヌース〉の視力が一者を「振り返って見る」ことによりヌースとして限定されたのと同様に，感性界の質料以前に生じたものは，最初に無形なもの，無限定なものとして生じ，自分を生んだものへと「振

---

　10) σχιζομένη（ll. 10-11）を受動相として読むか，中動相として読むかという点で，研究者たちの意見が分かれている。受動相として読む場合は，「直知作用は一者の力から引き裂かれて，諸形相を見て取る」という意味になり，中動相として読む場合は，「直知作用は諸形相を自分のために一者の力から引き裂いて見て取る」という意味になる。Bouillet, Bréhier, Harder, Cilento, Armstrong, 田中, Trouillard（1955 (a), p. 47），Volkmann-Schluck（1941, p. 124），Hadot（1963, p. 95）は受動相として解釈しているが，H.-S.2, MacKenna-Page, Sleeman-Pollet（col. 986），Rist（1967, p. 47），Igal（1971, p. 148），Atkinson（1983, pp. 166-167），Lloyd（1987, p. 161），Bussanich（1988, pp. 48-49）は中動相と解している。σχίζειν は中動相をもたないが，Atkinson は，ἀπὸ τῆς δυνάμεως... σχιζομένη は ἀπὸ τῆς δυνάμεως... ἀποσχιζομένη と同義であり，ἀποσχίζειν は中動相をもつという点を指摘している。

第三節　ヌースからの魂の生成

り返る」ことによって形付けられるとされる。

> 「これ（感性界の質料）より前に生み出されたすべてのものは，無形のものとして生み出されたが，生んだ者へと振り返る（ἐπιστρέ-φεσθαι）ことにより[11]，いわばそれに養育されるようにして[12]形相化されたのである」（III4 [15] 1.8-10）。

そこで，魂の場合も，その生成は次のように説明される。

> 「魂そのものは視力のようなもので，魂の見る対象はヌースでなければならず，魂は（ヌースを）見るまでは無限定なものであるが，ヌースを直知するように生まれついているのでなければならない。そこで，魂はヌースとの関係では質料である」[13]（III9 [13] 5）。

> 「（生み出されたものは）無限定なものであり，産出者（ヌース）によって限定されて，いわば形相化されるのである。そしてヌースの産物は，（ヌースの）一種の言論的表現（λόγος τις）であり，ひとつの存在として存立するもの（ὑπόστασις），即ち，推論的思惟を行うもの（τὸ διανοούμενον）である」（V1 [10] 7.40-43）。

魂の生成におけるヌースとの関係も，ヌース生成の際の一者に対する

---

11) 感性的質料は叡智的質料と異なり，観照能力をもたず，「振り返る」ことができない（cf. O'Brien 1971, p. 128, note 6）。それは限定されても，「生きているものにはならないし，直知しているものにもならず，飾られた死物になるにすぎない」（II4 [12] 5.17-18, cf. III4 [15] 1.6-7, 11）。

12) 「（魂にとって）完成も再びヌースからもたらされるのであり，あたかも父親が自分に比べて不完全なものとして生み出した子供を養育するようなものである」（V1 [10] 3.13-15, cf. ibid. 20-21, V9 [5] 4.8-12）。

13) ヌースと魂との関係は「一方は形相のようなもので，他方はそれを受け取るもののようなものである。しかし，ヌースの質料となるものは，質料でもヌースに似たもので，単一なものであるから，美しいものである」（V1 [10] 3.22-23）。魂はその一方で感性界の質料に対しては形相を与える立場にあるので，「かしこ（叡智界）では質料としてあるものも形相である。というのは，魂は形相でありながら，他のもの（ヌース）との関係では質料であり得るのだから」（II5 [25] 3.13-14）とも述べられている。アリストテレス『霊魂論』III, 4-5, Brisson-Pradeau（2003, p. 181, note 59）を参照。

関係と同様であったと言うことができる。魂は，ヌースから無限定な質料として生じ，ヌースを振り返って見ることにより形相を与えられて，魂として完成する。魂としての質料も，ヌースの場合と同様に，上位のもの（この場合ヌース）から生じてそれを振り返って見る「視力」である。その際，ちょうど〈未完のヌース〉が一者から発して一者を振り返って見たように，魂も未完のもの[14]としてヌースから生じ，ヌースを振り返って見る。そして，魂がヌースを振り返って見ることにより形相化されるということは，魂がヌースを，自己を限定し形成する形相として見るということである。そこで，この場合の「振り返り」も，魂のヌースへの帰還ではなく，むしろヌースからの魂の分離をもたらしている。即ち，魂の場合も，ヌースから分離した後にヌースを振り返って見るのではなく，ヌースを振り返って見ることが，それから独立した魂としての存在の成立をもたらすのであって，無限定な「視力」としてヌースから発してヌースを振り返るという一連の働きが，ヌースからの魂の発出だと言うことができる。魂にとってヌースは自己が本来それであったところのものであって，外部の対象ではない。ヌースが一者を離れて見るのではなかったように，魂もヌースを離れて見るのではない（cf. V1 [10] 3.21-22, 6.49）[15]。そのため，魂の上位部分は叡智界に留まっているとされる（cf. IV8 [6] 8.1-3, V1 [10] 10.23, V8 [31] 10.21-22, II9 [33] 2.4-5, III5 [50] 2.19-32）[16]。ヌースは一者の外的な働きであり，魂はヌースの外的な働きであるが，外的な働きはそれが由来する上位の実体から切り離されていない（IV5 [29] 7.13-18）。例えば，陽光がどこにあろうと太陽から切り離されず（I7 [54] 1.26-27），円の半径が中心点から分離されない（VI8 [39] 18.24-25）ようなものである。

とはいえ，魂がヌースを振り返って見た時に見られたものは，ヌースの「印象」である。魂が自己の内にもっているのは，「見られる対象

---

14) 本章への注12)を参照。

15)「人々の魂も，自分たちの始原（叡智界に留まる魂）やヌースから切り離されていない」(IV3 [27] 12.3-4)。

16)「感性界の中にある魂の部分が優勢であると，否むしろ，（感性的なものに）支配されて混乱していると，我々は魂の上位部分が観ているものに気付かずにいる」(IV8 [6] 8.3-6)。Cf. IV3 [27] 30.11-13, I4 [46] 10.10-19.

第三節　ヌースからの魂の生成

（ヌースの諸形相）そのものではなく，その印象である」(I2 [19] 4.23) と述べられている。ヌースが一者を映像化して見ることにより，一者の「映像」として限定されたように，魂がヌースの「映像」(V1 [10] 3.7, ibid. 7.40, V3 [49] 9.8) として形付けられるのも，魂の視力がヌースを映像化して見ることにより限定されるからだと言える。そのようにして，魂はヌースの「言論的表現（ロゴス）」(V1 [10] 6.45)，「模倣」(I2 [19] 3.28)，「似像 (εἰκών)」(V1 [10] 3.7, V3 [49] 4.21, 8.46, 54, 9.8)，「痕跡 (ἴχνος)」(V1 [10] 7.44, VI7 [38] 17.39, V3 [49] 3.12, 8.25, 35, V8 [31] 13.13, I8 [51] 11.17) となる。その際，魂は，ヌースにおいて直知的であったものを推論的，逐次的な仕方で模倣し，説明し，表現する。ヌースと魂との違いは，ヌースが直知的であるのに対し，魂が推論的だという点に存する。つまり，魂が有する知性は推論的で逐次的な思惟 (λογισμός, διάνοια) である。

「魂はヌースから出ているので知性的であり，魂のもつ知性は推論的思惟 (λογισμός) に存する」(V1 [10] 3.13-15)。

「この者（ヌース）が魂を限定する時には，自分が（一者から）得たもの（諸形相）の痕跡を魂に与えることによって，（魂を）知性的 (λογική) にする」(VI7 [38] 17.37-39, cf. V3 [49] 3.12)。

「これ（知性 διάνοια）が魂の純粋な部分であり，ヌースの痕跡をその上に受けている」(V3 [49] 3.11-12)。

ヌースの直知活動は「すべてを同時に (ἅμα τὰ πάντα)」(III7 [45] 3.18) 捉えており，ヌースは「同じもの，即ちそれ自身の内に留まり，決して変化することなく，常に現在の内にある」(ibid. 3.20-22)。ヌースの生命は，「同じものの中に留まり一切を常に現在のものとして持っている生命」(ibid. 3.16-17) であり，プロティノスはヌースにおけるこうした生命が「永遠」だと説明している。即ち，すべてを常に一挙に知り，その意識状態が不変のままに続く限り，時間の流れが感じられるということはない。プロティノスが叡智界に時間がないというのは，そうした

意味である。これは，変化が止め処も無く続く時間的な永久とは全く異なる。ところが，ヌースの内で常に同時にすべてであったものは，魂の推論的思惟によって一つずつ順を追って捉えられ，展開される。この時に，「これの次にはあれを」（IV4 [28] 16.19）という順序が生ずる。魂は「かしこ（叡智界）で見られるものをいつも別のものに移し変えることを欲し，全体が一つに纏まった状態で自己のもとにあることを望まなかった」（III7 [45] 11.21-23）のであり，ヌースの内で「すべてが同時に」あったものを「順次に（εφεξῆς）」（ibid. 11.37）展開した。魂のこの働きにおいて，時間の流れが生ずることになる[17]。魂の「次々と異なる思惟と共に，以前にはなかったもの（即ち，時間）が現われ出た」（ibid. 38-39）のである。そこで，「分割されず，分割することもない」ヌースに対して，魂の知性は「分割するヌース（ὁ μερίζων νοῦς）」とも呼ばれる（V9 [5] 8.21-22）。つまり，「分割するヌース」とは，すべてを一挙に捉える直知的な知性ではなく，部分部分に従って，逐次的思惟を行う推論的知性のことである。「逐次的思惟（διάνοια）はヌースの仕事ではなく，分割されたものの中で[18]分割された活動を行う魂の仕事である」（III9 [13] 1.35-37）とされる。また，「知性には推理する知性（魂の推論的思惟）と推理させる知性（ヌース）とがある」（VI [10] 10.12-13）とも言われる。「推理する知性」は正や美について，時によって推理することもあり，推理しないこともあるのだが，ヌースの直知は「推理するのではなくて，いつも正を把持している知性」（VI [10] 11.5-6）である。

---

  17) プロティノスは，プラトン『ティマイオス』37d5 に倣って，「時間は永遠の似像だ」（I5 [36] 7.15, III7 [45] 1.19, 11.46-47）と述べている。「永遠」とはヌースの生命であり（III7 [45] 3.16-17），「或るものから他のものへと変化せず，常に同じで非延長的」（ibid. 3.14-15, cf. 2.32, 3.37-38, 11.53, 13.63）である。これに対し，「時間とは魂の，ある生活から別の生活へ移行する動きにおける生命」（ibid. 11.43-45）であり，魂が「常に『次へ』と『後へ』と『同一ではなく他から他へ』とに向けて動きながら，ある長さを進んで，『永遠』の似像である時間を作り出した」（ibid. 11.17-20）とされる。そのようにして，ヌースにおいて非延長的であったものは，延長のあるもの（ibid. 19, 26-27, cf. ibid. 51-56, VI [10] 4.16-25）となり，これが時間の流れとなる。なお，叡智界の「場所」にあたるものについては，「かの所では，場所は直知的な意味で或るものが別のものの内にあることである」（V9 [5] 10.9-10）と述べられている。

  18) 「分割されたものの中」とは肉体の中という意味。プラトン『ティマイオス』35a1-4, IV2 [4] 2.49-52 を参照。

第三節　ヌースからの魂の生成

「かのヌースは，我々のもとで知性（νοῦς）と言われているものとして考えられるような種類の知性ではない。即ち，我々の知性は，諸々の前提によってその内容が満たされており，言われていることを理解することのできるもので，推論し，前提から導出されるものの考察を行い，諸存在を導き出されたものとして考察するのである。というのは，我々の知性は，それらの存在を以前はもっておらず，それらを学び知るまでは中身のないものであったが，それでも知性だからである。まことに，かのヌースはそのような知性ではなく，すべてをもち，すべてであり，自己自身と共にあることにより，すべてと共にあり，すべてを持たずして持つ。持たないというのは，それらを自己と異なるものとして持っているのではないからである。また，かのヌースの内にあるものたちは，各々が分離しているのでもないからである。何故なら，各々が全体であり，至る所ですべてであるからである。そして，各々が混同されずに，尚また分離している。実際，それを分有するものは，同時にそれらすべてを分有するのではなく，自分の分有し得るものを分有するのだからである。」（I8 [51] 2.9-21）。

魂がヌースの「言論的表現」，「外的な働き」，「模倣」，「映像」となるのは，このようにしてヌースの内で一体となっていた内容を逐次的に展開することによってである。魂の内容を成す働きはヌースから発する働きである。

「推論的思惟（λογισμός）は，常にヌースから生じて魂の内にある状態であり，静止している活動[19]で，いわばヌースの反映である」（IV3 [27] 18.10-12）。

「ヌースに向かい，ヌースを巡る運動は，既に魂の仕事であり，ヌースから魂へやってきた言論的表現（λόγος）であって，それが魂

---

19) II9 [33] 1.30 では，「静止している活動」という表現がヌースについて用いられている。

を知性的にする」(II9 [33] 1.30-32)。

そこで,「魂においては, ヌースに向かって見る働きが智慧 (σοφία) であり思慮 (φρόνησις) であって, それらが魂の徳である」(I2 [19] 7.6-7, 6.12-13)。とはいえ, 魂はヌースを外から見るのではなく,「思慮を働かせること (φρονεῖν) や智慧 (σοφία)」は魂に外からもたらされたものではない (I4 [46] 9.17-18)。「まさに本当の知識である知識 (ἐπιστῆμαι) は, (魂の) 内にある」(IV7 [2] 10.41-42) のであり,「魂は, どこか外を走り回って, 節制や正義 (としての真の知識) を見る (cf. プラトン『パイドロス』247d6) のではなく, 魂自身が, 自己自身と自己が以前あったところのものを知ることによって, 自己自身のもとでそれらを見るのである」(ibid. 42-45, cf. I2 [19] 4.22) とされる。

第四節　未分の原理からの展開

「(一者は全てを) 未分の状態 (μὴ διακεκριμένα cf. VI8 [39] 18.39-40) でもっていた。そしてこれらは, 第二のもの (ヌース) の内で言論的表現によって分かれた (διεκέκριτο τῷ λόγῳ)。何故ならこれは既に働きであるからだが, (一者は) 全てのものへの力なのである」(V3 [49] 15.31-33)。

ヌースは「いわば不可分なものから出た分割されたもの」(V1 [10] 7.17-18)[20]である。更に, ヌースの内で全てが一体となっていたものは, 魂の逐次的思惟において「順次に」繰り広げられてゆく。ヌースは多であると言っても, その多は不可分であるから, その意味で,「ヌース自

---

20) IV2 [4] 1.29, V9 [5] 8.21, III9 [13] 1.32, IV1 [21].5-6 では, 逆にヌースは不可分のものだとされている。II4 [12] 4.11-12 では「叡智界は全く部分のないもの (ἀμερές) だが, ある意味では分割され得る (μεριστόν)」と述べられている。そしてこの意味は, そのすぐ後で「多でありながら, 不可分である」(ibid. 14-15) とも言い換えられている。ヌースはすべてを一緒に同時に捉えているので「一」であり不可分であるが, その内にすべての形相が含まれているので「多」であり分割され得る。

第四節　未分の原理からの展開　　　　　　　　　　　　135

身は不可分のものとして留まっているが，ヌースに由来するものは――それらは魂であるが――分割されたものである」(III9 [13] 1.32-33) と言われる。ヌースは「多なる一」(ἓν πολλά V1 [10] 8.26, VI7 [38] 14.11-12, cf. プラトン『パルメニデス』144e5) であるが，それが更に多様化した魂は，「一にして多 (ἓν καὶ πολλά)」(V1 [10] 8.26, IV2 [4] 2.53, VI2 [43] 6.13-14, cf. プラトン『パルメニデス』155e5) である[21]。「魂は一に

---

21) 魂も分割されたものでありながら，ある意味では不可分である。たとえば個人の魂は，それぞれが一つのものである。「我々各人の魂は，(それぞれの) 肉体のいたるところに全体としてそなわっているのであるから，一体を成している」(IV9 [8] 1.1-2)。しかし，それが宿る肉体の諸部分において分割されることにもなるので，魂は一つでありながら，「肉体の領域で分割可能なものとなる」(IV3 [27] 19.7-8，プラトン『ティマイオス』35a2-3, ポルピュリオス『センテンチアエ』5を参照)。そこで，「魂は一であるとともに多であり，分割されているものでありながら不可分なものであるのでなければならない」(IV2 [4] 2.39-41, cf. IV9 [8] 2.26-28)。そして，個人の魂には不可分な部分と分割可能な部分とがある。不可分な部分とは，肉体から離れた (cf. II [53] 10.9) 知性的部分 (λογικόν) である (IV9 [8] 3.13, IV3 [27] 19.24-27)。この部分は，活動するのに肉体を用いない。分割される部分は，感覚的部分 (αἰσθητικόν) (IV9 [8] 3.12-14, IV3 [27] 19.11-19) と肉体の成長，栄養，生殖などを司る植物的部分 (φυτικόν)，及び欲求的部分や気概的部分 (cf. IV3 [27] 19.20-22) である。この内，植物的部分は宇宙の魂の下位部分であり，宇宙の魂から個人へとやってくる (cf. IV9 [8] 3.23-25)。というのは，この魂が，動植物のみならず，我々の身体をも作るからである (IV9 [8] 3.25-29, IV3 [27] 6.13-15, II9 [33] 18.15-17)。
更に，「各人の魂が一体を成しているように，すべての魂は一体を成している」(IV9 [8] 1.14-15) とされる。宇宙の魂も個人の魂も，ともに一つの魂に由来している。「もし魂が多であるなら，その前に一なる魂がなくてはならず，これから多なる魂が生じるのでなければならない」(IV9 [8] 4.7-8, cf. ibid. 1.11-13, IV3 [27] 4.14-16, ibid. 8.2-3)。「魂は一つの魂から生じ，一つの魂から生じた魂は，ヌースと同じように多であり，分割されていながら，分割されていない」(IV3 [27] 5.15-17)。この「一つの魂」とは，「何か (個人や宇宙といった) 特定のものには全く属さない」(IV3 [27] 2.9) (宇宙の魂も恒星天や諸惑星などに配分される (III4 [15] 6.43-45)) であり，感性界から離れて叡智界に留まる神的な魂である (III5 [50] 2.19-27)。これが「全体的な魂」であるのに対し，特定のものに属する魂は「部分における魂」であって (III5 [50] 4.9-10)，両者の関係は「ちょうど地上に向かった光が，家々を照らすことによって分割されながら，(光そのものは) 分割されておらず，少しも劣らず一つのものであるようなもの」(IV3 [27] 4.19-21) である。即ち，魂全体は叡智界で一つのものとして留まったまま，肉体に降下した部分で個別的なものに属するものとなり，「肉体の領域で分割可能なものとなる」(ibid. 13)。「肉体が分割されている限り，その全ての部分にかの本性 (魂) が映し出されるので，そのようにして魂は肉体の領域で分割され得るとみなされるのである」(VI4 [22] 4.30-32, cf. ibid. 1.27-29)。そこで，個人の魂の肉体への降下とは，上方の魂から来る光の照射のようなもので，「魂に照らされたものが，その魂と共に生きるという意味で，『魂が降下する』とか，『傾く』とか言われる」(I1 [53] 12.27-28, cf. ibid. 7.3-6, I8 [51] 14.40-43, VI4 [22] 15.16)。ポルピュリオス『センテンチァエ』37を参照。
魂の知性的部分はヌースと異なり，対象を逐次的に捉える「分割する知性」(V9 [5] 8.21-22) であるが，魂は肉体の領域で更に分割されたものとなり，感覚的部分や植物的部分とい

して多であるが，諸物体の内にある形相は多にして一（πολλὰ καὶ ἕν）であり，諸物体はただ多（πολλὰ μόνον）であって，至高のものはただ一（ἓν μόνον）である」(IV2 [4] 2.52-55)。

　一なる者からの分化，多様化としてのヌース，魂の発出は，プロティノスによって，未分の原理からの「展開」（ἐξελίττειν）として述べられている。例えば，一者からのヌースの展開は，中心点から半径が伸びて円として繰り広げられる様子に譬えられている。

　「ちょうど，周りから中心点に接触している円は，中心点から力を得て，いわば中心点のようなものとなっていることが認められるであろう。というのは，円の中の諸半径が一つの中心点に集まり，中心点へと重なるそれら（諸半径）の限界点を，そこへ向かって運ばれ，またいわばそこから発生したところのもの（中心点）の如くにさせているからである。しかし，（中心点そのものは）それら諸半径と諸半径自体に属する点であるそれらの限界点よりも大いなるものである。そして，それらの限界点は中心点の如きものであるが，中心点——それは至る所からそれ（中心点）を有する諸半径をも生み出しながら，それらの（中心点に重なる）諸限界点を生み出す力であるが——の漠然とした痕跡であるにすぎない。そして，中心点が如何なるものであるかは，諸半径を通じて現されるのであり，それはいわば展開されずして展開される（οἷον ἐξελιχθὲν οὐκ ἐξεληλιγμένον）のである。ヌースと存在をもまた，それと同様に理解しなくてはならない。即ち，それはかのもの（一者）から生じ，いわば流出し，展開され（ἐξελιχθέν），（かのものに）依存し，自己の直知的本性によっていわば『一の内のヌース』を証言しているのである。とはいえ，それは（実際には）一であるので，ヌースではない」（VI8 [39] 18.7-22)。

った下位の諸部分を持つことになる。こうして，一者からの発出は一から多への分割として行われるが，その際，上位のものは下位のものに分割されて消滅するのではなく，それ自体は不可分なものとして留まっている。一なる魂から個体に宿る多くの魂が生ずる仕方も，「一なる魂が全体として留まっているままに，自己自身から多くの魂を作り出す」(IV9 [8] 4.4-5) というものである。

第四節　未分の原理からの展開

　この文脈では，一者が中心点，ヌースが諸半径から構成される円に譬えられている。円や諸半径は中心点の「痕跡」であり，中心点はそれらの「父」(VI8 [39] 18.23) だと言われている。同様に，一者は「その周りを駆け巡る直知的な力」(ibid. 26) を自己の「摸像 (ἴνδαλμα)」とするその「原型 (ἀρχέτυπον)」(ibid. 27) であり，自己自身は「ヌースの先に留まりながら，自己の力からヌースを生み出した」(ibid. 29-30) とされる。円は諸半径の一端である中心点の如きものにおいて中心点に重なっており，そこから諸半径が円周に向けて広げられて一つの円となっている。同様に，ヌースの始点は一者の内にあり，そこから分化され展開されて，多様な一つのヌースが成立する。円の中心点に擬えられる「一の内のヌース」は，一者から展開することによってヌースとなるものであるが，まだ一者の内にあるという意味では，「一であるのでヌースではない」とされ，上の引用文に続く個所で，それは寧ろ「かのもの（一者）」だと言われている (VI8 [39] 18.27「かのもの（一者）は『一の内のヌース』である」)。ヌースは一者の外に発する以前は一者の内にある「一の内のヌース」であり，一者であるとさえ言うことができよう。ここにも，一者とヌースとの切り離し難い接点を認めることができる。

　ヌースの働きは一者の内から発出する。〈未完のヌース〉はヌースとして限定されるまでは「存在」として成立しておらず，ヌースの作用は一者の内から一者を見ていくのだとすれば，〈未完のヌース〉は「一の内のヌース」(VI8 [39] 18.21, 27) と呼ばれるものと重なってくることになる。即ち，〈未完のヌース〉の一者への「振り返り」は，ヌースの一者への帰一ではなく，寧ろ一者からの反省的な認識の展開を意味していると言える。一者からのヌースの生成は，このような「一の内のヌース」からの「多なる一」としてのヌースの展開である。

　「(ヌースは) 一者を観照する時でさえ，一つのものとして観照しない。もし一つのものとして観照するとしたら，それはヌースとはならない。いや，むしろ，それは一つのものとして観照を始めながら，始めた時の状態に留まらなかったのであり，いわば酔いつぶれて重くなっているように（『饗宴』203b7）多なる者となっているのに気付かず，全てを持とうとして自己を展開した (ἐξείλιξεν αὑτόν) ―

彼（ヌース）にとっては，そんなことを望まなかった方が，どれほど良かったことであろう。何故なら，（それによって）第二のものとなったのだから——というのは，ちょうど自己を展開して (ἐξελίξας αὑτόν)，形，面，円周，中心点，半径といったものになり，ある部分は上に，他の部分は下になっている円のようなものになっているのだから」(III8 [30] 8.31-38)[22]。

「一つのものが（自己を）直知することによって，自己を二つのものとするのだから，一つのものから二つのものが生じるのである」(V6 [24] 1.22-23)。

ヌースは初め一者の内にあるが，一者から発して一者を振り返る反省的な観照により自己が二分され，直知する作用と直知される対象とに分化する[23]。一者は自己を対象化せずに留まっているが (cf. V3 [49] 10.49-50)，自己直知を行うものは単一なものとして留まらず，自己を二分し (διχάσει γὰρ αὐτὸ ἑαυτό) (ibid. 44-45)，「自己自身を展開する (ἐξελίττει ἑαυτό)」(ibid. 51) とも言われる。一者から発する反省的な自己観照により，ヌースにおける主観と客観とが成立すると同時に，認識作用により対象化されたものは分節化されて限定されるため，その内容は多様な形相となる。そこで，ヌースは「生や直知など全てが，かのものから自己へとやってきているのを見るのであり，それらはいわば不可分なものから分割されたものへと (οἷον μεριστῷ ἐξ ἀμερίστου) やってきているのである」(V1 [10] 7.17-19)。

但し，「分割されたもの」とはいえ，ヌースの内では尚全てが一体となっており，形相のそれぞれがヌースであり，各部分の内に全体が含まれているとされる。「ヌースは直知する実在で，個々のイデアはヌース

---

22) Trouillard (1961, p. 435) は，この個所 (III8 [30] 8.32-38) を引用しながら，ヌースの直知が一者の内から始まることを指摘している。O'Daly 1974, p. 166 も参照。
23) Emilsson (2007, pp. 107-108) は，〈未完のヌース〉が自己を直知作用と直知対象へと分化させることによりヌースの自己直知が成り立つと考えているが，その場合，〈未完のヌース〉は一者へと振り返ることはないことになる。

第四節　未分の原理からの展開

と異なるものではなく，それぞれがヌースである。そしてヌース全体は諸形相の全体であり，個々の形相は個々のヌースである」(V9 [5] 8.2-4)。「あらゆるものが全てのものを自己自身の内に有し，また他のものの内に全てのものを見るのでもあるから，あらゆる所で全てであり，あらゆるものがあらゆるものであり，それぞれが全てであって，その輝きは無限である」(V8 [31] 4, 6-8, cf. 22-24, VI7 [38] 9.33-34, III2 [47] 14.15, V3 [49] 15.26)。ヌースにおける全体と部分との関係は，一つの学とそこに含まれる諸定理との関係に譬えられて説明される。「それはあたかも学の全体が諸定理の全体で，個々の定理は学全体の部分だが，(それらは互いに) 場所的に分離されているわけではなく，それぞれが全体の中で，(それぞれの) 力を有しているのと同様である」(V9 [5] 8.5-7, cf. VI2 [43] 20)[24]。ある学における諸定理のそれぞれは，他の諸定理や学の全体と不可分であり，互いに反映し合っているからである。そこで，ヌースにおける形相のそれぞれは，異なる能力をもつという点では区別されるが，多様な一つの能力だという点では全てが一つのヌースである (V8 [31] 9.22-23)。

更に，ヌースの内で「すべてが一緒 (ὁμοῦ πάντα)」[25]にあったものが感性的な領域でそれぞれ分離，独立する様は，種子の中で一体となっていたものが成長過程で分化してゆく様子にしばしば譬えられている。

> 「かしこ (叡智界) ではすべてが一体であるが，ここ (感性界) では映像が分割されて，それぞれ別のものとなっている。それは，ちょうど (動物の) 種子の中ではすべてが一緒で，それぞれがすべてであって，手と頭とが別々になっていないが，ここ (身体) ではそれらが互いに分離しているのと同様である。何故なら，それら (手や頭) は映像であって，真なるものではないからである」(II6 [17] 1. 8-12)。

---

24) 学問の譬えは，魂全ての一体性についても用いられる (cf. IV9 [8] 5)。
25) 「全てが一緒 (ὁμοῦ πάντα)」はアナクサゴラス『断片』B1にある表現。プロティノスは，II4 [12] 7.1-2, V3 [49] 15.21, V8 [31] 9.3, V9 [5] 6.3, VI5 [23] 5.4, 6.3, VI6 [34] 7.4 で，ヌースの一体性についてこの表現を用いている。また，II6 [17] 1.10 では，種子の中で全てが未分である状態をこの表現で述べている。

「(動植物の) 種子の中の原理 (ロゴス)[26]の内では，全てが一緒になって同じものの内にあり，何れも何れに対しても争わず，不和にならず，妨げにもならない。しかし，いまや或るものが嵩の中に生じると，部分ごとに別の場所にやってきて，更に，或る部分が他の部分を妨げ，或るものが他のものを消尽することさえ起こり得る。まさに同様に，一なるヌースとそれに由来する原理 (ロゴス) とからこの世界が発して別々に分かれたのであり，必然的に或る諸部分は友好的で当たりが良いが，他の諸部分は敵対的で相争うものとなった。そして，或るものたちは自発的に，他のものたちは不本意ながら互いに傷付け合い，一方が滅ぼされることにより他方の生成がもたらされるようになったのである」(III2 [47] 2.18-28)。

「(魂の場合と) 同様に，しかもはるかに一層，ヌースはすべてが一緒になっているが，また，それぞれが固有の力であるので，すべてが一緒ではない。全体としてのヌースは，ちょうど類が種を包むように，また全体が部分を包むように，(すべてを) 包んでいる。そして，(動物の) 種子の力もまた，今言われていることについての比喩を提供する。即ち，種子全体の中では，すべてが未分の状態 (ἀδιάκριτα πάντα) になっており，それらの原理 (ロゴス) は恰も一つの中心点の内にあるかの如くである。それにもかかわらず，そのあるものは目の原理であり，別のものは手の原理であって，それぞれが異なっていることは，種子から生じた感覚物において知られるのである」(V9 [5] 6.7-15)。

種子の中では目や手を作り出す原理が一体となっているが，そこから生じた身体においてそれぞれが目や手として分化する。同様に，ヌースの内ではすべての諸形相が一体となって非物質的な叡智界を構成しているが，感性界において物質的な嵩の中に映し出されると，それぞれが別の場所に生じ，互いに異なるものとして分化する。更に，ヌースだけで

---

26) ストア的な「種子的ロゴス (λόγος σπερματικός)」(*SVF*. II580, 1027) という表現を，プロティノスはIII1 [3] 7.4, IV4 [28] 39.6, 8-9, V [95] 9.10 で用いている。「種子的ロゴス」がストア派の概念であることについては，山口義久 (67-70頁) を参照。

第四節　未分の原理からの展開

なく,「それぞれのものの内に, 自己の後のものを作り出し, 自己を展開させる (ἐξελίττεσθαι) 力が具わっている」のであり, その展開は, ちょうど種子からの成長ように, 部分のない始原から行われるのだ (IV8 [6] 6.7-10) とされる。同様に, 魂がヌースの永遠性の代わりに時間を作り出す様も, 種子の比喩で説明されている。

「じっとしている種子の中から原理 (ロゴス) が自己を展開し (ἐξελίττων), 多なるものへ——と原理には思われるのだが——進出し (実際には) その多を分割することによって消失させ, 自己の内での一体性の代わりに, その一体性を自己の外で費やしながら, より脆弱な或る長さへと前進するように, まさに同様な仕方で, 魂もかの世界を模倣して感性界——その世界はかしこの動きではなく, かしこの動きに似ている, その似像であろうと欲する動きをするのであるが——をつくる際, 永遠の代わりに時間をつくり出して, まず魂自身を時間化した (ἑαυτὴν ἐχρόνωσεν)」(III7 [45] 11.23-30)。

つまり, 種子からの展開と同様に, ヌースの直知において非延長的であった「永遠」が, 展開されて延長的になったものが「時間」である。

ヌースと魂との関係は, また, 魂の中の言葉と口外された言葉という対比[27]によっても説明されている。

「ちょうど声に出された言葉 (ロゴス) が魂の内にある言葉の模倣であるように, 魂の中の言葉も, 別のもの (ヌース) の中の言葉の模倣である。従って, 口外された言葉が魂の中の言葉に比べて分割されているように, かのもの (ヌースの中の言葉) の翻訳である魂の内の言葉も, 自分の先にあるものに比べて分割されている」(I2 [19] 3.27-30)。

「あたかも口外された言葉が意中のそれに対するごとく, 魂自身も

---

27)「口外された言葉 (λόγος προφορικός)」と「魂の中の言葉 (λόγος ἐνδιάθετος)」という対比は, ストア派に由来する。Cf. *SVF* II 135, Atkinson (1983, pp. 50-51).

ヌースの言論的表現（λόγος）であり，ヌースが自分と異なるものを存立せしめるために送り出すすべての働き（ヌースの外的な働き）であり，生命である」(V1 [10] 3.7-9, cf. I2 [19] 3.27-30, III8 [30] 6.22)。

「観念は部分のないものであり，いわばまだ外に出てきていないので，気付かれないまま（魂の）内にあるのだが，言葉が観念からその内容を展開し，（魂の）表象能力へと導いていって，観念をいわば鏡の中に映し出すようにして示す」(IV3 [27] 30.7-10)。

魂は，ヌースの「言論的表現」であり，ヌースの内で一体となっているものを分割して展開し，逐次的思惟に翻訳する。

下位のものが上位の原理の「展開」であることについては，更に，個別的なヌースの言論的表現（ロゴス）であるとされる個別的な魂も，ヌースに比べて「展開の度合いを増したもの（ἐξειλιγμέναι μᾶλλον ἢ ἐκεῖνοι）」として表現されている (IV3 [27] 5.8-10)。そして，我々の魂にはヌースそのものが内在しているのであるから，「我々は形相も二通りの仕方で有しており，魂の内ではいわば展開され（ἀνειλιγμένα）分けられた（κεχωρισμένα）ものとして，ヌースの内ではすべてを一緒に（ὁμοῦ τὰ πάντα）有している」(I1 [53] 8.6-8) と言われる。

以上で説明したように，一者からの発出は，多様化，個別化への展開である。

第五節　外界認識と反省的認識

円の中心点や動植物の種子といった比喩からは，プロティノスの体系における発出が，未分の原理からの分化，展開であるということが理解される。下位のものは上位の原理に内在しているものの展開であり，下位のものは上位の原理から発するまでは，上位の原理の内にあったことになる。そして，上位の原理からの展開は，それから発する外的な働きにおいて行われる。既述したように，それは，上位のものから発する無限定な「視力」が，その上位のものを振り返って見ることにより限定さ

第五節　外界認識と反省的認識　　　　　　　　　　　143

れるという反省的な観照である。

　そこで，主客のない一者から，一者を「振り返る」働きが生ずることによって主客が成立することが，一者からのヌースの生成である。即ち，「一者を振り返って見る」働きは，主観が外部の客観を捉えるものではなく，一者からの主客への分化である。一者の「印象」を捉えることにより成立するヌースの認識が，外界認識ではなく自己直知だとされるのは，それが一者から発して一者に返る反省的な認識だからであり，根源的「一」からの主客への分化だからである。そこで，「ヌースは自己自身のある部分で，自己の他の部分を見る」(V3 [49] 5.1-2) のではない。そのようなことは，存在とその作用とがもともと分離しているものに起こることなのである。ヌースの直知においては，ヌースの作用が自己の存在を対象として捉えるのではなく，全く「一」の状態から，その状態を対象とする反省的意識が起こると同時に，作用と対象との別が生じるのである。従って，仮令ヌースの「視力」が一者の「印象」しか捉えないとしても，ヌースは一者から発する前は「一の内のヌース」で，いわば一者なのであるから，それを対象化，映像化することは，自己が以前あったところのものを表現することに他ならない。このようにして成立したヌースの直知活動は，自己自身を対象とした「自明なもの (ἐναργής)」であり (V5 [32] 2.15, cf. V3 [49] 8.9-10, 16.28-29, V5 [32] 1.7-8, 10-11, VI7 [38] 7.30-31, 30.39)，知るものと知られるものとの一致は「真理」(ἀλήθεια) である (III7 [45] 4.11-12, V3 [49] 5.21-25)。プロティノスによれば，真理は「他者にかかわるものではない」(V3 [49] 5.25) のであり，「本当の意味での真理は，他者にではなくて，自己自身に一致している」(V5 [32] 2.18-19)。即ち真理とは，認識主体が外部の他者を正確に捉えることではなく，むしろ主客の区別をもたない一者からの主客への分化である。更に，真なる知によって把握されているものこそ真実在である。こうして，一者から発する外的な働きにおいて，認識作用と，認識対象である「存在」と，両者の一致における真理とが成立するのであり，一者自身は「知」と「存在」と「真理」とを超えていながら，それらの原因だということになる[28]。

---

28)「我々の考えでは，ヌースと全ての存在と真理とは一つのものである」(V5 [32] 3.

更に，一者の超越的な内的自己直観がヌースの自己直知において直知作用とその対象とに二分されると同時に，また，直知作用によって対象が分節化して捉えられて，多様な形相が生ずることになる。ヌースの内容は，一者の内容を直知の働きにより解釈し，展開したものである。とはいえ，ヌースの直知活動においては，全ての形相が同時に見られるので，ヌースは「多なる一」である。

　ヌースの一者からの生成と同様に，魂の場合も，ヌースから発する無限定な「視力」がヌースを振り返って見ることが，その限定であり，成立である。即ち，魂がヌースを見る働きも，主観から独立して存在する客観の把握ではない。魂における主観と客観とはヌースの内なるものの分化，展開である。即ち魂がヌースの「印象」を把握するのも，外在する対象の映像化ではなく，魂が元来一つであるところのものの映像化である。但し，ヌースにおいて主客一致であったものは，魂において主客が分裂する。何故なら，一者と異なりヌースには既に「作用」と「存在」との区別があり，魂がヌースを振り返って見る時，魂としての主観がヌースを客観化して見るからである。そして，魂の思惟がヌースを対象化し，解釈する時には，ヌースの諸形相が逐次的に捉えられてゆくので，魂は更に展開の度を増し，「一にして多」なるものとなる。

　こうした上位の原理からの分化，発展としての反省的認識に対して，外部の対象認識は，物体的に分離され，個々独立のものとなっている領域で行われる。感性界で個体に宿っている我々の魂が，肉体の感覚器官

1-2)。一者が対象として認識されることにより，「存在」が生じる。直知作用も含めて，一般的に認識作用は，対象を限定して捉える働きであり，限定されて捉えられる対象は，何か「在る」ものとして限定される（「限定」と「存在」の密接な関係については，V1 [10] 7.24, V5 [32] 6.5-6, III6 [26] 6.17-18 を参照）。一者そのものは「在る」とも「ない」とも言表し得ないとしても，一者が見られた時の「印象」は，具体的なものとして「存在」する。もしそれが「存在」しなければ，それを捉える認識が成り立たなかったはずだからである。しかも，その「存在」は真の〈知〉により「存在するもの」として捉えられているのであるから，真実在である。このようにしてプロティノスでは，プラトンが〈善〉のイデアについて語ったように，一者は認識と存在と真理の原因だ（cf. VI7 [38] 16.22-35）ということになる。アリストテレスのヌースと異なり，プロティノスのヌースは一者を自らの原因としている。そこでヌースの真理性は一者と切り離して論じられるべきではなく，一者との関係の中で明らかにされなくてはならない。

第五節　外界認識と反省的認識

を通じて[29]他の感覚的個物を把握しようとする時，その認識は外部の対象認識となる[30]。そこで，我々の魂の思考的部分（διανοητικόν V3 [49] 2.23, 4.14）は内なるもののみでなく，「感覚を通じて知った事柄」（V3 [49] 3.7, cf. ibid. 2.7-8）をも対象とするので，その時には，「外部のものを考察する」（V3 [49] 3.17），「外部のものを理解する」（ibid. 4.15-16）。この点がヌースと肉体内の魂が異なるところでもあり，ヌースが自己の内にのみ向かうのに対し，魂の思考は感覚を通じた外部のものをも対象とすることがあるわけである（ibid. 3.17-18）[31]。その意味で，「外部のものを把握するのは，ヌースではなく，感覚であり，もしあなたが望むなら，思考（διάνοια）と臆見である」（V3 [49] 1.19-21）と，魂の推論的思考が外界認識を行うものの内に分類される。

以上で述べたように，認識する作用が，感覚的対象のように外在する対象から，その「映像」を受け取るのは「臆見」であるが，上位の原理から発して「振り返る」という反省的な認識において，上位の原理の対

29）感覚の場合，肉体の感覚器官が外的な影響を受け，魂の感覚作用が，感覚器官が受けたものをめぐって「活動」し「判断」する（III6 [26] 1.1-6, 2.53-54, cf. Emilsson 1988）。「魂の感覚作用（αἴσθησις）は把握対象と類似した感覚器官を通じての把握作用である」（IV5 [29] 8.22-23）。感覚作用の場合も，非感覚的な知性作用の場合も，自己と類似しているものを対象としており，似たものによって似たものを捉える。

30）我々が他人と共感することがあるのは，全ての魂が一つの魂に由来しているからだとされている（IV3 [27] 8.2-3，及び本章への注21）を参照）。その意味で言われる「共感」（συμπάθεια）とは，単なる感情移入ではなく，直接的な一体性に基づくものだと言うことができる。但し，宇宙全体からみれば，感覚もまた自己自身との共感である（IV5 [29] 3.18-20, 5.29-31）。また，更に，IV9 [8] 3.1-9 によれば，呪文や魔術の影響や所謂テレパシーも，魂の一体性によるものだと説明されている（水地2005を参照）。

31）魂の推論的部分は，ヌースに由来するものと感覚に由来するものとの両方を判断する（V3 [49] 2.7-11）。我々が感覚的なものを対象に考察する際，魂の思考作用は，感覚が捉えた感覚対象の「印象」を得て，それを判断する（V3 [49] 3.1-2）。しかし，感覚的なものを対象とする場合も，正しい判断があり得る。それは，「本来の意味での真なる魂の思考」である「真の思考」（ἡ διάνοια ἡ ἀληθής）が感覚対象の「印象」を判断する時に，そこに「形相を観る」（I1 [53] 9.19-22）場合である。というのは，魂の思考的部分は感覚対象についても，自己の内にある形相に照らし合わせて理解しようとするからである。それは，「ヌースから得て自己自身の内にもっている基準によって判断する」（V3 [49] 4.16-17）ということであり，その「基準」とは，魂の思考的部分に以前から内在しているヌースの「印象」（ibid. 2.12），即ち，魂がヌースから生じた時にヌースを振り返って見た「印象」である。このような正しい判断に対して，「偽りのものについての思考と言われているものは，（魂の）思考的部分の判断を待っていなかった」ものであり，実際には思考ではなく，単なる「表象作用」（φαντασία）だと言われている（I1 [53] 9.8-9）。

象化，映像化が行われても，それは一つの原理からの分化であり，自己が本来掴んでいるものの表現であって，「臆見」ではないのである。

第六節　内在的超越論

　認識の真理性に相当する存在論的な側面がある。それは，上位の原理の，下位の存在に対する内在性である。
　たとえば鏡や水面に物体の影が映っても，その鏡や水の中に本体は内在しない。感覚的な視覚が対象の映像を捉える場合も，視覚に対象そのものが内在するわけではない。そこで，感覚は対象を直接捉えることができず，「臆見」にすぎないということにもなる。感覚的事物が感覚的事物を映すという場合，映すものは外在する対象を映像化するのであるから，映像に本体が内在しないのは当然のことである。それに対し，ヌースは一者を，魂はヌースを離れて見るのではない。ヌースは一者の外的な働きであり，魂はヌースの外的な働きであって，外的な働きは，それが発する源から離れることがない（IV5 [29] 7.16-17; ibid. 39-41, V1 [10] 6.48-53）。もし，〈未完のヌース〉が一者と異なる存在として，離れて一者を見るのであるとすれば，外部の一者の映像を捉えても，一者はヌースに内在しなかったことになる。ヌースにとって一者は，そして魂にとってヌースは，外在する対象ではなく，むしろ，自己が生じて分化する以前の状態である。上位の原理から外的な働きとしての反省的な自己観照が生じ，映すもの（叡智的質料，あるいは直知作用）と映されるもの（形相，あるいは直知対象）とが分化する場合，外的な働きにおいて分化したものには，その上位の原理がもとからあって，内在することになる[32]。但し，上位の原理そのものは，下位の存在に分化されることによ

---

　32)　感性界の事物にも「質料内形相」（VI7 [38] 4.19），「質料内原理」（I8 [51] 8.15) として形相が内在する。感覚的な事物にとって外在的であるのは，他の感覚物であって，自己を形成する形相は内在的である。この場合も，感覚物を作っている質料と形相とは，何れも魂から出ており，魂の内にあるものの分化だと考えられるであろう。そして，この場合も，感性界の質料は離れて存在する形相を映すのではないとされる。VI5 [23] 8 では，「分取（μετάληψις）」が「照射（ἔλλαμψις）」という概念に置き換えられて説明されているが，それによれば「照射」とは，質料から離れて存在する形相が遠くの上方から質料を照らすことで

第六節　内在的超越論

って消滅したり分散したりしてしまうわけではない。上位のもの自体は、分化、展開以前のものとしてその内的な働きに留まり、外的な働きにおいて分化、展開された下位の存在を超越することになる。プロティノスの存在論において、上位の原理が下位のものを超越しながらそこに内在するとされるのも、〈二つの働き〉の教義における外的な働きを、未分の原理からの分化、展開とみなす時、もはや非合理的な神秘ではなくなるのである。こうして我々には、ヌースといういわば普遍的な理性や、神とも呼べるものが内在することになる。

　また、見方によれば、一者の外的な働きとしての自己反省的な展開は、一者が外に向かうことによってではなく、自己自身に向かうことによるのであるから、一者からの展開は、一者自身の内に生じてくるとも考えられる。本来、一者の「外」は何処にもない。そこで、一者から生ずるものは一者の内に生ずるのであり、「始原それ自体が他のすべてを包んでいる」（V5 [32] 9.9-10）ということになる。

> 「魂はヌースの内にあり、肉体は魂の内にあり（III9 [13] 3.2-4、プラトン『ティマイオス』36d9 を参照）、ヌースは他の者（一者）の内にある」（V5 [32] 9.31）。

「この世界の場所（τόπος）」は魂である（III7 [45] 11.34、V5 [32] 9.29-30）、「直知される場所もかのもの（一者）の内にある」（VI7 [38] 35.41）とされる。

はない（ll. 4-6）。つまり、形相が質料から場所的に離れて存在し、水面に映るようにして質料内に映るというわけではない（ll. 15-17）。その点で、形相の質料への「照射」は、感性的なものの感性的なものへの「照射」とは異なるとされる（ll. 11-12）。「形相と質料との間には何も介在せず（οὐδενὸς μεταξὺ ὄντος）」（l. 20）、形相は自己自身の内に留まっておりながら、質料が形相への隣接によって、形相から「受け取ることのできる限りのもの」を受け取る（ll. 17-22）。そのようにして質料が得たものが「質料内形相」、「質料内原理」となる。（尚、VI7 [38] 11.10 では、植物を生かす「ある種の魂」、即ち「自然」が「質料内原理」と呼ばれている。）「間には何も介在しない」という表現については、魂とヌース、及びヌースと一者との関係についても用いられている。「両者（魂とヌース）が異なっているということ以外には、両者の間には何も介在せず（οὐδέν... μεταξύ）、それらは相接する関係にある」（VI [10] 3.21-22）。「ヌースがかのものを見るのは、切り離されてではなく、かのものの後のものだから見るのであって、両者の間には何も介在しない（μεταξὺ οὐδέν）。魂とヌースとの間にさえ何も介在しないのだから」（ibid. 6.48-49）。

結　論

　上位のものからの分化，展開という見方は，プロティノスの認識論と存在論，及びその発出論とを綜合的に説明する。
　一者自身が不変不動のまま，そこから発出が行われることは，太陽から発する陽光や泉から溢れ出る川の流れといった比喩で説明されていた。しかし，陽光や泉の比喩は，一者からの発出を無段階的な連続としてしか示さない。その連続的なイメージは〈二つの働き〉の理論によって修正される必要がある。ヌースや魂の「実体」そのものが「働き」であり，一者の派生的・外的な働きがヌースの実体的・内的な働きに相当し，ヌースの派生的・外的な働きが魂の実体的・内的な働きである。そして，一者は自らのいわば内的な働きに留まるまま，そこから発する外的な働きとしてのヌースが生じ，ヌースも自らの内的な働きに留まりながら，その外的な働きとしての魂が生じる。その際，ヌースや魂の実体を構成している活動内容とは観照的なものである。即ち，一者から発して一者を〈振り返って見る〉観照により一者が対象化，映像化されてヌースとなり，ヌースから発してヌースを〈振り返って見る〉観照によりヌースが対象化，映像化されて魂となる。一者からの発出過程におけるヌース，魂といった段階は，上位のものから発する反省的な観照を契機として成立するのである。そして，一者からの発出は一者の内からの展開であり，一者の外的な働き（＝ヌースの内的な働き）は一者の内的な働きの発展である。即ち，一者のいわば内的な働きは，自己を対象化することのない超越的な「自己直観」であったが，そこから発する反省的な働きにおいて，いわば本来の意味での「自己直観」となったものが，ヌースの自己直知である。更にヌースの直知の内で「全てが一緒」になっていたものが，その外的な働きを通じて推論的思惟とそれにより逐次的に捉えられる諸形相へと展開されたものが魂である。こうして，一者からのヌースの発出，及びヌースからの魂の発出は，それぞれ上位の未分の原理からの分化，展開であり，主客のないもの（一者）からの主観・客観への分化，展開――まず主客一致のヌース，そして次に主客独立の魂――と

して把握される。この場合，認識と存在とは同時に成立する[33]。そして，上位の未分のものからの主観・客観への分化という構造が二元論的な主客独立の認識図式と異なるのは，主観が捉えている客観が，いわば自己の始原的状態の客観化であり，認識が自己反省的，自己表現的，自己解釈的だという点である。この場合，上位の原理の「映像」を捉えることは「臆見」ではなく，真なる知である。

　更に存在論的には，こうして客観化されることにより生じた存在には，もとの原理が最初から具わっていることになる。下位の存在は，自己が本来それであったところのもの映像化である。しかも，それはもとの原理の外的な働きとして生じたものであって，原理自体はその内的な働きに留まり，後から生じた存在を超越している。即ち，上位の原理は下位の存在に対して，内在的超越となる。例えば一者からの分化，展開としてのヌースには最初から一者が具わり内在するが，一者自身はその外的な働きにおける分化，展開以前のものとしてヌースを超越する。以上で述べたように，〈二つの働き〉の教義における外的な働きが，上位の未分の原理からの主観・客観への分化，展開であるという構造をもつことにより，内在的超越の論理が可能となるとともに，認識の真理性が根拠付けられるのである。

　ヌースは一者の，そして魂はヌースの分化・展開であり我々は一者からの分化として成立し，我々には一者のもとにはなかった差異や分別が具わっている。一なるものから多様なものへの展開は，差異化・個別化

---

33) ヌースは一者を「振り返って見る」ことにより，また魂はヌースを〈振り返って見る〉ことにより「存在」に至る。更に，「真に存在するものたちも，それらが観照している時にそれらから生まれたものたちも，そのすべてが観照から生まれ，(それら自体）観照である」(III8 [30] 7.1-3) とされ，「自然」の場合も，「観照する働きが観照の対象をつくる」(ibid. 4.7-8)。その際，「自然」そのものは自己の内に留まり，自己の内を見るのだが (III8 [30] 4.17-20, 26-27, cf. ibid. 3.2-3)，「自然」の「観照する働きは観照の対象をつくる」(ibid. 4.7-8)。即ち，「自然」が自己自身を観照することにより対象化された自己の映像が，自然物として生成するのだと言える。また，個別的な身体と関る部分霊も，「第二の直視」によって質料を「見て」，それを「形付ける」(III9 [13] 3.5-16) のであり，この場合も「見る」という作用が，形ある存在を作り出している。つまり，すべての「存在」が「見る」という働きにより成立していることになる。プロティノスの思想においては，「存在」は認識作用と切り離されてあるものではなく，むしろ認識作用によって限定されて捉えられるものが「存在」だという言うことができよう。

への進出でもある。そこで，それらの差異や分別を取り去ることによって，我々は「すべてを同時に」直知するヌースへと帰還し，更にそれらの直知対象をも捨て去ることによって，直知をも超えた一者へと帰一する。我々は一者からの分化，展開として生じているのであるから，一切の相違や分別を取り去れば，再び一者のものへと戻るのである。

　次章では，こうした我々の体験（合一体験）そのものから，以上で考察してきたヌースや魂の構造が確認されることを説明する。

第 5 章
一者との合一と真理認識

　プロティノスにおける一者は直知活動のかなたにあり,不可知である。一者は認識を超えており (cf. V3 [49] 12.48),認識の対象とならない (cf. V3 [49] 13.9-11)。我々は「かのものの認識も直知も持たない」(V3 [49] 14.2-3)。つまり,一者は認識という作用によって捉えられるものではない。ヌースが一者に注意を向ける場合でも,ヌースは一者そのものを知ることはできない。

　エミルソンによれば,通常の視覚が捉えるのが対象の映像でしかないのと同様に,一者を対象とした認識が捉えるのは一者自体(一者の内的な働き)ではなく,その映像(一者の外に発する外的な働き)でしかない。対象そのものを知るには対象の内的な働きと一体化しなくてはならない。とはいえ,その本性が知であるヌースの内的な働きと一致する場合,人はヌースを知ることができるが,一者の内的な働きは知を超えたものであるから,それと一体化しても,一者の本性を何らかの認識作用で捉えることはできない。従って一者は本質的に不可知である (Emilsson 1999, pp. 288-289; 2007, pp. 77-78)[1]。エミルソンのこの指摘は,プロティノスの認識論を理解するために重要である。

　しかし,一者が不可知であるとすると,不可知のものについて如何にして信頼に値する思想が成り立つかという問題が提起されよう。デヴィッド・ヒュームは「一体,神の絶対的不可知性を主張する君のような神秘主義者が,一切の第一原因は未知で不可知だと言い張る懐疑主義者や

---

1) Emilsson は「もしあなたが一者かもしれないと考える何かを知っているとしたら,それは一者ではないことに注意しなくてはならない」(Emilsson 1999, p. 288, 2007, p. 77) と警告する。

無神論者とどう違っているというのか」と問うている[2]。通常, 不可知のものを対象とした真理認識はあり得ず, また如何なる属性も帰属しないものの価値も承認され難い。しかし, それにも拘わらず, プロティノスは一者が「すべてのものへの力」(VI [10] 7.9-10, III8 [30] 10.1, V4 [7] 1.36, 2.38) であり,「すべてのものの始原」(V2 [11] 1.1, V3 [49] 12.8, 15.27, V4 [7] 1.23, VI8 [39] 9.7) であると断定している。そして, 我々は一者との出会いにおいて,「自分が求めていたものはこれであると, 正しく判断し認識することができるのであり, それに優るものは何もないと断定することができる。何故なら, かしこに欺きはないのだから」(VI7 [38] 34.25-27) とまで主張している。果たして不可知であるはずの一者についての断定は, 正当なものとして根拠付けられるのであろうか[3]。

第一節　合一体験

確かにエミルソンが指摘するように, ヌースとの合一がヌースを「知る」ことだとしても, 一者との合一は一者を「知る」ことではない。しかし, 我々は一者との合一により, 一者を〈体験する〉ことはできる[4]。

---

　2)　D. Hume, *Dialogues Concerning Natural Religion*, p. 405, 福鎌・斎藤訳『自然宗教に関する対話』法政大学出版局, 1975, 52頁。たとえばO'Meara (2000, pp. 247-251) は, 不可知で言表し得ない対象について思惟し言表する可能性について, プロティノスとセクストス・エンペイリコスとを比較し, プロティノスが一者について言表する仕方を懐疑主義的だとしている。

　3)　一者が「善」であるのは, 一者自身にとってではなく, 他者にとってであり (VI9 [9] 6.40-42, V6 [24] 6.34, VI7 [38] 41.28-29, cf. ibid. 38.4-5),「一」という名称も「多の否定を意味するのみ」(V5 [32] 6.26ff., VI9 [9] 5.31-33, cf. VI9 [9] 3.49-54, II9 [33] 1.5-11, V3 [49] 13.1-6, 14.6-8) である。言表し得ない一者を否定的に語る仕方は可能だとしても, それは, 不可知のものについて判断を留保する立場と異なり, 一種の判断を示している。一者と言語の問題については, O'Meara 1990, Schroeder 1985, 1996を参照。Schroederによれば,「否定神学は神秘的沈黙の表現ではなく, 哲学の貢献において用いられた言語機能である」(p. 344)。

　4)　Wallisが次のように述べている。「プロティノスは至高の神からあらゆる属性を取り除いたことにより, 神を非存在ほどにしか善でないものにしているという非難にあうことはないのだろうか。……倫理的, 知的徳性をもたない神は, 知性にとっては確かに不可解であるが, それでも神との神秘的合一において, 我々はその存在を確信することができるのである」(Wallis 1989, p. 954)。とはいえ, 一者は「存在」ではなく, Emilssonの指摘通り, 一者体験における確信は「知」とは区別される。

それが可能であるのは，我々にとって一者が外部に存在する他者ではなく，もともと我々自身の内にあるもの (V1 [10] 11.7) だからである。しかし，一者との〈合一体験〉が認識活動を伴わないものだとすると，その時我々には一体何が生起するのであろうか。まず，ヌース体験をも含めた〈合一体験〉についての考察から始めたい。

1. 魂の起源

個々の魂は「かしこ（ヌース）から分派されたもの」(V1 [10] 1.2) であり，魂にとっての悪の起源は，「敢えて最初の差別 (ετερότης) を立て，自分が自分自身のものであろうと欲して生まれて来たこと」だとされている (V1 [10] 1.3-5)。即ち，一者は一切の分別を超えた一であり，ヌースはそれ自身が万有でもある叡智であるが，我々の魂は敢えて自己を自己として他から区別して限定し，そのようにして個別性を有するに至り，それが個々の肉体への生成の原因となる。

> 「個霊たちは全体から離れて部分的なものとなり，自分たち自身のものとなるのであり，いわば他と共にあることに疲れて各自が自分たちの個別性へと引き篭る。而して長い時間こうしており，全体を逃れ，そこから分かれ，離れて立ち，直知される対象へと目を向けずにいるならば，魂は部分的なものとなって孤立し，力をなくし，多くの事を為して部分的なものに目を向け，全体から離脱して或る一つのもの（即ち個々の肉体）へと乗り込み，他のすべてのものを逃れる。即ち，すべてのものからあらゆる点で打撃を蒙るその一つのものへと向き直ってやって来るのであり，全体を離れ，困難な状況で個別的なものを支配するのであるが，その時には既に外的なもの（肉体）に触れてその世話をやき，そばについて，その内部深くへと入り込んでいくのである」(IV8 [6] 4.10-21)[5]。

---

5) VI4 [22] 16.22-36，及び第4章への注21) も参照。
万有の全体から離れて個別的なものになることは，また，〈真に有るもの〉に〈有らざるもの〉が付加されることでもある。「全体者であることの後で，君に何か別のものが付け加わったので，その付加の故に君はより小なる者となったのである。何故なら，その付加は万有からのものではなく——というのは，君はそれに何も付け加えないであろうから——〈非有〉

感性界での苦難の原因の一つは、魂が個体に宿って個別的なものとなっていることである。宇宙全体の魂は、それに敵対するものがないから、「打撃を受けない」（II9 [33] 18.27）し、「作用を受けない」（IV8 [6] 2.18-19）が、個別的なものは他のものたちから「打撃を受ける」（IV8 [6] 4.17-18）。この同じことが、感性界とその原型である叡智界との関係についても妥当する。叡智界ではすべてが一体となっているため、「或る部分が他の部分に対して反対のものであっても、不正を為すことはない」（III2 [47] 1.34、プラトン『国家』500c3-4 を参照）。しかし、ちょうど種子の内で一体となっている原理（ロゴス）から諸部分をもつ物質的な嵩が生じると、その或る部分が他の部分を消尽することもあるように、

　「一なるヌースとそれに由来する原理とからこの世界が発して（ἀνέστη）、別々に分かれた（διέστη）のであり、必然的に或る諸部分は友好的で当りが良いが、他の諸部分は敵対的で相争うものとなった。そして或るものたちは自発的に、他のものたちは不本意ながら互いに傷つけ合い、一方が滅ぼされることにより他方の生成がもたらされることとなった」（III2 [47] 2.23-28, cf. III3 [48] 7.8-28）。

　「この感性界はその原理に比べてより少なく一であり、従ってまたより多く多であり、（そこには）より多くの対立があって、個々のものに、生きることへのより多くの欲求と、（他と）一つとなることへのより多くの愛欲とがある。そして、恋する者が自己の善を追

からのものだからである」（VI5 [23] 12.19-22）。この〈有らざるもの〉（τὸ μὴ ὄν）が感性界を作っている質料であり、これは善の欠如で、悪の原理だとされる。
　魂にとってのそもそもの悪の始まりは、敢えて「最初の差別（差異性）」（V1 [10] 1.4）を立てて生成へと向かったことだとされているが、「差異性」と質料とは密接な関係にある。感性界の質料は、「差異性（ἑτερότης）の、本来の意味での諸有（真実在、諸原理）に対置される部分と同一である」（II4 [12] 16.1-2）とされる。それ故、この質料は〈有らざるもの〉であり（ibid. 3）、これを基体とする感性界の諸物も真に有るものではない。叡智界の質料の起源は、一者から離れる「差異性と動」である（II4 [12] 5.28-37、第 2 章、第一節、第二項「叡智界の質料」を参照）。プロティノスにとって、差別は本来なかったはずのものであり、一者はこれを持たない。即ち、一者のもとにはなかった差別が生ずることにより、多様なものが分化し、個に至り、最後にあらゆる善性や有性からの差異として、〈悪〉であり〈非有〉である質料が現われる。とはいえ、この質料は、それだけで単独であるものではない（第 3 章への注35）を参照）。

い求める時，しばしば恋される者を——それが可滅的なものである場合には——滅ぼすこともあるし，また部分の全体への欲求も，引き寄せ得るものを自己の中へと引き寄せることになるのである」(ibid. 17.3-8)。

つまり，叡智界や魂本来の一体性において我々は一つだが，この世で個々の肉体の内へと分かれると，利己心から他を損ねることもあるし，他と合同しようとする場合でも，他の人々を自分の配下に治めようとすることになる。従って，プロティノスの体系では最初に全一性があり，そこから分化してきた個において自他の対立が生ずることになる。

但し，この分化は，全一性の内で展開されることになる。即ち，我々の魂はヌースや一者の外の世界に生ずるわけではなく，それらに包まれて，それらの内に生ずるのである。「魂はヌースの内にあり，肉体は魂の内にあり，ヌースは他の者（一者）の内にある」(V5 [32] 9.31)[6]。そして，「この世界の場所」は魂である (III7 [45] 11.34, V5 [32] 9.29-30)。というのも，一者からすべてが発すると言っても，一者の外はもとから存在しないからである。一者の力が及ばぬ所はないのだから，一者の分化・展開は一者の内で行われるのでなければならない。同様に，ヌースから生ずるものも，ヌースの力の外に存在するわけではない。下位の存在は，上位の原理の内を出ないのである。従って，無限に広がる一者の内に叡智界が限定され，魂が限定され，感性界が生じ，我々は更にその内に小なる自己を限定してゆくのだと言える。即ち，一者やヌースや魂は我々にとって本来至る所にあるが[7]，我々は敢えてそこから自己を区別し，個体として独立している。それ故，個体的に限定されている自己意識を破ってその外に出る時，我々の魂は全体性を取り戻し，万有にして一なるヌースの世界へと出る[8]。そして，更にその叡智さえも否定し

---

6) III9 [13] 3.2-4, プラトン『ティマイオス』36d9, ポリュピュリオス『センテンチアエ』31を参照。
7) 「かの神（ヌース）だけでなく，すべての神々（魂）があらゆるところに臨在する」(VI5 [23] 4.3-4)。魂はヌースの内にあるので，我々の魂から見れば，ヌース，「即ち叡智界はあらゆる所にある」(V9 [5] 13.13-14)。
8) 「君がもはや何も求めぬ境地に達したのは，君が万有のもとへやってきたからであり，その部分に留まるのではなく，『私はこれだけの者である』と言うこともなく，『これだけの』

て，あらゆる限定を破った外は，無限なる一者となる[9]。如何なる異なりもないところでは動きもなくなるのであり[10]，一者と合一した魂はいわば静止そのものとなる。上位の原理の分化・展開としての下位の存在には，上位の原理のもとにはなかった多様性や個別性が付加されている。そこで，この余計な付加物を取り去ること（ἀφαίρεσις）により，我々はヌースへと戻り，更に一者へと帰一することになる。従って，我々がヌースや一者を観るというのは，主体としての自我が客体としてのヌースなり一者なりを何処か外に見るということではない。むしろ，外界に見られる物質的なものを離れ，自己の内面へと意識を集中し，魂の起源へと立ち返ることにより，意識が却って拡張し，我々はヌースとなってヌースを見，一者となって一者を見る。「自己自身へと振り返る」ことは，始原へと振り返ることであり，自己の内奥に見られるという意味では，ヌースや一者は我々自身に内在していると言われることになる。

ということを捨て去って全体者となっているからである。もっとも，君は以前も全体者であったのだが」(VI5 [23] 12.16-19)。Ibid. 7.15-16 によれば，我々は「万有から自己を区切って境界付けることをやめる」時に，万有と一体化する。

　また，個別性や差別を捨て去ることは，全体性に後から付加された〈有らざるもの〉を取り去ることでもある。「人が〈有らざるもの〉からも成っているとしたら，その人は全体者ではないが，〈有らざるもの〉を捨て去った時に，自己自身を大いなる者とするのであり，それらを捨て去った時にこそ，万有が君に臨在するのである。だが，もし万有は他のものを捨て去った時には臨在するが，他のものと共にある時には現われないのだとすれば，万有は君に臨在するためにやって来たのではなく，それが臨在しない時には，君がそこから離れているのである」(VI5 [23] 12.22-27)。万有は（常に）臨在しているが，我々が，真には存在しないものの方を向いていて，それに気付かないのである。

　9) 神秘的状態について，ジェイムズは次のように述べている。「神秘的状態は，理路整然と叙述されることを拒むものであるが，それにもかかわらず，概して，かなりはっきりと理論的に捉えられるような傾向をもっている。大部分の神秘的状態の成果を，一定の哲学的方向を指し示す術語で表わすことが可能である。これら哲学的方向の一つは楽観論であり，もう一つは一元論である。私たちが普通の意識から神秘的状態に移るのは，より少ないものからより多いものへ，狭いところから広大なところへ，そして同時に不安定から平安へ移るのである」(W. James, pp. 329-330, 桝田啓三郎訳『宗教的経験の諸相』岩波文庫，238-239頁)。

　10)「すべての動（変化，増減，消滅，場所的移動等）に共通するのは，それぞれのものが，以前にあったのと同じ状態になく，全く止まって静止しているのでもなく，動がそなわっている限り，常に他の状態へと導かれ，その異なった状態も（そのまま）同じものに留まらないということである。何故なら，他の状態がなくなる時，動は消滅するからである。それ故，動とは，異なった状態になってそこに留まるという意味での異なり（ἑτερότης）なのではなく，常に異なりなのである」(VI3 [44] 22.37-43)。

2．一体化

　我々の魂がまず叡智界へと上昇しヌースと合一するには，感性的なものから浄化されていなくてはならない。不浄な魂は，「肉体や質料の方へと傾いている」（I6 [1] 5.49）。「浄化（κάθαρσις）」とは，「（魂としての）自己と無縁のものを一切捨て去っていること」（I2 [19] 4.6）であり，「清浄な魂たちは（肉体から）解放される時に，この世への誕生の際に付け加えられたものを捨て去る」（IV7 [2] 14.10-11, cf. V3 [49] 9.2-10）のである。「我々は弱ければ弱いほど，そして（肉体から）自己自身を引き離さずに，これを我々の最も価値のあるものとみなし，これが〈人間〉なのだと考えて，いわばその内へと沈潜すればするほど，我々は肉体が喜んだり苦しんだりするのを気に掛けることになる」（IV4 [28] 18.15-19）。プロティノスによれば，真の自己は肉体ではなく，叡智界に留まっている純粋な魂である。我々は自己のこうした本来の姿を取り戻さなくてはならない。それは，この世で持つようになっている諸々の情念からも自由になることであるが（cf. I6 [1] 5.54-58, IV7 [2] 10.9-11），そもそも情念（πάθος）や欲（ἐπιθυμία）は魂のものではなく，生命を与えられた肉体に属するものに過ぎない（IV4 [28] 18.8-9, 19-21, 20.1-3, 28.2-5, cf. 21.18-21）。そこで，情念や欲から離れるためにも，肉体的，質料的なものからは浄化されなくてはならない。そして，ちょうど夢の中の幻影から目覚めるように（III6 [26] 5.10-11），「諸々の不条理な影像から目覚めて，それらを見ないこと」（ibid. 23-24）が魂の浄化である。しかし，「自己自身を肉体から引き離す」といっても，これは単に感情や物欲を捨て，物質的なものに無関心になるということを意味しているわけではない[11]。というのは，先にも述べたように，叡智界へと戻るには感性界での個体性を捨て去ることが必要だからである。つまり，個体性に縛られているこの自我を脱却しなければならないのであり，これは具体的に言えば，利己心を捨て，更に所謂保身や現状維持を求める気持ちからも

---

11) 言うまでもなく，単に死んで肉体から離れるというだけでもいけない。我々の魂は，感性界で肉体を有していても肉体から離れることができる一方（I1 [53] 10.9-10），たとえ死んで肉体から出ても，「泥沼から目を逸らして駆け昇るまでは，感性界の質料の内に横たわっている」（I8 [51] 13.23-25）。プラトン『パイドン』80e2-81e4 を参照。

離れるということでなければならない。プロティノスは,「肉体から離れるのを恐れないこと」を,魂の「浄化」としての徳性における「勇気」だとしている (I2 [19] 3.16-17, I6 [1] 6.9-11)。肉体的・個体的な自己の存続に固執することをやめ,叡智界から生まれたばかりの無限定な魂の根源へと戻る時,ヌースと合一し,「我々はすべてであり一つである」(VI5 [23] 7.8)。

> 「もし人が,自分の力によってであれ,幸運にもアテナ自身に引き寄せられることによって (cf. ホメロス『イリアス』I194-200) であれ,(自己の内へと) 振り返ることができるなら,自己自身を神として,そして万有として見ることになるであろう。彼は初めのうちは,自己を万有として見るわけではないが,やがて自己をどのように据えて限定するのか,そして何処までが彼自身であるのか分からなくなり,万有全体から自己を区切って境界付けることを止め,何処にも前進することなく,万有の据えられているその場所に留まって,万有全体の内へとやってくることになろう」(VI5 [23] 7.11-17)。

「魂の真の目覚めとは,肉体を伴って起き上がるのではなく,真に肉体から離れて起き上がること」(ibid. 6.71-72) であり,その時,我々はより明瞭な意識を持ち,〈真に有るもの〉に「目覚める」[12]。即ち,肉体的な意識とは全く異なる別の意識が覚醒するのである。そして,ヌースとの一体化において,我々はヌースとなっている自己自身を直知する (V3 [49] 4.9-10, 6.3-4, cf. IV4 [28] 2.30-32)。

> 「誰か或る人が自己のもつ他の一切を捨て去り,これ (ヌース) によってこれ (ヌース) を眺める時,即ち,自己によって自己を眺める時,その人は彼自身がヌースとなっている。従って,彼はヌースとして自己自身を見るのである」(V3 [49] 4.28-30)。

---

12) 叡智界への「目覚め」(ἐγρήγορσις) については,IV4 [28] 5.8-9, VI7 [38] 22.15, IV6 [41] 3.15 を参照。

第一節　合一体験

そして，ヌースと一体となっている時，我々は自己自身を直知していても，自分が何者であるかという反省的な自己意識を持つことはない。

「(叡智界に到達した魂は)，自己自身についての記憶[13]も持っていないであろうし，観照している者が，例えばソクラテスであるといったような（一個人としての）自分自身であるということや，或いはヌースや魂であるということも思い出さないであろう。更に，人は次の事も心に留めなければならない。即ち，人は感性界においても観照している時には，それもとりわけ明瞭に観照している時には，直知作用によって自己自身の方を振り返るようなことはせず（οὐκ ἐπιστρέφει πρὸς ἑαυτόν），自己自身を持っていても，働きはそれ（ヌース）に向けられ，自己自身をいわば質料のように指し出すことによって，（自己自身が）それ（ヌース）になるのである。そして，見られるものによって形相化され，その時には（単に）可能的に彼自身なのである」(IV4 [28] 2.1-8)。

「人は直知作用によって或るものを直観的に把握する時には，それを直知し，観照する以外に何かを行うことはできない」(IV4 [28] 1.6-7)のだから，ヌースとの合一の際，我々は自分がソクラテスであるとか魂であるとか思い出すことはなく，またヌースであるということさえ，敢えて振り返って考えることをしない。ヌースとの合一においては，逐次的思惟や感覚的知覚は働かない。

「我々は，かしこで最も良くヌースに従っている時，自分が無知であるかのように思うのである。それは，我々が知覚の感受を期待していても，知覚は何も見えなかったと言うからである」(V8 [31] 11.33-35)。

即ち，ヌースとの一体化において，我々は何の知覚も持たなければ，

---

13) 叡智界にある魂は永遠不変の直知を為すだけであるから，記憶をもたない (IV4 [28] 1.1-16)。

魂としての自己意識ももたず，直知活動のみに没入するのである。

> 「魂はかの場所（叡智界）にあって，もし（ヌースへと）振り返った（ἐπεστράφη）のであれば，ヌースとの一体化へと至るのは必然であった。つまり，魂が（ヌースへと）振り返った（στραφεῖσα）時，両者の間には何ものも介在せず，魂はヌースの内に至ってこれに適合し，適合することによってこれと一体になったのである。その際，魂がなくなるのではなく，両者は一であるとともにまた二でもある（ἕν ἐστιν ἄμφω καὶ δύο）」（IV4 [28] 2.25-29）。

ヌースとの合一は，我々の意識状態がヌースのそれに「適合する」ことである。即ち，感性的なものからの影響を受けずに，唯ヌースを直知することである。但し，そもそもヌース自身が直知する作用と直知される対象とをもち，「一にして二である」（V1 [10] 4.31, V6 [24] 1.6-7）。そこで，一者との合一が全くの「一」であるのと異なり，ヌースとの合一は，やはり作用と対象との一体化であり，「一であるとともに二でもある」。しかも叡智界の諸形相は多様である。即ち，我々が叡智界に目覚めて獲得する真理は，尚，究極的な「一」ではない。そこで，我々はそのような多様性を生み出す始原を，更に求めなくてはならないし（cf. III8 [30] 9.5-6, V3 [49] 17.6-10），また何かそのようなものがあると予感してもいるのである（V5 [32] 12.7-9, III5 [50] 7.7-8, cf. VI9 [9] 9.24-25, V3 [49] 11.6-7）。

一者は，直知で捉えられるものでなく，ヌースや叡智界における限定を超えている。一者の把握は一者との同化によるしかないが（cf. VI9 [9] 4.24-30），一者は直知を超えて，全く無限・無形相・無限定なものであるから，一者と合一するには，叡智界における知識や，直知される形相（直知の内容）さえ手放すのでなければならない（VI7 [38] 34.2-4, VI9 [9] 7.14-16, cf. V5 [32] 6.20-22）。「悪いものであっても良いものであっても，持っていてはいけない」（VI7 [38] 34.6-7）のである。即ち，感性界で身に付けたものだけでなく，真に「一切を取り去る」（V3 [49] 17.38, cf. VI9 [9] 9.50-52）のでなければならないのであって，感性的な自己を否定して得たヌースの直知にさえ執われず，更にその先の無限定性へと

第一節　合一体験

我が身を投げ入れるのである。その時,

> 「魂は,自己の内に（一者が）忽然として（ἐξαίφνης）[14]現われるのを見る。——というのは,（両者の間には）何も介在せず,もはや（一者と魂とは）二つのものでなく,両者は一つのもの（ἓν ἄμφω）だからである。何故なら,（一者が）現前している間は,君はもはや（両者を）区別できないだろうから。結合することを願う此所（感性界）での恋する者と恋される者とは,その模倣である。——そして（その時）魂は,もはや肉体も,つまり自分が肉体の内にあるということをも知覚しないし,自分を（一者以外の）他の何かであると言いもしない。人間であるとも,生きものであるとも,存在するものであるとも,あらゆるものであるとも。何故なら,これらのものの眺めは,どこか（一者と）不釣合いのものだからである。そして,これらのものに係わる暇ももたず,それを望みもせず,かのものを探し求めていた魂は,（常に）臨在するかのものに出会い,我を忘れて,かのものを眺める。そして,自分が何者として眺めるのかということすら,顧みる余裕をもたない」(VI7 [38] 34.12-21)。

ヌースとの合一と同様に,一者との合一においても,体験者は魂としての自己意識をもたず,「一者の観照において我を忘れて一者と一体となる」(VI9 [9] 7.20-21)。一者を眺めるといっても,一者を対象として眺めるわけではない。というのは,そこでは「二つのものはなく,見る者自身が見られるものと一つだった」(VI9 [9] 11.4-5) からである。そこで,それはむしろ,「接触であり,発言されない,非直知的な,いわば単なる触覚のようなもの」(V3 [49] 10.42) である。それは,「脱自であり,単一化であり,自己放棄であり,接触への努力であって,また静止（στάσις）[15]であり,思念を凝らして（一者に）適合すること」(VI9 [9] 11.23-25) だと言われる。

---

14)　第1章への注17)を参照。
15)　一者は「全く静止している」(V3 [49] 10.17-18) とされ,我々も一者に至って「全く静止しなくてはならない」(V5 [32] 4.9, cf. VI9 [9] 11.15-16) と勧告される。但し,一者の「静止」は,叡智界の形相としての「静止」ではない (cf. VI9 [9] 3.42-49)。

一者は我々にとって単に内在的であるだけでなく超越的でもある。一者は我々の意識が一そのものとなって静止した時，我々自身の内に見出されるが，一者の力は，我々の限定された自我意識をどこまでも超えて広がっていると言い得る。従って，一者へと帰一することは，外界の物質的で感性的なるものを離れて自己の内奥へと意識を集中すること，即ち〈自己自身への振り返り〉であるが，限定された自我意識を破って一者の無限な広がりへと出るという意味では「エクスタシス（語源的には外に立つこと）」，即ち「脱自」である。これはヌースの場合も同様で，我々は個別的なものから全体的なものになるのであった。

　　「そこで見ることができるのは，見ることが許されている限りでのかのものであり，自己自身である。その自己自身は，叡智的な光に満たされて，光り輝き，あるいはむしろ光そのものとなって，清浄で何の重荷もない軽やかな自己自身であり，神（一者）となった，若しくはむしろ神であるところの自己自身である」（VI9 [9] 9. 55-58）。

　こうして我々は「我を忘れ」「自己を放棄し」「自己を脱し」て，一者そのものとなる。その時，我々は自己を意識しないだけでなく，如何なる認識ももたない。

　　「その時魂は，別の時には歓迎していた直知活動さえも軽蔑する気分になる。何故なら，直知することはそもそも一種の動きであるが，魂は（もはや）動くことを欲しないからである。というのも，魂が言うには，自分が見ているかの者も動かないのだから」（VI7 [38] 35.1-4）。

　直知活動は一種の動であるが，一者は動かない。そこで，一者と一体となった我々の魂は，直知しないし，また動きもしない。

　　「その時には魂もまた動かない。かの者も動かないのだから。更にまた，（魂はその時）魂ですらない。かの者も生きているのではなく，

第一節　合一体験

生きることを超えているのだから。それはまた，ヌースでもない。かの者もまた直知しないのだから。何故なら，魂は（かの者に）似た者とならなくてはいけないからである。そして，魂はかの者をも直知しない。そもそも直知さえしないのだから」（VI7 [38] 35. 42-45）。

一者と一体となっている間，我々は全く動きのないものとなり，一者についても自己自身についても直知することがない。

「（一者と一体となった者は），自己自身に対しても他者に対しても如何なる異なりも自己の内に持たないので，彼自身が一なる者であった[16]。何故なら，彼のもとには何の動きもなく，感情も他者への欲求も，ここまで上昇した彼にはなかったからである。むしろ，彼には理性も何らかの知性の働きも，またもしそこまで言う必要があるとすれば，自己自身さえも全くなかったのである。むしろちょうど魂を奪われたり，神憑りになったりしたようにして，静かに独りで何の動揺もない状態になる。彼自身の存在のどこにも傾きが生ずることはなく，自己自身について思い巡らすこともなく（οὐδὲ περὶ αὑτὸν στρεφόμενος），全く静止し，いわば静止になりきっている」（VI9 [9] 11.8-16）。

ヌースとの合一においても，我々は魂としての自己意識は持たなかったが，そこには直知の働きがあり，我々はヌースとなって自己直知を行うのであった。つまり，我々の魂とヌースとは一体となっていても，そこにはなお直知する作用と直知される対象という「二」があった。それに対して，一者との合一は非直知的なもので，そこには作用とその対象という「二」はもはや存在しない。一者は主観と区別される対象として把握されるものではない（VI9 [9] 10.20-21）。我々は自己を放棄し，我

---

16) 「かのもの（一者）は，差異性を持たないので（cf. VI7 [38] 39.3）いつも臨在しているが，我々は差異性をもたない場合においてのみ，そこに居合わせる」（VI9 [9] 8.33-35）。万物が存在するには「差異性」がなくてはならないが（VI7 [38] 39.8-9），我々は，あらゆる差異を棄て去ることによって一者と「一つになる」（VI9 [9] 11.6, cf. ibid. 4.23-24, 10.21）。

を忘れて一者に没入し,単に魂としての自己意識をもたないだけでなく,如何なる動きもない「静止」そのものとなるのであり,その時は,直知を行わず,自己を振り返り,我に返ることもない。とはいえ,これは所謂無意識の状態を意味するのではない。一者との合一とは,一者の内的な働きとの一致であるが,これはむしろ「目覚め (ἐγρήγορσις)」であり[17],「超直知 (ὑπερνόησις)」である (VI8 [39] 16.30-33)。そこで,我々は一者と合一する時,この意識に目覚めるのである。そして,一者そのものとなっている自己を自覚する (VI9 [9] 9.55-56)。これは,「至福の状態 (εὐπάθεια)」(VI7 [38] 34.38, cf. ibid.30, 35.26, プラトン『パイドロス』247d4) である。

3.「合一」からの離脱

 一者やヌースと合一している間,人は「自分が肉体の内にあるということを知覚しない」し,「例えばソクラテスであるといった (一個人としての) 自分自身であることも思い出さない」とはいえ,この体験の間も肉体は維持されており,合一が終わればソクラテスならソクラテス自身の肉体へと再び意識が戻ってくることになる。我々の魂は叡智界に昇る体験をしても,肉体を有する限りは,肉体を管理するという魂本来の仕事を免れるわけではない。プロティノスは自らの体験として,合一状態から肉体へと意識が戻った時の様子を次のように語っている。

> 「しばしば私は肉体から自己自身へと目覚め,他の諸々のものから脱して私自身の内部へと入り,驚嘆すべき素晴らしい美を見るが,その時ほど,私は自分が高次のものの一部であることを確信したことはない。その時私は最善なる生を営み,神的なものと同化し,その内に据えられ,かの働きへと至って,他の一切の直知対象を超えたところに自らを据えていたのであるが,神的なものの内でのこうした静止の後に,ヌースから推論的思惟へと降下し,『今はどうして (ここまで) 下ってきているのか,一体どのようにして私の魂は肉体の内に入ってきているのか,それはたとい肉体の中にあっても,

---

17) 一者への「目覚め」については,VI9 [9] 3.24, 4.13, IV8 [6] 1.1 を参照。

第一節　合一体験

自己自身のみで現われた時と変らないものであるのに……』と思い惑うのである」(IV8 [6] 1.1-11)[18]。

　我々は「他の一切の直知対象を超えた」一者における「静止」の状態に至っても，永遠にそこに留まるわけではなく，肉体の内に宿っている状態を再び意識することになる。

　「それでは，何故かしこに留まらないのであろうか。それは，（魂の）全体がこの世から脱しているわけではないからである。しかしいつか，肉体の如何なる煩わしさにも妨げられずに，観照を持続する時も来るであろう」(VI9 [9] 10.1-3)。

　「全体がこの世から脱していない」のは，たとい我々が肉体に関心を向けていなくても，魂が肉体内にある限り，それは肉体の栄養摂取や成長等に携わる植物的部分を伴うからである[19]。そこで，叡智界に永遠に留まるには，魂は肉体を永久に去らなくてはならない。しかし肉体の内にある間でも，一者からの降下と再度の上昇とを繰り返すことが，「神々

---

18) Rist (1967, p. 56, 195), O'Daly (1974, pp. 159-160) はこのパッセージを一者との合一に言及したものと考えているが，Hadot (1970-1971, pp. 288-290) はこれをヌースとの合一を述べたものだとみなしており，O'Meara (1974, p. 243, note21) も Hadot の解釈に従っているように見える。しかし，τότε μάλιστα (l. 4) といった表現はヌース体験としてはやや大げさな印象を与える。魂は，ヌースよりもむしろ一者との合一において，自分が高次なるものの一部であることをより強く確信するのではないだろうか。少なくとも初期の著作においては一者が「直知対象」(νοητόν) と呼ばれている (V4 [7] 2.4, 7, 12-13, 23, V6 [24] 2.6, 8, 10-12) ので，このパッセージにおける「他の一切の直知対象 (πᾶν τὸ ἄλλο νοητόν)」(l. 6, cf. VI9 [9] 4.2-3 τὰ ἄλλα νοητά) も，「直知対象」としての一者に対するヌースの諸形相を指すと見なされ得る。また，V8 [32] においては，「美」はヌースとして明確化されているとしても，一者が「美」として述べられることもある (I6 [1] 6.25-26, 7.2-3, 15-16, 9.39-40, cf. VI7 [38] 33.22, VI2 [43] 18.1) ので，ここの「驚嘆すべき素晴らしい美」も一者であるとみなすことができる。そして，また「静止」も一者の体験を思わせる。一者との合一は，「全く静止し，いわば静止になり切るようなもの」(VI9 [9] 11.15-16, cf. ibid. 24) である。また，一者自身は生命の根源としてそれを超越しているとしても，ここでの「生」は体験者自身の生の投影とみることができる。我々の魂は〈合一体験〉の間も生命を維持しているからである。更にまた O'Meara がしているように，このパッセージを VI9 [9] 9.46-10.2 における一者体験の記述とも比較されたい。

19) 第4章への注21)を参照。

のごとき，幸福なる人々の生活」(VI9 [9] 11.49) だとされる。

> 「そのような観照から離脱するとしても，再び自己の内の徳を目覚まし，それらの徳で自己が秩序づけられているのを認めるならば，再び（肉体の重みから）軽くなり，徳を通してヌースと智慧（σοφία）に至り，智慧を通してかのものに至るであろう」(VI9 [9] 11. 45-48)。

　ヌース体験の場合にしても一者体験の場合にしても，合一状態は我々にとって永続的なものではなく[20]，我々は再び肉体内の自己意識へと戻ってくる[21]。即ち，合一の状態においては我を忘れ，自己自身を振り返って見ることがないが，合一状態から離れれば，我々は再び普段の自己意識を取り戻すのである。すると，〈合一体験〉における「至福の状態」を後から振り返って思い出す時，体験者は何かを認識するのではないだろうか。そして，一者との合一自体は，一者を知ることではないとしても，その体験は後の我々の知識に，何かをもたらすのではないだろうか。プロティノスは，一者の体験から肉体的意識へと戻った後，それを人々に伝える義務があるとしている。「かのものと一体となり，いわば充分な交わりを得た後に帰って来て[22]，もしできるなら，他の者にもかしこでの交わりを伝える[23]ようにしなければならない」(VI9 [9] 7.22-23)。し

---

[20] O'Meara (1974) は，IV8 [6] の冒頭で述べられている神秘体験を日常的なものとみなし (p. 242, 244)，「魂と肉体との間に存する関係によって断続的なものとなっている魂の原初的な状態の体験」(p. 244) なのだとしている。しかし，肉体との関係でこの状態が非連続的なものとなっている限り，肉体に宿っている我々の魂がこの状態の意識に目覚めることは，例外的，一時的な出来事であると言えよう。Hadot (1987, p. 6) は，ポルピュリオスがプロティノスのもとにいた間，プロティノスが四度一者を体験したという記述（ポルピュリオス『プロティノス伝』23.1-27）に言及し，〈合一体験〉を「一時的でやや稀な体験で，そこには始まりと終わりとがある」としている。(cf. Hadot 1986, pp. 241-245)。Bussanich (1994, pp. 5322-5328) は，我々の魂が最終的に達する〈合一体験〉を永続的なものだと考えているが，彼自身も認めているように，プロティノス自身がそうした主張をしているわけではない。そのような可能性が示唆されていると考えられる箇所は，本文中に引用した VI9 [9] 10.1-3 のみだと思われるが，それは肉体の死後を意味している。

[21] Cf. Rist, 1967, p. 230.

[22] プラトン『国家』(VII 519d1-7) を参照。

[23] ヌースとの〈合一体験〉の「報告」については，V8 [31] 12.3 を参照。

かしこの時，人は一者との一体化の最中には敢えて意識しなかったことを語るのである。

そこで次節では，〈合一体験〉から離脱する際，我々に何が起こるのかを見てゆくことにする。

第二節 〈合一体験〉の対象化

既述のように，神秘的合一の際，我々はヌースや一者に没入し，自己自身についての反省的意識をもたない。とはいえ，我々の自己意識は潜在的なものとしては維持されており，それが再び現われるのは，観照から我に返った時である[24]。逆に言えば，反省的な自己意識をもった時には，我々は観照から離れているのだと言える。プロティノスは，感性界における場合でも，自己の働きが対象化して眺められる時，働きそのものへの集中が妨げられ，弱められることを指摘している。自らの行為が意識される時，意識の対象は行為そのものから，自分がその行為をしている事実へと移行するからである。

「人は，我々が目覚めている場合でも，我々が考えたり実践したりしている時に行う，理論や実践面での数多くの優れた活動を見出すであろうが，その際，我々はそれらの活動を意識して（παρακο-λουθεῖν）行っているわけではないのである。つまり読書をしている人は，必ずしも読書をしていると意識しているわけではないし，とりわけ読書に熱中している時にはそうなのである。また勇敢な人が，自分は勇敢に振舞っているとか，自分の活動はすべて勇気（という徳）にかなっていると意識しているわけでもないし，同様の例は他にも無数にある。従って，おそらく働きに意識が伴うと（παρακολουθοῦσι），意識（παρακολουθήσεις）はその働きを弱めてしまうのであり，働きはそれだけである時に純粋で，より活発で，

---

24) 叡智界に上昇した魂も，感性界で見ていたものの記憶を「潜在的には」もっており，それが再び現実的に働くのは，叡智界での活動を止めて，叡智界から離れた時だと言われている（IV4 [28] 4.14-20）。

より生き生きとしているのである。特に賢者がそのような状態にある時には，その生は感性界に四散されることなく，生それ自体の中に一つに集められるので，一層生き生きとしたものになるのである」(I4 [46] 10.21-33)。

ここに，我々は二つの種類の意識を認めることができる。即ち，行為への集中と，自らの行為の意識化，対象化である。読書に熱中している時，人は我を忘れているとはいえ，「目覚めて」はいるのであって，決して無意識でいるのではない。たとい自分が読書をしていることを意識しなくても，我々は自分が読書をしている事を知らないわけではない。むしろその時の意識はより明瞭で生き生きとしている。しかし，自分が読書をしている事実に我々の意識が向けられる時，我々の意識は書物の内容から離れることになる。ヌースや一者との合一の際も，意識がヌースや一者に集中している間，人は我を忘れているが，決して無意識でいるわけではなく，寧ろ叡智界や一者に「目覚め」て「至福の状態」を体験している。そして，その最中は反省的な自己意識をもたないが，これを対象化して意識する時，人は合一状態から離脱して，別の意識をもつことになるのである。

1. ヌースの対象化による魂の知

ヌースとの合一は永続的なものではなく，我々の魂は「ヌースから推論的思惟へと」降りて来る。それは，ヌースとの直接の接触に至り，自己の内なるものとしてヌースを持つようになっても，我々はそれを対象として外から見ようとしてしまうからである。叡智界の美に満たされた者にとっては，

「もはや対象が外部にあるのでも，また主体が外から見るのでもなく，視覚の鋭い者は，見られるものを自己自身の内に持つのである。ただし持っていても，多くの場合は，自分が持っていることに気付かず，外部にあるものとして眺める。それは，彼がそれを見られる対象として眺めるからであり，また眺めようと欲するからである。そして人は見られるべき対象として眺めるものを，すべて（自己

第二節 〈合一体験〉の対象化　　169

の）外部に眺めるのである」(V8 [31] 10.35-39)。

　何かを対象化して見ることは、それを外側から見ることである。そこで我々は、たといヌースと一体となっても、ヌースを対象として見ようとするなら、再びヌースとの一体性の外に出て、ヌースを外から見ることになる。その際、我々はヌースの単なる映像を眺めることになる。

　「我々の内の誰かが、かの神（ヌース）によって乗り移られても、自己自身（としてのかの神）を見ることが出来ずに、それを観照対象として見るために（外へ）現前させる時には、彼は自己自身を（かの神の）前に連れ出しているのであり、飾り立てられたかの神の映像を（外から）眺めているのである。だが、たとい美しいものであっても、その映像を捨て去り、かの神との一体化に至り、もはや（神と彼とに）分裂させないならば、彼は一にして全体が一緒に、音もなく臨在するかの神と共にあり、可能な限り、また彼が望む限り、かの神と共にある。しかし、振り返って（神と彼との）二者になる（ἐπιστραφείη εἰς δύο）場合も、彼が清浄なものとしてあり続けるなら、神に隣接しているのであり、従って彼が再び神へと振り返れば（ἐπ' αὐτὸν στρέφοι）、再び以前の仕方で神の元にあることができる。この振り返り（ἐπιστροφή）において、彼は次の利点を有する。最初、彼は自分が神と他者である間は、神を知覚する（αἰσθάνεται αὐτοῦ）。だが、内部に走り入るなら、すべてを所有し、知覚（αἴσθησις）を後ろに放り出し、他者であることを恐れて、かしこで一体となる。そして、もし彼が（神を）他者として見ようと欲するなら、自己を外部に転出させるのである」(V8 [31] 11.1-13)[25]。

　我々はヌースと一体となってヌースを直知するだけでなく、ヌースを外から見ることにより、それを知覚する。我々が「知覚する」ことができるのは、我々がヌースの領域にいないからである。そこで、我々はヌ

---

25) 一者体験の場合も、人はそこからの下降とそこへの上昇とを繰り返す (cf. VI9 [9] 11.45-48)。プロティノスは VI9 [9] 8.1-10 で、魂の運動を、一者を中心に巡る「円環運動（ἡ ἐν κύκλῳ）」として語っている。

ースと合一しても，ヌースを対象として見たいと欲する場合にはヌースとの合一から離脱して下降し，「もっとよく知覚しようと欲することにより，（ヌースに集中している）自己から離れる」(V8 [31] 11.24) ようになる。こうして，我々はヌースとの合一状態を外から「振り返って（自己とヌースとの）二者になる」(V8 [31] 11.7)[26]。

我々の魂はヌースの内のロゴス（λόγος 形成原理）と一体化した場合も，それをより良く理解しようとして考察することにより，ロゴスを対象化し，これとの一体化を離れると言われる。

> 「このようにして魂はロゴスと親しくなり，これと同じ状態におかれた場合でも，尚それを口に出して呈示して——何故なら，そのロゴスを第一義的な意味でもっていたわけではなかったのだから——理解し，呈示することによっていわばこれとは別の存在となり，推論的思惟を働かせながら（διανοουμένη），これを自分とは異なったものとして眺める。……魂が口に出すことは，自らの不足の故に，自分が所有するところのものを考察し，吟味しようとして口に出すのである」(III8 [30] 6.21-29)[27]。

我々の魂は「観照したものについてのより多くの理解と考察による観照とを得ようとする」(III8 [30] 6.32-34)。即ち我々は，推論を超えた存在と一体化しても，その後再び推論的思惟を働かせてその対象を吟味し，理解を深めようとするのである。だが，我々は叡智界の観照対象を自分

---

26) 下位の存在が上位の原理と一体となっている状態において〈自己自身への振り返り〉が述べられる文脈では，〈自己自身への振り返り〉は，下位の存在が上位の原理から分離し下降することを意味する (cf. Brisson-Pradeau, 2006, p. 124, note 173)。即ち，「振り返り」には両方向あることが留意されなければならない。我々の魂が叡智界へと向かう際の「自己自身への振り返り」(V3 [49] 8.29-30, cf. I4 [46] 11.8) は，外から内への「振り返り」であり，感性界に落ちている自己の叡智界に留まっている真の自己への「振り返り」である。この「自己自身への振り返り」によって我々の魂が離れるのは，感性的な自己である。これに対して，観照や〈合一体験〉を反省的に振り返って我に返る働きにも，プロティノスは「振り返り」という用語を使っているわけである (cf. VI9 [9] 11.14-15, IV4 [28] 2.5)。

27) このパッセージについて，Schroeder (1985, p. 82) は，「魂は観照の対象との一体化に至っても満足することはできず，推論的思惟と発言とにおいてそれを吟味しながら，いつもそこから引き下がり，それを他者として見るようになる」と説明している。

第二節　〈合一体験〉の対象化

が得ていることを意識することにより、却ってそこから離れるのである。

> 「たとい人が、自分が持っていることを意識しなくても (καὶ μὴ παρακολουθοῦντα)、持っていることを知っている時よりも一層力強くそれを自分のところに持っているということがあり得る。持っていることを知っている場合、おそらく自分自身は別のもので、それを自分とは別のものとして持つことになるだろうが、持っていることを知らない場合は、おそらくその人は、自分が自分の持っているところのものであるだろうからである」(IV4 [28] 4.10-13)。

自分が所有しているものを意識することは、自分がそこから離れてそれを対象化することである。人は、自己自身のもとにあるものを意識しない時には、それといわば一体となっているが、意識する時には、それを対象化して外から眺めることになる。Hadotは魂の中心的部分とされる言語、表象、記憶を伴った推論的部分の意識が、反省以前の神秘体験に対して果たす反省的役割を論じ、それが捉えようとする内容を言語や表象に翻訳しつつ対象化し外在化するものとし、その際、ヌースを対象として捉えるには、魂の意識はヌースとの一体化の外に出る必要があると指摘している[28]。

読書の例のような感性界での体験に限らず、ヌースを観る体験においても、意識に二通りあることが注意されなくてはならない。即ち、我を忘れて対象と一つになる意識と、それを振り返って対象化する反省的意識とである[29]。V8 [31] 11.22-24によれば、見る作用と見られる対象と

---

28) 「ヌースを主観の前に置かれた客観として把握するに至るには、自己自身がヌースとの一体性の外に出なくてはならない。その時人は、もはや神秘体験におけるような全体的で綜合的な仕方でそれを感じることはできない。しかし、ヌースの内に含まれ、それを表現する個々の形相を、人は理論的な仕方で詳述しなくてはならない」(Hadot 1980, p. 259)。

29) II9 [33] 1.50-51では、「ヌースは、第一義的な直知において、自分が直知していることを直知することをも、(自己を直知することと) 一つのものとして所有するであろう」と述べられている。Gerson (1997) はこの記述をプロティノスの強い主張として捉え、ヌースの自己直知を、自己の認識活動の自覚という意味での自己反省として特徴付け、これをヌースの本質的属性とみなしている。しかし、II9 [33] 1の文脈でヌースに「直知していることを直知すること」が認められているのは、単にヌースが無自覚であることを否定するためである。同様に、V4 [7] 2.16では一者も「自己を完全に識別し得る」と述べられているが、そこ

が一致しているという意味での自己意識は,「もっとよく知覚しようと欲するために,(ヌースに集中している) 自己から離れる」場合の意識から区別されている。ヌースと一体となっている魂も,自己直知を行っているという意味では自己意識を有しており (IV4 [28] 2.31),「我々が,我々の知と我々とを一つにした時 (即ち自己自身が知そのものとなった時),我々は自己自身によって最も良く知られている」(V8 [31] 11.31-33) と言われており,その意識は普段の場合より明瞭である。だが,その状態を振り返って対象化し,反省的に意識する場合には,ヌースとの合一から離脱して,ヌースを外から見ると同時に,我々の普段の意識に立ち戻る。即ち,直知に集中するのを止め,反省的な意識を働かせる時,我々の魂はヌースから離れ,再び魂としての意識に戻ってヌースを外から見るのである。その時,我々は魂固有の認識作用によって,ヌースを捉え直す。その時捉え直されたヌースは,魂の推論的な思惟作用によって対象化され,映像化されたものに過ぎない。ヌースについての〈理論的説明〉が可能となるのは,この時である。

>「(魂は) 一切の真理の上を,そして我々が分有しているだけの真理の上を駆けながらも,尚,もし人が (それらについて) 発言したり思考 (διανοηθῆναι) したりしようとするなら,(それらの真理から) 逃れ去る[30]のである。知性 (διάνοια) が何かを言うためには,次々に別のものを捉えなければならないからである。何故なら,そのようにして逐次的な説明も成り立つからである」(V3 [49] 17.21-24)。

「我々が上方でヌースの本性の内にいた間は,我々は満足して直知

での論点も,一者への認識作用の付加ではなく,むしろ一者の無自覚性の否定である(一者は「いわば無知覚の状態にあるのではない」(ibid. 15))。だが,自己の働きに対するそのような自覚は,自己の働きを対象化する反省的意識とは異なる。そして,この種の自覚は,ヌースや一者に限られたものではない。例えば,我々が小説を読むことに熱中している場合も,自分が読書をしており,自分が追体験している事柄が小説の内容であることを,我々は直接に知っている。だが,自分が読書をしていることを意識することは,それとはまた別のことである。即ち,自己意識には,活動に集中して没頭する意識と,これを反省して対象化するものとがある。

30) H.-S.2 に従い,写本の εἰσφεύγει に代えて,Creuzer 以降の ἐκφεύγει を読む。Ficinus の訳でも aufugit である。

第二節 〈合一体験〉の対象化　　173

活動をし，すべてのものを一つにまとめて見ていた。何故なら，そこで直知している者はヌースであって，自己自身について語っているのであり，魂はヌースの活動に一致して静かにしていたからである。しかし，再びここへ，魂の中へと戻って来た後は，我々は何らかの説得力が生ずることを求めるのである。いわば似像の内に原型を見ようと望んでいるかのように」(V3 [49] 6.12-18)。

「何らかの説得力」とは，言うまでもなく理論的な説明による説得力である。我々は，ヌースと一体となっている間はすべてを同時に見ているが，ヌースから降下すると，順を追ってそれを考察し，説明することになる。これがヌースと理論的知性との違いである。

「一なるヌースの内にあるものは何であろうか。我々はそれらを分けて考えるのであるが。というのは，（ヌースの内では）静かに留まっているそれらを，あたかも一体になっている知識（学問）の中から，そこに内在するもの（諸定理）を順次考察するようにして，取り出さなくてはならないからである」(V9 [5] 9.1-3)。

そこで，ヌースと一体となった我々の魂は，ヌースについて理論的に思考しようとしてヌースを振り返り，これを対象化して考え始める。この時，我々は再び記憶の能力を働かせ (IV4 [28] 4.14-15, cf. ibid. 3.1-3)，叡智界についての記憶 (IV4 [28] 3.3-4, 4.6-7) に基づいて思惟し，推論的な仕方でヌースを再認識することになる。

こうした魂の思考は，ヌースが反省的に見られて展開されるものであり，魂におけるヌースの反映で，ヌースとの一体性から発するものである。従って，それは魂としての働き（魂の内的な働き）であると同時に，またヌースの外的な働きでもある。そして，ヌースと魂との関係は，我々の内なる観念と，それについて口外された言論との関係に等しい。我々は何らかの観念を抱くと，それを言葉により分節化し，展開して説明しようとする (IV3 [27] 30.7-10)。我々の魂がヌースと一体になった場合も，次に魂固有の推論的知性により，ヌースの内の直知内容を逐次的に捉え直して展開させる。このようにして「直知の領域から思惟の領

域に下って」きた魂は，ヌースの「解釈者」(ἑρμηνεύς I2 [19] 3.30) であり，その「言論的表現（ロゴス）」となるのである（V1 [10] 3.7-9, cf. I2 [19] 3.27-30, IV3 [27] 30.7-10, III8 [30] 6.22）。

　魂の「徳」(ἀρετή) としての「智慧」（ソフィア）も，魂の内に生じたヌースについての知である。勿論この「智慧」は「市民的徳」に属するものではなく，「浄化としての徳」に属するものであるが[31]，これは魂がヌースを外から見た時の知である。というのは，もし魂がヌースと一体となって直知を行っている最中に「徳」をもつとしたら，既にヌースの内に「徳」があることになってしまうが，「徳」としての「智慧」はヌースの内ではなく，魂の内にあるものだからである。「智慧（σοφία）や思慮（φρόνησις）には二通りあり，一方はヌースの内にあり，他方は魂の内にある。そしてかしこにあるのは徳ではなく，魂の内にあるのが徳なのである」(I2 [19] 6.13-15, cf. ibid. 3.31)。そして，「(ヌースの働きが)叡智界からやってきて，感性界で別のものの内に宿ったものが徳である」(I2 [19] 6.16) と述べられているように，「徳」としての「智慧」はヌースの直知の魂における映しである。そこで，それは魂がヌースに向かって「観ること」であり，魂の中にある「見られたもの（ヌース）の印象」(I2 [19] 4.19) だと言われる。従って，ヌースと一体化した我々の魂が再びそこから下降し，叡智界から普段の自己意識に戻るとしても，その魂はヌースにおける直知内容に照らして，残りの人生を送ることができる。

2．一者についての第一の認識はヌースの直知である

　一者そのものの把握は一者との同化によってのみ可能であり，それは一者の内的な働きに一致することである。一者は全く無限定で，全く静止しているため，魂が一者を体験するのも，自らそのような者となることによってであった。一者との合一は，静止そのものになり切るような

31）第4章注2)を参照。「浄化としての徳」は，魂の感性界から叡智界への「振り返り」に伴うものだとされる (I2 [19] 4.18)。Aubin (1963, p. 168) は，ヌースの一者への「振り返り」と魂のヌースへの「振り返り」を比較し，ヌースの「振り返り」がヌース誕生の際の限定にかかわるものであるのに対し，魂のレベルでの「振り返り」は倫理的な性格を持っていることを指摘している。この点については，Hadot (1980, p. 259) も参照。

ものであり，その時,「言論も，何らかの知る働きも存在しない」(VI9 [9] 11.11) と言われる。一者と一つになった魂は，自己意識をもたないし，思考もしなければ，発言もしない。そこで,「かのものの会得は，学問的知識 (ἐπιστήμη) によるのでもなく，また他の直知対象のように，直知の作用によるのでもない。それは知識に優る (直接の) 臨在による」(VI9 [9] 4.1-3) とされる。しかし，一者と合一した魂が，その内の「静止」に留まらず，その体験について考察し始める時，魂は一者との合一から離脱する。

　「もし魂が，何らかの知識を得るならば，魂は一であることから離れて立つことになり，全く一なのではないことになる。何故なら，知識は言論であり，言論は多なるものだからである。従って魂は，数多に堕して，一体性を逸脱することになる」(VI9 [9] 4.3-7)。

　そこで，プロティノスは，一者にのみ向かって，一者の内の完全な「静止」に留まるように我々に勧告する。

　「もはや何ものをもそれ (一者) に付加してはならないし，ほんの僅かでもそれから離れ，前へ進んで二者になるのを恐れて，完全に静止しなければならない」(V5 [32] 4.8-10)。

　一者から遠ざかり，より不完全なものとなることは，より多くのものが付加されることである (III9 [13] 9.22-23, cf. VI5 [23] 12.19-22)[32]。一者との合一において，体験者はあらゆる運動から離れて静止そのものとなるが，この状態に何らかの知的活動が付け加えられるや否や，体験者は一者から「離れ」,「前へ進んで二者になる」(εἰς δύο προελθεῖν) ことになる。何故なら，一者と合一した者が一者について少しでも何かを思えば，一者との一体性から離れ，認識主体と対象との「二」になるからである。プロティノスが言うように,「何かが全くの静止において留まる

---

32) そこで，我々が一者へと帰還するには,「一切を取り去る」(V3 [49] 17.38) 必要がある。

なら，それは直知をしないであろう。従って，直知する者は，直知する時には，二におけるものでなくてはならない」(V3 [49] 10.22-23)。「見る働きがあるためには，一より多いものがなくてはならない」(V3 [49] 10.14)。一者との合一の際，我々は一者と一つであり，これを対象化して (ὡς ἕτερον) 見ないが，対象化して見たときには，既に我々は一者から離れている (VI9 [9] 10.17-21)。我々は一者と合一し，一者そのものとなっている時にはただ「静止」しているが，それを対象化して見ることにより，一者についての何らかの認識を得て，一者から離れるのである。

　一者についての認識は，一者についての多様な表現であり，一者の内容の「展開」である。そこで，一者との〈合一体験〉を振り返って見る時，体験者は一者自身ではなく，その「似像」をもつことになる。

　　「かのものと交わっている時に自分が何者となっていたかを，もし思い出すなら，人は自己自身のもとにかのものに似た像 (εἰκών) をもつであろう」(VI9 [9] 11.6-7)。

「一者の似像」とはヌースである。ちょうどヌースの内容を理論的思惟に翻訳して解釈したものが魂の内容となったように，一者の内容を直知に翻訳して解釈したものはヌースを満たす内容となる。そして，我々は，一者と合一している間は我を忘れて一者となりきり，これを対象化して見ないが，これについて考え始めるや否や，一者を対象化し，合一状態から離脱する。それは，ちょうどヌース体験において，ヌースを振り返って対象化し，逐次的に捉え直した時，魂がヌースとの合一状態の外へ出たのと同様である。つまり，一者の体験においても，我を忘れて一者へと意識を集中させるのを止め，反省的意識を働かせてこの状態を対象化した時に，我々は一者の外へと出るのである。こうして，一者の体験に反省的思惟が付け加わることにより，体験者は一者から「前へ進んで二になる」。我々の魂は一者と一つになっている間は，ただ「至福の経験」，「静止になりきる」ような経験をしているのみで，その状態について考察したり語ったりはしない。しかしその体験に続いて，それを対象化する意識が生じ，我々は一者からヌースの次元へと降りて来る。

　従って，一者そのものは認識を超えて不可知であっても，我々は自己

第二節　〈合一体験〉の対象化　　　　　　　177

の一者体験を振り返ることにより，一者を認識し，語ることができる。

「（一者に触れた人は，）触れている時には，何も言うことはできないし，その暇もないが，後になって，それ（一者）について考えてみることはできる」（V3 [49] 17.26-28）[33]。

「ただ我々はいわばその（一者の）外側を走り回り，我々自身の体験を解釈しよう（ἑρμηνεύειν）としている」（VI9 [9] 3.52-53）。

「魂が語るもの（対象）はかのもの（一者）であり，魂はそれを後になって語るのであり，（口に出して発言する以前にも）[34]沈黙しながら語るのであって，至福の経験をした場合（εὐπαθοῦσα），魂は欺かれていないのである。何故なら，（現に）至福の経験をしている（εὐπαθει）のだから」（VI7 [38] 34.28-30）。

　一者との合一の最中，我々は言葉を失い，直知することさえ忘れるが，それが唯の無意識でなく，何らかの体験であることを保証するのは，その時我々の魂が実感している至福感である。そして，我々はその経験を後から振り返って語るのであり，それが一者についての言表となる[35]。そこで，それは反省的意識による我々自身の一者体験の言語化である[36]。

　　33）　魂が叡智界に上って直知する場合についても，「直知の内には，『私は直知してしまっていた』ということは含まれていないのであって，もしかすると，人は後になってそう言うかもしれないが，その時には既に（直知活動をやめて）自分の活動を変えているのである」（IV4 [28] 1.7-9）という記述がある。
　　34）　「叡智界にある魂が言語を用いるとみなすべきではない」（IV3 [27] 18.13-14）。
　　35）　久松真一はV3 [49] 17.26-28の記述を引用しながら，一者は「意識以前，言説以前の場」であるとし，言説は一者が「自分自身を意識するところにその源を発する」のだと述べている（『久松真一著作集』第一巻，295-296頁（1928年））。久松によれば，「彼（プロティノス）は論弁，思索によって『太一』を論結したのではなくして，まず『太一』を宗教的に頓悟して，それを反省し，それと認識，道徳，芸術などとの関係を明らかにしたのである。この関係を明らかにする場合に，彼は純粋に哲学的と思われるような方法を用いている場合もある」（同，297頁）。プロティノスの哲学的思弁は，「体験を反省しつつ辿り行く思索」（同，298頁）である。
　　尚，久松は禅の意識とプロティノスの一者の思想とが相融合するものとの見方を示している（同，282-291頁）。プロティノスにインド哲学からの影響を認める研究者もいる（cf. Bréhier 1998, pp. 107-133）。

その時我々は，本来は不可知である一者について「知る」ことになる。「かのものについては語ることができるが，かのものを語ることはできない」(V3 [49] 14.5-6, cf. ibid.1-3) と言われるのと同様に，一者そのものを知ることはできないが，一者について知ることはできるのだと言える。プロティノスは，一者との一体化を振り返って直知する際に，一者が次のように直知されることを述べている。

> 「君が（一者を）見る時には，その全体を見よ。しかし直知する時には，かのものの何を思い出して直知するのであれ，かのものが善であると考え給え。何故ならかのものは思慮深い知的な生命の原因であり，生命とヌースが，また，存在と存在するものとに属するすべてのものが，そこから発する力だからである。また，かのものが一であると考え給え。何故なら，かのものは単一で第一のものだからである。また，かのものが始原であると考え給え。何故なら，かのものからすべてが生じているからである」(V5 [32] 10.10-14)。

このようにして，一者は，「善」であり，「一」であり，「始原」であることが認識される。一者を体験することと一者について知ることとの関係は，次のように「神憑りにあっている人」の譬えでもまた説明されている。

> 「我々は，たとえ（一者を）言い表わすことができなくても，（一者

---

36) Schroeder (1985, p. 80) が，神学的言語は神的接触を反映していると主張しているのは正しい。彼はまた，1996年の論文の中で，次のように述べている。「自己が所有するものを常に表現しようと欲し，そのためにその所有と直観とから自己を引き離すという魂の休みなさは，まさにプロティノス的世界構造に属している。……このようにして，魂は一者との合一の際にさえ，その一体化を告げるのである。V3 [49] 14.18-19 から知られるように，魂はそうすることにおいて，言語を与える一者の，熟考し陳述する道具となる」(p. 350)。彼が言及している V3 [49] 14.18-19 (ὅτι καὶ αὐτὸς κρείττων λόγου καὶ νοῦ καὶ αἰσθήσεως, παρασχὼν ταῦτα, οὐκ αὐτὸς ὢν ταῦτα) によれば，一者は言語だけでなく，直知の与え手でもある。そこで，もし神的言語が一者の反省的表現であるとしたら，直知もまた，より高い段階における一者の反省的表現でなければならない。Schroeder が問題としているのは一者と言語との関係であるが，一者と認識との関係を論ずる場合は，発言以前の直知的な領域が問題となる。

第二節　〈合一体験〉の対象化

を）持つことは妨げられていない。否，ちょうど神憑りにあって，取り憑かれている人たちが，何であるかは分からなくても，自分たちの内により偉大なものをもっているという程のことは知っており，自分たちが動かされて語ることに基づいて——それ（動きや言葉）は動かした当の者とは異なるのだが——動かした者についての何らかの知覚を得ているように，我々もまた，清浄なヌースをもつ時には，かのもの（一者）に対してそれと同様の関係にあるように思われる。その時，我々は次のような神託を得るからである。即ち，これ（一者）は内なるヌースで，存在やその系列に属する他のすべてのものを与える者だが，かのもの自身はそれらのものではなく，我々が存在すると言うようなものよりも優れた何かであるばかりか，言葉で言い表わされるもの以上のより偉大なものである。何故なら，かのもの自身は言論（ロゴス）や知性（ヌース）や感覚より優れており，それらを与えはするが，自らはそれらではないのだから，と」(V3 [49] 14.8-19)。

　神憑りにあっている者は，何らかの神に動かされ，語らされている。そこで，彼は自分に憑いている神が何であるかは分からなくても，自分を動かし語らせている，何か偉大な者があることは知っている。同様に，一者と合一した者も，ヌースに与る時，即ち一者からヌースの次元に降りて来た時に，一者が直知や言論を超えていながら，それらの始原であり，それらがまさに一者から発していることを知るのである。
　従ってまた，一者と一者についての認識とは区別されることになる。一者についての認識は，既に一者自身とは異なる，ヌースの次元のものである。

　　「もし善（一者）を対象とする直知が善とは別のものであるならば，善は既に，それ（善）を対象とする直知に先んじてあることになる」(VI7 [38] 38.21-22)。

　　「一般に直知は，もしそれが善を対象とする直知であるなら，それ（善）より劣るものである」(ibid. 40.32-33)。

一者を限定して捉えた直知内容はヌースであって，一者自身はこれを超えて，無形相，無限定である。既述したように，直知も含め，認識や理解の内容は必ず多様なものとなる。一者の内容は，ヌースのロゴスによって分化され，展開されるのであった（V3 [49] 15.31-32）。そこで，一度一者が直知対象となると，我々は「これ（一者）は内なるヌースで，存在やその系列に属する他のすべてのものを与える者だ」（V3 [49] 14. 14-16）と感得する。即ち，一者は認識作用により対象化されると「内なるヌース」として我々に現われるのであり，これに対して一者自身は，ヌースを超えて，それを与えるもの（ibid. 18-19）である。一者についての認識であっても，認識作用で捉えられる限りのものは，一者そのものではなく，究極のものではないことになる。

　但し，一者体験から我々に直接に生ずる反省的意識は，逐次的なものではなく，直知的なものである。つまり，一者との一体化の体験を振り返って言語化する以前に，魂はそれを振り返って「直知する」のでなければならない。というのも，我々が一者からの第一歩を踏み出した段階は，叡智界だからである。そこで，反省的意識にも反省以前の意識にも，それぞれ二段階あることが認められる[37]。即ち，反省以前の意識としての最初の段階とは，ヌース体験において，ヌースとなりきって直知して，それを推論的思惟で捉え直さないことであり，次の段階とは，一者体験において一者そのものとなりきって静止し，それを直知の作用で捉え直さないことである。そして，一者体験における反省的意識とは，一者を対象化して直知的に把握する認識であり，また，ヌース体験における反省的意識とはヌースを対象化して逐次的に把握する認識である。

　既述したように，プロティノスは，ヌースにおける直知と魂における推論的思惟とをそれぞれ，その先にある単一性の分化，展開，表現として捉えた。それらは，それぞれ，一者からの分化であり，ヌースからの展開なのである。我々の体験においても，ヌースとの一体化を通じて，

　37）Hadot（1980）は神秘体験における反省を伴わない一体化と魂の通常の反省的意識とを区別している。彼はその論文で，一者体験をヌースにおける二面性（一者に向かう面と自己を直知する面）の内の一方に従う体験として位置付ける立場から，ヌースと魂の意識との関係を論じているが，更に一者と直知との関係について考察する必要がある。V1 [10] 6. 44-45で述べられているように，魂とヌースとの関係は，ヌースと一者との関係に等しい。

その展開としての魂の智慧が生じ，一者との一体化を通じて，その展開としての直知が生ずる。

　以上で論じたように，一者そのものは不可知であっても，我々は一者との〈合一体験〉を通して，一者を反省的思惟により捉え直す時，一者についての「知」を獲得する[38]。更に，直知の領域から思惟の領域に降りて来る時，我々は，それぞれの記憶に基づいて[39]一者とヌースとを振り返り，分析し，理論的に体系付けながら，逐次的な仕方で語ることになる。こうして，哲学的言説が成り立ち[40]，「一」なる者についての多様な説明が成り立つのである。一者そのものは「理」（ロゴス）ではないが，合理（ロゴス）は一者の合理化（ロゴス化）だと言うことができるであろう。

3．一者を振り返って見る認識は自己直知である

　既に，意識に二通りあることを述べた。即ち，我を忘れて対象に一致する意識と，我に返って自己の活動を対象化する意識とである。ちょうどヌース体験において，魂が我を忘れてヌースとなりきった後，ヌースをより良く理解しようとして自己の体験を意識化し，これを対象化して，ヌースとの合一から離れるように，一者体験においても，一者を知ろうとする意志や欲求――ヒュポスタティックな視点では，これが〈未完のヌース〉の一者に対する「欲求」に相当する[41]――が生じて，一者を対象化する時，我々の魂は一者との合一から離脱する。即ち，魂は一者と一体となっている時には，「自己自身でさえなく」（VI9 [9] 11.11-12），自分が「何者として（一者を）眺めているかを顧みる余裕ももたない」（VI7 [38] 34.20-21）し，「自己自身を振り返ることもない」（VI9 [9] 11.

---

[38]　ジェイムズ（W. James, pp. 302-303）が「意識の神秘的状態」の標識としているIneffability（不可言表性），Noetic quality（知的性質），Transiency（暫時性），Passivity（受動性）という四つの点は，プロティノスの体験にも妥当する。

[39]　プロティノスは，ミノスが法律を制定したのは，ゼウスとの交わりの記憶に基づいてであり，法律はその面影なのだと考えている（VI9 [9] 7.23-26）。

[40]　「意識と理性とは超越的体験を，他の者たちのためになされ得る限り，論証的言語に翻訳することを許す。このようにして，意識と理性とは哲学者の著作を可能にするのである」（Hadot 1980, p. 265）。

[41]　第2章，第二節の末尾及びまとめを参照。

14-15)。魂が一者との一体性から外れて「傾かない」(VI9 [9] 11.14) のは，この状態においてである。ところが，一者について認識しようとする時，一者そのものとなっている自分の状態を振り返って見ることになる。つまり，一者についての知とは，自らが一体化した一者を反省的に捉え直し，直知に翻訳して解釈したものである。それは，はじめから自己の外部に存在する者を対象とする他者認識とは異なり，自己自身が一体化しているものを，改めて反省し対象化する認識である。しかも，一者との合一は端的な「一」であるから，その状態を振り返る反省的な意識が生じる時，「一」から初めて認識作用と認識対象という二重性が生じる。そこで，それは自己が自己を対象とする自己直知となる。直知というのは，その作用も対象も自己自身であるという直接的な知である。即ち，一者と「一」の状態を振り返って見る反省的な自覚の働き[42]が，叡智界における自己直知なのであり，こうしてプロティノスは，一者から最初に生じる思惟が自己直知となる現象に立ち会うのである。一者自身は不可知でも，一体化とその反省とを通じて，一者についての知が主客合一の直知という形で実現することになる。

　一者との合一とその反省とを通じて成立する叡智界での自己直知は，認識主体が自己の外部に存在する他の対象を映像化して認識する場合と異なり，自己が自己の状態を対象化し，映像化し，表現したものである。その時知られた内容は，直知の作用が捉える限りでの一者であって既に一者自身ではないとはいえ，それは一者についての真理である。何故なら，それは一者と一つになった自己の，自己と一つである一者についての〈直接知〉に他ならないからである。偽が知るものと知られるものとの不一致であるのに対し，真理とは知るものとその対象との一致だとされる (V3 [49] 5.23-24, V5 [32] 2.19-21, III7 [45] 4.12-13)。従って，ヌースが認識しているのは，たとえ一者そのもの（一者の内的な働き）でなくても，一者についての内容（一者の外的な働き）であり，それは真なる知なのであって，この時捉えられている対象は，真なる知によって把握

---

42) Schwyzer (1960, pp. 376-377) は，ヌースが一者から生じる際の自己知覚 (συναίσθησις) を，魂が自己を個別化して上位の世界から離脱する際の τόλμα (V1 [10] 1.4) の前段階としており，それについて Hadot (*Les sources de Plotin*, p. 386) が賛意を表わしている。

されている真実在である。主客一致のこのヌースを魂が振り返って見る時、魂の認識作用がヌースを対象化して、主客が分離する。

4．一者における自己意識

一者の内的な働きは一者が自己自身に向かう直観であった。一者には、「彼自身に対する一種の単一な直観（ἐπιβολή）[43]があるだけだろう」（VI7 [38] 39.1-2）と述べられており、これが一者の内的な働きである。そして、一者がヌースを生み出す時の一者の外的な働きも、一者が自己自身に向かって振り返って見るものであった。自己意識には、我を忘れてある状態に没入する反省以前の意識と、それを対象化してそこから離れて見る反省的意識とがあるが、一者にもある種の自己意識があり、意識におけるこの両面があると言うことができる。一者には、「自己に対する志向（νεῦσις αὐτοῦ πρὸς αὑτόν）」（VI8 [39] 16.24）があるとされている。反省以前の一者の自己意識とは、一者のいわば実体を構成する内的な働きであり、その反省的な自己意識とは、ヌースの実体を構成する一者の外的な働きである。

というのも、一者は全く無意識な何かではない。もしそうであるなら、我々は一者との合一の際、何の意識をも持ち得なかったことになる。だが、我々はそこにおいて「至福の状態」を体験しており、ある種の意識を持っている。但し、その際我々は反省的に自己を対象化する意味での自己意識を持たないのである。そこで、一者は自己を対象とする意識をもたないとされる場合（ποῦ δ' ἂν δέοιτο συναισθήσεως; V6 [24] 5.3, μειζόνως ἐστὶν ἢ κατὰ γνῶσιν καὶ νόησιν καὶ συναίσθησιν αὑτοῦ VI7 [38] 41.26-27, οὐ παρακολουθήσει αὑτῷ III9 [13] 9.12-13）、それは一者の内的な働きが反省的な意味での自己意識を含まないという意味においてである。これに対して、一者が「自己自身へと振り返って見始める」（V1 [10] 7.5-6）のは、一者の外的な働きであった。一者の内的な働きが自己意識であるのだから、その発現である外的な働きも、ある種の自己意識でなければならない。そして、それは一者の内的な働きにおける反省以

---

43) O'Daly が指摘しているように、プロティノスにおける ἐπιβολή は前認識的な直観を意味している（第3章への注21）を参照）。我々は一者との合一において、一者のこのような内的な働きに与る。

前の自己意識を,対象化し外在化させ表現する,反省的自己意識である。このように,一者には「彼自身に対する一種の単一的直観」という反省以前の自己意識,即ち内的な働きと,「自己自身へと振り返って見ようとする」反省的自己意識,即ち外的な働きとがある。そして,一者の意識の反省的側面である一者からの発出は,一者が自己の外に何かを作り出そうとする働きによるものではなく,一者が単に自己自身に向かう働きによるものに他ならない。即ち,一者の力の充溢とは,一者の自己意識が前反省的なものから反省的なものへと展開したものである。

そして,我々は一者体験において,一者のこうした二つの働きに与るのである。即ち,合一状態においては一者の前反省的な自己意識に一致し,その反省的自己意識に即して,一者から離れてヌースに至る。更に,ヌースの外的な働きに当たる反省的自己意識に即して,魂の次元に降下し,ヌースの表現としての魂の智慧を獲得する。従って,一者やヌースとの合一から下降し,感性界での暮らしに戻るとしても,我々はこのような智慧に即して生きてゆくことができる。つまり,現実に置かれた状況から,ヌースを解釈し,表現してゆくことができるのであり,これが魂の本来の働きなのである。

結　論

以上で示したように,〈合一体験〉とは,我々の魂が感性的に限定されている自己を捨て去り,自己自身がヌースとなってヌースを見ることであり,更に直知的に限定されている自己を捨て去り,一者となって一者を見ることである。この時,魂は我を忘れてヌースや一者となりきり,自己自身を振り返って見ない。言い換えれば,この時の自己意識は前反省的なものである。これは,ちょうど読書に熱中している人が,自分が書物を読んでいる事実を敢えて意識しないのと同様である。このような自己意識をもつ時には,却って注意が書物の内容から離れて,我に返ってしまうのである。それと同じ様に,ヌースや一者との〈合一体験〉の場合も,我に返って反省的思惟を始め,ヌースや一者を振り返ると,ヌースや一者との合一状態から離脱し,それらを対象化して見ることにな

る。その際，一者を振り返って見るのが叡智界の直知の働きであり，ヌースを振り返って見るのが魂の推論的思惟の働きである。そして，反省的に振り返る意識は没我的，前反省的な意識の対象化，表現，分化，展開となる。まず，叡智界の自己直知とは，一者そのものとなっている自己が自己を省みるものであり，自己を主客へと分化発展させたものである。そこで，一者となっている自己を振り返って見る働きは，見る主体も見られる対象も同一の者であるという主客合一の直知となる。更にそれを反省して逐次的に捉え直したものが魂の思惟であり，ここで思惟内容はより多様なものとなる。即ち，我々の一者体験とは，絶対的「一」への没入であり，その反省的な自覚が一者についての直知であり，更にそれを理論的に反省したものが哲学的言表である。このようにして，一者，及びヌースとの一体化とその反省とを通じて，不可知の一者についての真理直観とその論理的説明とが可能となるのである。

　我々は一者以外のすべてのものに，一者から「下降することによって」出会う（Ⅵ7 [38] 34.24-26）。一者の外にまず一歩を踏み出し，叡智界において知性活動を行うようになる際，我々は一者からのヌースの誕生を追体験することになる。即ち，ヌースが一者から生じた時に起こったことが，その時，我々の身にも起こるのである[44]。或いは寧ろ，一者の一性から主客の別のあるものが生じる仕方を，プロティノスは自らのこうした体験を通して知ったのであり，それがヌースや魂の生成論となったのだと言うことができる。即ち，プロティノスの哲学は，彼自身の神秘体験の体系化，組織化だということである。それによれば，ヌースの直知作用としての所謂〈未完のヌース〉の視力は，一者から生じたばかりの段階では無限定なものであり，一者を振り返って見ることにより限定されてヌース（直知を行う者）となる。つまり，一者と合一した

　44）プロティノスが一者やヌースを体験的に感得したのだとすると，自己自身が一者から叡智界へ降下する体験をした時，一者からのヌースの生成の仕方も知ったはずである。Ⅵ7 [38] 35.33-41 では，我々は「恋するヌース」（l. 24）の働きに与りながら一者へと上昇するとされているが，そうだとすれば，我々が再びヌースへと降下するのも〈未完のヌース〉の働きに与りながらだと言えよう。少なくとも，一者からヌースの次元へと降下した体験者が一者を振り返って直知することができる限り，一者から生じたばかりのヌースの視力が一者を振り返って見る時と同じメカニズムが働くと考えられる。何故なら，何れも叡智界において一者を振り返って見る認識が問題となる場面だからである。

我々の魂が，その後で一者を反省的に見て直知するように，一者から発する〈未完のヌース〉も，一者を振り返って見ることにより直知の働きに至る。また，ヌースと合一した我々の魂が外からヌースを反省して見ることにより魂固有の逐次的思考を始めるように，ヌースから生じたヒュポスタシスとしての魂の視力も，ヌースを振り返って見ることにより魂としての活動に至る。従って，プロティノスは自身の体験を翻って見て，一者からのヌースの成立，及びヌースからの魂の成立を論述したのである。そして，ヌースが推論的に反省される時に，叡智界の諸要素間の因果関係が論じられ，〈理論的順序〉が発生する[45]。

以上で論じたように，我々の一者との合一とは，一者の内的な働きに一致することであり，それを振り返って見ることは，一者の外的な働きに即して，ヌースの直知活動に至ることである。それは，一者となった自己が一者を振り返る働きであり，自己が自己の体験を反省することであると同時に，一者が一者自身を振り返る一者の外的な働きでもあり，一者自身の表現だとも言える。ヌースとの合一とその反省も，それぞれヌースの内的な働きと外的な働きとに一致することである。我々はヌースとなってヌースを見て，ヌースがヌース自身を展開させる働き（ヌースの外的な働き）に即して，これとの一体化を反省的に捉え直す。そこで，ヌースの声はまさに魂の内から響いてくることになる。これは魂本来の働き（魂の内的・実体的な働き）であるが，それは元を辿れば一者の自己直観が反省的に発展してきたものだと言うことができる。従ってプロティノスの体系は，一者から発する自己直観の発展の体系であると言うことができよう[46]。即ち各々のヒュポスタシスの外的な働きにおける反省的観照を通じて，一者のいわば内的な自己直観が万有の活動へと展

---

45) 例えば，伝統的な質料概念やプラトンの不文の教説にある〈不定の二〉の解釈，更に叡智界の「類」（VI2 [43]，及び第2章への注16），60)を参照）の導出や，「数」概念（第2章への注20)を参照）の位置付けといった，叡智界の理論的分析がこうして行われる。だが，そこで語られる前後関係は，それぞれの論法によって（cf. VI2 [43] 9.1-2）左右されるものである。

46) こうしてプロティノスの体系では，すべてが観照に満たされることとなる。「創り出すということは，何か形を創り出すことであり，これは，すべてを観照で満たすことである」（III8 [30] 7.21-22）。「万物は観照の副産物である」（III8 [30] 8.26）。第3章第四節5．「自己観照による産出」を参照。

開するのである。
　逆に万有は自己の内的な働きにおいて一者に通じていることになる。そこで，我々は「自己自身へと振り返りながら，始原へと振り返る」(VI9 [9] 2.35-36) のである。我々の一者への帰還は，自己意識の集中，統一における極致なのである。

結　論

　プロティノスの認識論は，主客独立の二元論的な認識論とは決定的に異なるものであり，その特徴は，認識を超えたものから認識が生ずるという構造にある。一者は認識主体でも認識対象（存在）でもない。そのように主観と客観とを超えた一者からヌースという「直知」が生ずる時，「直知作用」としての認識と「直知対象」としての「存在」とが同時に成立する。一者を「存在」と知との原因とし，一者から生ずる第一の「存在」を直ちに「直知の働き」と同一視するプロティノス哲学の構造から言えることは，その存在論と認識論とが〈発出論〉の両面を成すということである。つまり，認識と「存在」とは，一者からの分化，展開として発生するのだと考えなくてはならない。存在と知とを超えたもの（一者）の発現として主客合一の直知（ヌース）があり，更にその発現として主客独立の魂の知性があるのであって，それぞれの段階での発現は，上位の原理の反省的な観照による自己展開なのである。ヌースにおける主観と客観とは，一者から発した作用が一者を対象化するところに生ずるのであり，その働きは一者を巡って再帰的，反省的なものとして成立する。ここから一者を〈振り返って見る〉と言われるヌースの働きが「自己直知」であることが理解されるが，その際にヌースが直知する内容は，一者の「印象」である「諸形相」である。一者が見られるときに多様な形相が生ずるのは，ヌースの認識作用が一者を対象化する時，それを分節化して捉えるからである（〈未完のヌースの教義〉）。ヌースはそれらの形相すべてを常に同時に直知するが，そのヌースから発する作用が更にヌースを対象化する時に，対象を順次に捉える魂の推論的思惟が

生ずる。ヌースと魂の思惟対象はそれぞれ上位の原理の映像化として生ずるが，感覚の場合に見られるような，認識主観による外界の客観の映像化（この場合「臆見」となる）とは異なり，これらの認識は先立つ原理の分化，展開として成立している。それ故ヌースや魂には先立つ原理がもとから具わり内在している。こうして，万物に対する始原の超越的内在性や，主客合一の直知を可能とする主張は，存在と認識とが一なる始原からの分化・展開として説明される体系において合理化されるのである。

但し，これはまた次のことも明らかにしている。即ち，認識されたものは，たとえそれが真理であっても，絶対の究極ではなく，何等かの認識機能により限定されたもので，多様な仕方で展開されたものだということである。プロティノスの認識論は，多元主義的な価値観を正当化する側面をもつと同時に，人間的知性にとっての真理であれ，それを超えた神的，啓示的な真理であれ，我々に語られ認識されているものが究極的絶対でないことを証明している。即ち，真理の根源は一つであるが，具体的な形や内容のあるものとして我々が心に抱くものは何れもその究極的な一ではないということになる[1]。

一者，ヌース，魂という三つのヒュポスタシスについて語られる構造は，我々個人が体験し得るものでもある。或いは寧ろプロティノスは自らこの体験を通じて，こうした哲学体系を構築したと言うべきであろう。一者からのヌースの発出が，一者の外的・派生的な働きとして成立する（〈二つの働き〉の教義）のに対して，我々が一者と「合一」するのは，一者のいわば内的・実体的な働きに一致することである。その働きは，超直知的な「一種の自己直観」である。一者との「合一」を体験する者は，我を忘れてこの働きに没入する。これは無意識でなく，寧ろ「目覚めた」意識である。だが，そこではいかなる動きもない「静止」そのものとなっており，この段階では一者についての所謂認識は生じない。しかし，体験者はやがて我に返り，一者について考え始め，一者を対象化して見る。これはヌースの次元での自己直知となるが，この働きは，一

---

1) プロティノスの認識論は，ジョン・ヒックの提唱する宗教多元主義を擁護し得る構造をもつ。但し，ヒックはカントの認識論を援用しており，神的実在そのもの (the Real *an sich*) は経験を超えているとしている点で，プロティノスの主張とは異なっており，二元論的な主観—客観構図に基づいていると言えるだろう。

者の外的・派生的な働きに即して為されるものであり，一者自身の言論的表現（ロゴス）である。こうして，一者そのものは知を超えているが，一者との一体化とその反省的思惟を通じて，一者についての真理認識が可能となる。体験者が更に魂固有の推論的思惟により，それを反省的に捉え直し，解釈し，言語化し，論証しようとする時，その内容は哲学的言表となり，語りえない一者が語られることになる。これはヌースの外的・派生的な働きに即したものであり，体験者自身の言葉であると同時に，ヌースそのものの表現である。我々が良心や理性の声を，更にまた神の声を自己自身の内に聞くという時，そういった声が抗し難い力をもって響いてくるのは，それがヌースや一者の外的（派生的）な働きとして，ヌースや一者自身から発するものであると同時に，それが紛れもなく我々自身の内的（実体的）な働きとして，我々自身の内なる声でもあるからである。こうしたすべての働き（＝実体）の根源として，まさに一者は「すべてのものへの力」であり，「発出の始原で，生命の始原」に他ならないのである。

　一者からの発出の過程は，一者からの外的な働きにおける反省的観照の展開である。こうしてプロティノスの体系ではすべてが観照に満たされ，すべての存在はその内的な働きにおいて一者に通ずる。それ故，自己へと向かって振り返ることは一者へと向かって振り返ることなのである。我々の自己意識は，一者が「自己自身へと振り返る」ことによる一者の超直知的自己意識の展開であり，我々の一者への帰還は，我々が自己へと「振り返る」ことによる，自己意識の集中，統一の極致だと言うことができる。発出と帰一とは，自己観照における二面，即ち反省的な展開と非反省的な集中なのである。

　反省的な自己意識を通じての一者からの万物の発出は，分節化，多様化への展開であり，それは如何なる意味でも「差異」のないものから，差異のあるもの，個別的なものへの進出である。従って，我々の一者への帰還はまた，この個別性を捨て去って全体性へと戻ることでもある。即ち，一者への自己意識の集中は，小なる自己の自己意識に固まることではなく，却ってより広大な意識世界に出ることを意味する。一者への帰一は，他と区別される小なる自己の限定を破って，その外に出ること（エクスタシス，脱自）である（cf. VI9 [9] 11.23, VI7 [38] 35.26）。一者はす

べてを包む無限なる者であり，その及ばぬ所はなく，すべては一者の内に存在している。一者は一性の点では，我々の精神をどこまでも集中，統一したものであるが，その一性は数的な類のものではなく，寧ろそれを限る他のものがないという無限性である。一者はその力の偉大さにおいて，我々の限られた自己意識を超えて無限に広がるもの，全がその内に成り立つものである。我々の個人的意識は，一者の超越的自己意識の分化・展開であるが，それは一者の無限な広がりの中に個として限定されたものに他ならない。一者はあらゆる所にあるにもかかわらず，それを感受する者にしか臨在しないとされるのは，我々自身が限定された自己を保持しようとすることにより，一者の無限性を受け容れないからである。そこで，そうした自己を捨て去った時，我々の意識は一者の無限性へと出る。従って，意識の集中・統一，自己の内面への沈潜は，却って超個人的な普遍的意識への拡張となるのである。

　そして，我々の一者との合一は，感性的なものであろうと直知的なものであろうと，認識の対象となるものすべてを捨てて，ヌースの無限定な作用の根源において一者と一体化することであった。すべての真理の源泉は，固定化された知識の彼方にある。例えばこの日常においても我々が何かを真の姿において見出すには，特定の知識や思いに執われることなく未知のものに心が開かれていなければならないのであって，そうした心の開けにおいて，突如真理が形を現わすのである。我々の意識の内奥は無限の世界に通じており，我々はそこから天来の着想を得る。何にも規定されない無限の一者こそ，真なる叡智の源泉なのである。自己の価値観や信念が揺らぐことは人によっては絶え難いことかもしれないが，これを保持していたのでは，無限にして無規定なる一者を受け入れることはできない。我々は限定された自己意識を離れ，またその自己が執われている感性的，推論的，直知的な知識をも手放して，自己を一者へと空け渡す時，一者との一体化に至る。とはいえ，我々はそこで留まるのではなく，一者と合したところから，再び新たな真理と生命とを得て戻って来る。人間の知性において，この営みは無限に繰り返されなくてはならないものであり，寧ろ，こうした無限定と限定，自己否定と自己形成とを巡る永遠の営みこそ，真に求められる知性である。これが，一者を巡って活動するヌースが，我々に示す知性のあり方であり，生命

の本来の働きなのだと考えられる。
　また，一者の内に叡智界が限定され，その内に我々個人の意識が限定されている，そして我々は自己限定により他者と隔てられているとすると，自己と他者とは本来一つだということになる。我々は後から生じた自己限定を取り去る時，再び他者と真に出会うことにもなる。叡智的な魂の起源に立ち返る時，自他の区別や対立，争いはないのである。
　以上，〈認識論〉という観点からプロティノスの思想体系を説明してきた。最後に，プロティノスの言う「議論」の役割と，その限界について触れておきたい。哲学的言説の役割は，プロティノスによれば，我々に魂の根源へと向かうよう促すことである。「我々が語ったり書いたりするのは，（人を）かのものへ（一者）と送り出し，議論から観照へと目覚めさせるからなのであって，それはちょうど，何かを観ようと欲している者に道を示すようなものなのである。つまり，道や道程は教えられるが，その何かを観ることは，既に，見ようと欲している者の仕事なのである」(VI 9 [9] 4.12-16, cf. V 1 [10] 1.22-30, I 1 [53] 3.23-26)。もし一者やヌースを真に知ろうとするなら，人は議論に留まるのではなく実践へと向かわなくてはならない。一者や叡智界は，理屈によっても空想によっても知られるものではなく，魂の浄化を通じた体験によって知られるものである。プロティノスは我々に，外的なもの，物質的なものを離れて，自己の魂の内へと向かうよう繰り返し勧告している。だが，物質的なものから魂の内へと向き直るというのは，〈物〉に対する単なる無関心や禁欲，感情の抑制等を意味しているのではない。プロティノスの勧告は，日常の中で絶えず我々に具体的な選択や反省を迫っているものなのである。例えば，我々は普段何の疑いもなく，肉体的な生活の維持やその発展，更には将来に亘る身の安泰――それは実際には際限がない――を必要不可欠なこととして追い求めている。しかし，これに固執する時，我々はしばしば悩まなくてよい事まで悩むように見える。そして，魂の本来の美を取り戻すことや真理を探求することを後回しにしているとすれば，こうした価値観を逆転させてゆくことこそ，プロティノスの言う魂の浄化なのである。そして，保身を求める自己をすっかり脱却し，自己の思想や価値観さえをも踏み越え，真理のみを求めて，一者の無限の広がりへと身を投げ入れる時，我々は突如，一者の光で輝く永遠の自

己に目覚めるのである。

あとがき

　本書の第1章及び第4章は刊行にあたり書き下ろしたものであるが，第2章は学習院大学文学部哲学科，左近司祥子教授の指導のもとに1995年に提出した博士論文の内容を纏めたものである。これを出版して公開するのは，この度が初めてである。第3章は *Ancient Philosophy* 25, No. 1, 2005, pp. 155-171 に発表した "How does the One generate Intellect? — Plotinus, *Ennead* V1 [10] 7.5-6"に，第5章は *Dionysius* 25, 2007, pp. 93-114 に発表した "Philosophical grounds for mystical intuition in Plotinus"に基づいている。本書はこれらの点をプロティノスの認識論という観点から綜合的に捉え直し，プロティノスの一者と叡智界とを，我々の意識の働きに即して解明することを試みた。学術書としての制約のもとにも，少しでも多くの方にプロティノス哲学の意義と魅力を知って頂きたいという想いでこれを書いたつもりである。お世話になった故田之頭安彦学芸大学名誉教授のご存命中に，本書を上梓できなかったのは残念である。

　なお本書の出版のためには，平成20年度学習院大学研究成果刊行助成金の交付を受けた。ここに記して，学習院大学研究成果刊行助成委員会に謝意を表させて頂く。最後に，本書の出版を勧めて下さった学習院大学文学部哲学科の酒井潔教授，並びに，それを快諾して下さった知泉書館の小山光夫氏に，心より御礼申し上げたい。

2008年9月

　　　　　　　　　　　　　　　　　　　岡野　利津子

文 献 一 覧

プロティノスのテクストと翻訳

Henry, P., and Schwyzer, H.-R., *Plotini opera*. 3 tomi. *Museum Lessianum, series philosophica* 33-35, tomi I, II, Paris: Desclée de Brouwer, Bruxelles: L'Édition Universelle, tomus III, Paris/Bruxelles: Desclée de Brouwer, Leiden: E. J. Brill (*editio maior*), 1951-1973.

Henry, P., and Schwyzer, H.-R., *Plotini opera*. 3 tomi. Oxford: Clarendon Press (*editio minor*), 1964-1982.

Perna, P., *Plotini Platonicorum facile coryphaei operum philosophicorum omnium libri 54*, nunc primum graece editi, Basileae: Ad Perneam lecythum, 1580.

Creuzer, F., *Plotini opera omnia*, Porphyrii liber *De Vita Plotini*, cum Marsilii Ficini commentaries, et ejusdem interpretatione castigata, Apparatum criticum disposuit, indices concinnauit G. H. Moser, emendauit, indices expleuit, prolegomena, introductiones, annotationes adiecit F. Creuzer, 3 vols. Oxford: Typographeum Academicum, 1835.

Kirchhoff, A., *Plotini opera*, 2 vols. Leipzig: Teubner, 1856.

Müller, H. F., *Plotini Enneades*. Antecedunt Porphyrius, Eunapius, Suidas, Eudocia de vita Plotini, 2 vols, Berlin: Weidmann, 1878-1880.

Volkmann, R., *Plotini Enneades*, praemisso Phophyrii de vita Plotini deque ordine librorum eius libello, 2 vols. Leipzig: Teubner, 1883-1884.

Bouillet, M.-N., *Les Ennéades de Plotin*, traduites pour la première fois en français, accompagnées de sommaires, de notes et d'éclaircissements..., 3 tomes. Réimpression offset de l'édition originale de 1857-1861, Paris: Vrin, 1981.

Bréhier, E., *Plotin: Ennéades*, 6 tomes, tome VI en deux parties. Paris: Les Belles Lettres, 1924-1938.

出隆訳『プロチノス エネアデス』東京：岩波書店, 1936.

Cilento, V., *Plotino, Enneadi*, Versione italiana e commentario critico, Bibliografia di B. Mariën, 3 volumi, Bari: Laterza, 1947-1949.

Harder, R., Übersetzt von, *Plotins Schriften*, Neubearbeitung mit griechischem Lesetext und Anmerkungen, Bände I, Vc, Hamburg: Meiner, 1956.

Beutler, R. und Theiler, W., *Plotins Schriften*, Übersetzt von, R. Harder, Neubearbeitung mit griechischem Lesetext und Anmerkungen, Bände IIa-Vb fortgeführt von R. Beutler und W. Theiler, BandVI (Indices) von W. Theiler und G. O'Daly, Hamburg: Meiner, 1960-1971.

Armstrong, A. H. *Plotinus*, with an English translation. 7 vols. *Loeb Classical*

Library series, London: William Heinemann, Cambridge, Massachusetts: Harvard University Press, 1966-1988.

MacKenna, S., *Plotinus: The Enneads*, with a foreword by E. R. Dodds and an introduction by P. Henry, 4th edition revised by B. S. Page, London: Faber and Faber, 1969. The latest edition is the one published by Penguin Books, abridged with introduction by John Dillon, 1991.

Igal, J., *Porfirio Vida de Plotino y orden de sus escritos. Plotino: Enéadas*, Introducciones, Traducciones y Notas, 3 vols. Madrid, Editorial Gredos, 1982-1998.

田中美知太郎監修,水地宗明,田之頭安彦訳『プロティノス全集』第一巻―第四巻,別巻,東京:中央公論社,1986-1988.

Brisson, L. et Pradeau, J.-F., *Plotin*, 7 vols. Paris: Flammarion, 2002-2008.

その他の著作

Aristotelis De anima, ed. W. D. Ross, *Scriptorum classicorum Bibliotheca Oxoniensis*, 1961.

Aristotelis De caelo, ed. D. J. Allan, *Scriptorum classicorum Bibliotheca Oxoniensis*, 1936, Reprinted with corrections 1955.

Aristotelis Ethica Nicomachea, ed. I. Bywater, *Scriptorum classicorum Bibliotheca Oxoniensis*, 1894.

Aristotelis Metaphysica, ed. W. Jaeger, *Scriptorum classicorum Bibliotheca Oxoniensis*, 1957.

Aristotelis Physica, ed. W. D. Ross, Oxford, *Scriptorum classicorum Bibliotheca Oxoniensis*, 1936.

Doxographi Graeci, ed. H. Diels, Berlin, W. de Gruyter et Socios, 1879, editio 4, 1965.

Hegel, G. W. F., *Vorlesungen über die Geschichte der Philosophie. Teil 3. Griechische Philosophie. II. Plato bis Proklos*. Hrsg. v. Pierre Garniron und Walter Jaeschke, Hamburg: Felix Meiner Verlag, 1996.

Hume, D., *Dialogues Concerning Natural Religion, volume 2 of The Philosophical Works*, edited by Thomas Hill Green and Thomas Hodge Grose, 4 vols, Reprint of the new edition London 1882-1886, Aalen: Scientia Verlag, 1964.

James, W., *The varieties of religious experience*, edited by Frederick Burkhardt and Fredson Bowers, introduction by John E. Smith, Cambridge, Mass.: Harvard University Press, 1985.

Platonis Opera, ed. J. Burnet, 5 vols. *Scriptorum classicorum Bibliotheca Oxoniensis*, 1900-1907.

Porphyre, *La vie de Plotin*, Études d'introduction, texte grec et traduction française, commentaire, notes complémentaires, bibliographie par Luc Brisson... [et al.]; préface de Jean Pépin, Paris: J. Vrin, 1992.

Porphyre, *Sentences*, études d'introduction, texte grec et traduction française, commentaire par l'Unité propre de recherche no. 76 du Centre national de la recherche scientifique; avec une traduction anglaise de John Dillon; travaux édités sous la responsabilité de Luc Brisson, Paris: Vrin, 2005.

Stoicorum Veterum Fragmenta, ed. I. ab Arnim, 4 vols. Leipzig, Teubner, 1903-1924, Edition stereotypa editionis primae, Stuttgart, Teubner, 1964.

『西田幾多郎全集』東京：岩波書店，全24巻，2003年.
『西谷啓治著作集』東京：創文社，1986-1995.
『増補久松真一著作集』京都：法蔵館，全9巻，別巻，1994-1996.

レキシコン

Liddell H. G., Scott R., Jones H. S., *A Greek-English Lexicon*, Oxford, Clarendon Press. First edition, 1843, ninth edition, Oxford, Clarendon Press, With a supplement, 1968.

Sleeman J. H., Pollet G., *Lexicon plotinianum* (Ancient and medieval philosophy, De Wulf-Mansion Centre, series 1, II) Leiden: Brill, Leuven: University Press, 1980.

学 会

Congrès de Tours et de Poitiers, 3-9 septembre 1953. Association G. Budé, Actes du Congrès, Paris, Les Belles Lettres, 1954.

Le Néoplatonisme, Colloque de Royaumont, 9-13 juin 1969, Coll. Internat. du CNRS, 536, Paris, CNRS, 1971.

Les sources de Plotin, Entretiens sur l'antiquité class., 5, (Vandoeuvres-Genève, 1957), in *Fondation Hardt pour l'étude de l'Antiquité classique*, Genève, 1960.

Plotino e il Neoplatonismo in Oriente e in Occidente (Roma, 5-9 ottobre 1970), Atti del Convegno internazionale, Problemi attuali di scienza e di cultura quaderno 198, Roma, Accademia nazionale dei Lincei, 1974.

研究書，論文

Armstrong, A. H., *The Architecture of the intelligible Universe in the Philosophy of Plotinus: An analytical and historical study*, Cambridge: Cambridge University Press, 1940.

―――, "Spiritual or intelligible matter in Plotinus and St. Augustine", in *Augustinus Magister. Congrès international augustinien, Paris 21-24 septembre 1954, 1. -2., Communications: Paris Études august.*, t. 1, 277-283=*Plotinian and Christian Studies*, study n. 7.

―――, "Plotinus's doctrine of the infinite and its significance for Christian thought", *Downside Review* 73 (1955): 47-58. »=*Plotinian and Christian Studies*, study n. 5.

―――, (ed.), *The Cambridge History of Later Greek and Early Medieval Philosophy*, Cambridge: University Press, 1967, Reprinted with corrections 1970.

―――, "Eternity, life and movement in Plotinus' account of *nous*", in *Le*

文 献 一 覧

Néoplatonisme, 1971, 67-76. »=*Plotinian and Christian Studies*, study n. 15.
―――, "Tradition, reason and experience in the thought of Plotinus", in *Plotino e il Neoplatonismo in Oriente e in Occidente*, 1974, 171-194.= *Plotinian and Christian Studies*, study n. 17.
―――, *Plotinian and christian studies*, London: Variorum Reprints, 1979.
―――, (ed.), *Classical Mediterranean spirituality. Egyptian, Greek, Roman*, World spirituality, 15, London: Routledge & Kegan Paul, 1986.
Atkinson, M., *Plotinus: Ennead 5,1, On the three principal hypostases: a commentary with translation*. Oxford: Oxford University Press, 1983.
Aubin, P., "L' «image» dans l'oeuvre de Plotin", *Recherches de science religieuse* 41 (1953): 348-379.
―――, *Le Problème de la 'conversion': étude sur un terme commun à l'hellénisme et au christianisme des trois premiers siècles*. Paris: Beauchesne et ses fils, 1963.
Baladi, N., "Origine et Signification de l'Audace chez Plotin", in *Le Néoplatonism*, 1971, 89-99.
Beierwaltes, W., *Plotin: über Ewigkeit und Zeit, Enneade III 7*, griech. & dt., übers., eingel. & komm., Quellen der Philos., 3, Frankfurt: Klostermann, 1967.
―――, *Selbsterkenntnis und Erfahrung der Einheit: Plotins Enneade V, 3: Text, Uebersetzung*, Interpretation, Erläuterungen, Frankfurt/Main: Klostermann, 1991.
Blume, H.-D., and Mann, F. (ed.), *Platonismus und Christentum (Festschrift für Heinrich Dörrie)*. Münster: Aschendorffsche Verlagsbuchhandlung, 1983.
Bréhier, É., *La philosophie de Plotin*, Paris: Vrin, 1998.
Bussanich, J. R., *The One and its relation to Intellect in Plotinus. A commentary on selected texts*, Philosophia Antiqua, 49, Leiden: Brill, 1988.
―――, "Mystical elements in the thought of Plotinus", in *Aufstieg und Niedergang der Römischen Welt*, ed. by S. Haase, Berlin et New York: De Gruyter, II, 36. 7 [Nachtrag zu II, 36.1], 1994, 5300-5330.
Clarke, W. N., "Infinity in Plotinus: A reply", *Gregorianum* 40, 1 (1959): 75-98.
Cleary, J. J. (ed.), *The Perennial tradition of Neoplatonism*, ancient and medieval philosophy, Series 1, 24, Leuven: Leuven Univ. Pr., 1997.
―――, (ed.), *Traditions of Platonism. Essays in honour of John Dillon*. Aldershot/Brookfield, USA/Singapore/Sydney: Ashgate, 1999.
D'Ancona Costa, C., "Amorphon kai aneideon. Causalité des formes et causalité de l'Un chez Plotin", *Revue de philosophie ancienne*, 10 (1992): 69-113.
―――, "Rereading Ennead VI [10],7: what is the scope of Plotinus' geometrical analogy in this passage?" in J. J. Cleary ed. *Traditions of Platonism*, 1999, 237-261.
Dillon, J. M., "Plotinus, Philo and Origen on the grades of virtue", in Blume and Mann ed., *Platonismus und Christentum*, 1983, 92-104, =*The Golden Chain*.

Dillon, J. M., *The Golden Chain*. London: Variorum, 1990.

―――, "An ethic for the late antique sage", in L. P. Gerson ed., *The Cambridge Companion to Plotinus*, 1996, 315-335.

Dodds, E. R., "Plotiniana", *Classical Quarterly* 16 (1922): 93-97.

―――, *Select passages illustrative of Neoplatonism*, London: Society for Promoting Christian Knowledge, 1924.

―――, "The *Parmenides* of Plato and the origin of the neoplatonic «One»", *Classical Quarterly* 22 (1928): 129-142.

Emilsson, E. K., *Plotinus on sense-perception: A philosophical study*, Cambridge University Press, 1988.

―――, "Cognition and its object", in L. P. Gerson ed., *The Cambridge Companion to Plotinus*, 1996, 217-249.

―――, 'Remarks on the relation between the One and Intellect in Plotinus', in J. J. Cleary ed. *Traditions of Platonism.*, 1999, 271-290.

―――, *Plotinus on Intellect*, Oxford: Oxford University Press, 2007.

Fuller, B. A. G., *The Problem of evil in Plotinus*, Cambridge University Press, 1912.

Gerson, L. P. (ed.), *The Cambridge Companion to Plotinus*, Cambridge, New York (N. Y.): Cambridge University Press, 1996.

―――, "Introspection, self-reflexivity, and the essence of thinking according to Plotinus", in J. J. Cleary, ed., *The perennial tradition of Neoplatonism*, 1997, 153-173.

Gollwitzer, Th., *Beiträge zur Kritik und Erklärung Plotins*. Beilage zum Jahresbericht des Humanist. Gymnasiums Kaiserslautern, 1909.

Goulet, R., "Le système chronologique de la Vie de Plotin", dans *Porphyre, La vie de Plotin*, tome I, 1992, 187-227.

Graeser, A., *Plotinus and the Stoics. A preliminary study*, Philos. Antiqua, 22, Leiden: Brill, 1972.

Haase, W., and Temporini, H. (ed.), *Aufstieg und Niedergang der Römische Welt* 36, 1, Berlin/New York: Walter De Gruyter, 1989.

Hadot, P., "Review of Harder. *Plotins Schriften*, Band 1", *Revue belge de philologie et d'histoire* 36 (1958): 156-162.

―――, "Être, vie, pensée chez Plotin, et avant Plotin", in *Les sources de Plotin*, 1960, 105-157. »Also in *Plotin, Porphyre: Études néoplatoniciennes*, 127-181.

―――, "Review of tomus ii of Henry and Schwyzer's *editio maior of the Enneads*", *Revue de l'histoire des religions* 164 (1963): 92-96.

―――, *Porphyre et Victorinus*. 2 tomes. Paris: Études Augustiniennes, 1968.

―――, "Patristique latine", *Annuaire de l'École pratique des hautes études, Section des sciences religieuses* 78 (1970-1971): 278-290.

―――, "Les niveaux de conscience dans les états mystiques selon Plotin", *Journal de Psychologie* 77 (1980): 243-266.

―, "Neoplatonist Spirituality, I: Plotinus and Porphyry", in A. H. Armstrong ed. *Classical Mediterranean Spirituality*, 1986, 230-249.

―, "L' union de l' âme avec l' intellect divin dans l' expérience mystique plotinienne," in *Proclus et son influence. Actes du colloque de Neuchâtel, juin 1985*, éd. par G. Boss et G. Seel, 3-27. Zürich: Éd. du Grand Midi, 1987.

―, *Plotin, Traité 38 (6., 7), Les écrits de Plotin publiés dans l'ordre chronologique*, introduction, traduction, commentaire et notes, sous la direction de P. Hadot, Coll. Textes, Paris: Les Éditions du Cerf, 1988.

Huber, G., *Das Sein und Das Absolute*, Jahrbuch der Schweizerischen Philosophischen Gesellschaft, Supplement 6, Basel: Verlag für Recht und Gesellschaft, 1955.

Igal, J., "La génesis de la inteligencia en un pasaje de las Enéadas de Plotino (VI.7. 4-35)", *Emerita* 39 (1971): 129-157.

Krämer, H. J., *Der Ursprung der Geistmetaphysik*, Amsterdam: Schippers, 1964.

Kremer, K., *Die neuplatonische Seinsphilosophie und ihre Wirkung auf Thomas von Aquin*, Leiden: Brill, 1966.

Lloyd, A. C., "Plotinus on the genesis of thought and existence." *Oxford Studies in Ancient Philosophy* 5 (1987): 155-186.

―, *The Anatomy of Neoplatonism*, Oxford: Oxford University Press, 1990.

Merlan, Ph., *From Platonism to Neoplatonism*. The Hague: Martinus Nijhoff, 1953.

―, "Aristotle, Met. A VI, 987b20-25 and Plotinus, *Enn.* V4, 2, 8-9", *Phronesis* 9 (1964): 45-47.

Narbonne, J. M., Plotin, Les deux matières (Ennéade II, 4 [12]), Introduction, texte grec, traduction et commentaire, Histoire des doctrines de l'Antiquité classique, 17, Paris: Vrin, 1993.

―, *La métaphysique de Plotin*, Paris: Vrin, 1994.

O'Brien, D., "Plotinus on evil. A study of matter and the soul in Plotinus' conception of human evil", *in Le Néoplatonisme*, Paris, 1971, 113-146.

―, *Plotinus on the origin of matter: An exercise in the interpretation of the Enneads*, Collana, Elenchos, 22, Napoli: Bibliopolis, 1991.

―, *Théodicée plotinienne, théodicée gnostique*, Philosophia antiqua, 57, Leiden: Brill, 1993.

―, "Immortal and necessary being in Plato and in Plotinus", in J. J. Cleary ed. *The Perennial Tradition of Neoplatomism*, 1997, 39-103.

O'Daly, G. J. P., *Plotinus' philosophy of the self*. Dublin: Irish University Press, 1973.

―, "The presence of the One in Plotinus", in *Plotino e il Neoplatonismo*, 1974, 159-169.

O'Meara, D. J., "À propos d'un témoignage sur l'expérience mystique de Plotin (Enn. 4.8 [6], 1, 1-11)." *Mnemosyne* 27, 3 (1974): 238-244.

―, "Le problème du discours sur l'indicible chez Plotin", *Revue de Théologie et*

de Philosophie 122 (1990): 145-156.
O'Meara, D. J., "Scepticism and ineffability in Plotinus", *Phronesis*, 45, 2000/3, pp. 240-251.
Oosthout, H., *Modes of Knowledge and the Transcendental: An Introduction to Plotinus Ennead 5.3 [49] with a Commentary and Translation*, Bochumer Studien zur Philosophie 17, Amsterdam Philadelphia: B. R. Grüner, 1991.
Pépin, J., "Éléments pour une histoire de la relation entre l'intelligence et l'intelligible chez Platon et dans le néoplatonisme" (1956), dans *De la philosophie ancienne à la théologie patristique*, Londres, Variorum reprint, 1986 (pagination originale), 39-64.
Rist, J. M., "Plotinus on Matter and Evil", *Phronesis* 6 (1961): 154-166.
―――, "The neoplatonic One and Plato's *Parmenides*", *Transactions and Proceedings of the American Philological Association*, 93, 1962 (a), pp. 389-401.
―――, "The indefinite Dyad and Intelligible Matter in Plotinus", *Classical Quarterly* 12 (1962) (b): 99-107.
―――, *Plotinus. The road to reality*, New York, Cambridge University Press, 1967.
―――, "The Problem of 'Otherness' in the *Enneads*", in *Le Néoplatonisme*, 1971, 77-88.
―――, "The One of Plotinus and the God of Aristotle", *Review of Metaphysics*, 27, 1972, pp. 73-87.
Rutten, C., "La doctrine des deux actes dans la philosophie de Plotin", *Revue philosophique* 146 (1956): 100-106.
Santa Cruz de Prunes, M. I., *La genèse du monde sensible dans la philosophie de Plotin*, Bibl. de l'École des Hautes Études, Sect. Des sc. rel., 81 Paris: Presses Universitaires, 1979 (a).
―――, "Sobre la generación de la inteligencia en las Enéadas de Plotino", *Helmantica* 30 (1979) (b): 287-315.
Schroeder, F. M., "Saying and having in Plotinus." *Dionysius* 9 (1985): 75-84.
―――, "Conversion and consciousness in Plotinus, «Enneads» 5, 1 [10], 7", *Hermes* 114 (1986): 186-195.
―――, "Plotinus and Language", in L. P. Gerson ed., *The Cambridge Companion to Plotinus*, 1996, 336-355.
Schubert, V., *Pronoia und Logos, Die Rechtfertigung der Weltordnung bei Plotin*, Epimeleia, 11, Salzburg, Pustet, 1968.
Schwyzer, H. R., "Une interprétation plotinienne d'un passage du *Timée*", summary in *Congrès de Tours et de Poitiers*, 1953, 255-256.
―――, "Bewusst und Unbewusst bei Plotin", in *Les sources de Plotin*, 1960, 341-90.
―――, "Corrigenda ad Plotini textum", *Museum Helveticum* 44 (1987): 191-210.
Sleeman, J. H., "Notes on Plotinus II", *Classical Quarterly* 22 (1928): 28-33.
Sweeney, L., "Infinity in Plotinus", *Gregorianum* 38, 3, 1957, 515-535, & 38, 4, 713-732.

―――, "Plotinus revisited: a reply to Clarke", *Gregorianum* 40, 2 (1959): 327-331.

―――, "Basic principles in Plotinus's philosophy", *Gregorianum* 42 (1961): 506-516.

Szlezák, Th. A., *Platon und Aristoteles in der Nuslehre Plotins*, Basel, Stuttgart, Schwabe, 1979.

Theiler, W., "Plotin zwischen Platon und Stoa", in *Les sources de Plotin*, 1960, 63-103.

Thillet, P., "Note sur le texte des *Ennéades*", *Revue Internationale de Philosophie* 92 (1970): 194-216.

Trouillard, J., *La procession plotinienne*, Bibl. de Philos. Contemp., Paris: Presses Universitaires, 1955.

―――, "Valeur critique de la mystique plotinienne", *Revue philosophique de Louvain*, 59 (1961): 431-444.

Turlot, F., "'Le *logos* chez Plotin", *Études Philosophiques*, 1985, no. 4, 517-528.

Vitringa, A. J., *Annotationes criticae in Plotini Enneadum partem priorem (secundum ordinem chronologicum)*, Deventer, 1876.

Volkmann-Schluck, *Plotin als Interpret der Ontologie Platos*, Frankfurt: Klostermann, 1941; 2. Auflage 1957; 3. Auflage 1966.

Wallis, R. T., *Neoplatonism*, London: Duckworth, 1972.

―――, "Scepticism and Neoplatonism", in Haase and Temporini ed., *Aufstieg und Niedergang der Römische Welt* 36, 1 (1989), 911-954.

板橋勇仁「形と形を超えるもの―プロティノスと西田における『一者』―」『新プラトン主義研究』第6号, 2006年, 33-45頁.

伊藤功「ヘーゲルと一者の形而上学―ヤコービ『ブルーノ抜粋』を通じたヘーゲルと新プラトン主義との出会い―」『新プラトン主義研究』第2号, 2003年, 63-80頁.

稲富栄次郎『無と直観―プロチノス哲学の根本問題―』東京:理想社出版部, 1939年.

岡崎文明『プロクロスとトマス・アクィナスにおける善と存在者―西洋哲学史研究序説―』京都:晃洋書房, 1993年.

―――,「新プラトン主義と西洋哲学史―古代新プラトン主義体系における第二段階の展開―」『新プラトン主義研究』第3号, 2004年, 1-34頁.

岡野利津子「プロティノスと西田幾多郎」『西田哲学会年報』第5号, 2008年, 97-111頁.

小浜善信「プロティノスと西田幾多郎における心身論―脱我と没我, あるいは身体からの自由と身体の自由」『新プラトン主義研究』第6号, 2006年, 17-32頁.

今義博「プロティノスにおける異他性の生成」『新プラトン主義研究』第7号, 2007年, 69-78頁.

勝又直也「ユダヤ典礼伝統における詩と哲学」『新プラトン主義研究』第3号, 2004年, 81-102頁.

鹿野治助『プロティノス』東京, 京都:弘文堂書房, 1939年.

日下部吉信「西田とギリシア哲学」『立命館人間科学研究』第5号, 2003年, 75-83

頁.

小坂国継『西田幾多郎　その思想と現代』Minerva21世紀ライブラリー17．京都：ミネルヴァ書房，1995年．

清水誠『ベルクソンの霊魂論』東京：創文社，1999年．

田中敏彦「プロティノスとベルクソン」水地宗明監修・新プラトン主義協会編『ネオプラトニカⅡ―新プラトン主義の原型と水脈―』2000年，293-306頁．

田之頭安彦「プロチノスの素材論，その一―知的素材と愛―」『哲学研究』第512号，1969年(a)，465-486頁．

―――，「プロチノスの素材論，その二―知的素材と愛―」『哲学研究』第513号，1969年(b)，127-142頁．

土屋靖明「ベルクソンにおけるネオ・プラトニズム―美の（形）相と直観―」『新プラトン主義研究』第3号，2004年，103-118頁．

沼田敦「イスラム哲学における後期新プラトン主義の足跡―ファーラービーによるプラトンとアリストテレスの調和論―」水地宗明監修・新プラトン主義協会編『ネオプラトニカ―新プラトン主義の影響史―』1998年，221-252頁．

―――，「イブン・シーナーと『アリストテレスの神学』の流出論―イスラム哲学の思想上の意味―」『新プラトン主義研究』第5号，2006年，105-118頁．

藤本温「媒体における形象と『原因論』―十三世紀スコラ学における知覚論―」『新プラトン主義研究』第3号，65-80頁．

水地宗明監修・新プラトン主義協会編『ネオプラトニカ―新プラトン主義の影響史―』京都：昭和堂，1998年．

水地宗明監修・新プラトン主義協会編『ネオプラトニカⅡ―新プラトン主義の原型と水脈―』京都：昭和堂，2000年．

水地宗明「新プラトン主義とは何か」『ネオプラトニカ―新プラトン主義の影響史』1998，20-33頁．

―――，「プロティノスの発出論」『ネオプラトニカ―新プラトン主義の影響史』1998，34-63頁．

―――，「プロティノスとESP」『新プラトン主義研究』第4号，2005年，81-87頁．

山口誠一『ヘーゲルのギリシア哲学論』東京：創文社，1998年(a)．

―――，「ヘーゲルの新プラトン主義哲学理解―東西両哲学の融合地点を求めて―」水地宗明監修・新プラトン主義協会編『ネオプラトニカ―新プラトン主義の影響史―』1998，341-61頁(b)．

山口誠一，伊藤功『ヘーゲル「新プラトン主義哲学」註解―新版『哲学史講義』より―』東京：知泉書館，2005年．

山口義久「プロティノスにおけるストア的概念―ロゴス概念を軸として―」水地宗明監修・新プラトン主義協会編『ネオプラトニカ―新プラトン主義の影響史―』1998，64-87頁．

索　引

ア　行

愛する　93
アウグスティヌス　3
悪　22, 29
アスクレピオス　52
アナクサゴラス　4, 139
争う，争い　154, 193
あらゆる所（至る所）　21, 28, 136, 139, 155
アリストテレス　3, 5, 23, 31, 33, 42, 44, 48, 51, 52, 129, 144
言う，言い表わす，発言する，語る　70, 172, 177-179, 193
生き物　6, 123, 161
以後，後　85-88, 92, 132, 177, 186
意識（する）　23, 59, 167, 171, 183
意志する　103
泉（源泉）　10, 30, 34, 35
以前，先　84, 86, 88, 107, 132-134, 186
依存（する）　30, 33, 74, 102, 136
一（つ）
　——にして多　135, 136, 144
　一者に関して——　15, 16, 18, 20, 21, 25, 69, 110, 136, 137, 143, 152, 169, 178, 182, 190
　感性界に関して——　154
　合一に関して——　27, 88, 158, 160, 161, 175
　多なる——　71, 135, 144
　魂に関して——　135
　ヌースに関して——　22, 23, 39, 42, 43, 45, 72, 77, 79, 81, 83, 85, 138
　一緒に知覚する，一挙に捉える　25, 71, 86
一体化，一体となる，一つになる　27, 160, 163, 169
偽り，欺き，欺く　123, 145, 152, 177
イデア　23, 47, 51, 66, 138
意図（する）　31, 32, 111
稲富栄次郎　9
印象（刻印）　37, 38, 78-80, 89, 117, 121-124, 131, 143-145, 174
インド哲学　177
永遠　30, 33, 44, 83, 107, 131, 141
映像　11, 35, 37, 38, 46, 47, 52, 61, 102, 105, 106, 113, 117, 121, 123, 124, 131, 132, 139
叡智界　38, 82, 83, 130, 132, 134, 154, 155, 160
エックハルト　3
円　126, 130, 136-138, 142
円環運動　169
延長　132
大きさ　21
教える，教え導く，教示する　85, 88, 107, 193
恐れる　158, 169
臆見　11, 122-125, 145, 146
思い出す　159, 176, 178
思い惑う　165
終わり　28

カ　行

懐疑主義（者，的）　151, 152
介在　93, 147, 160, 161
解釈，翻訳（する）　141, 144, 171, 174, 177, 181, 182
外部，外に，外から，外側　29, 33, 75, 121, 125, 128, 134, 145, 168, 169, 177
解放　157
鏡　46, 47, 142

輝き，輝く　139,162
影（幻影）　46,47,49,121
蒿　140
形　17-20,44,45
傾く，志向　135,157,183
価値あるもの　63,74,157
カッパドキア三教父　3
仮定　85
鹿野治助　9
神　4,29,69,89,115,123,152,155,158,162,169
神憑り　163,179
軽やか，軽くなる　162,166
川　30
感覚（する），知覚（する）　35,94,121-125,145,159,161,169,170,179,190
　――器官　144,145
　――対象　43,47
　――的部分　135
観照　66,68,71,85,115,116,123,149,161,165,166,170,186,191,193
　――する　27,29,32,59,68,70,81,89,116,137,159
　――対象　68-71,115,116,169
感性界　7,32,38,141,146,154,159,161
完成　33,43,52,58,68,99,102,106,129
完全（性），完全なもの　22,32,33,35,36,52,58,66,114,119
カント　190
管理する　35,117
記憶　159,167,173,181
気概的部分　135
基体　39,43-45,48,50,53,54,56,82
共感　145
巨木　30,31
クザーヌス，ニコラウス　3
暗いもの，暗闇　46,116
形成する（形付ける）　45,53,75,149
形相　9,19,23,26,36-38,44-47,49-54,56,68,72,75,76,81-83,89,90,113,129,139,142,144,145
　――化する　129,159
　質料内――　146,147
　無形の――　19
結合　15
原因　5,6,29,53,60,92,100,178
原型（範型）　33,34,37,38,46,93,105,110,123,137,173
限界　16,20,49,66,75,76
賢者　168
減少　30
限定（する）　16,22,36,43,48-50,52-54,56,58,67,74-76,129,144
ケンブリッジ・プラトニスト　3
恋する　154,155,161
行為，実践（する）　116,167
合一　6,11,27,39,126,166,192
降下（する），下降（する）　135,164,165,185
口外する，口に出す　141,170,173
考察（する）　145,170
合成　15
幸福　166
忽然　27,29,88,161
痕跡　34,37,38,74,76,124,131,136
渾然一体　62

サ　行

差別，差異（性），異　28,29,48-50,71,93,110,149,150,153,156,163,191
産出（者），生む，生み出す　19,32,35,63,69,72,82,93-95,98-102,112,114,116,117,129,137
ジェイムズ，ウィリアム　13,156,181
シェリング　3
視覚，見る働き　42,53,61,75,94,97-100,111,112,121,123
視覚対象（見られたもの）　46,72,78,79,122,123

索 引

時間　132, 141
識別し得る　59, 60
始原（始め）　15-18, 21, 28-31, 34-36, 48, 58, 69, 147, 152, 178, 187
自己
　──観照　114, 115, 117-119
　──知覚（自覚）　24, 60, 73, 103, 125, 182, 183
　──直観　61, 103, 115, 119, 144, 186
　──直知　6, 12, 24, 82, 87, 91, 92, 119, 143, 144, 171, 182, 190
　──認識　24
　──放棄　27, 161
自然　32, 35, 46, 78, 115-117, 147, 149
自足　16, 17, 59
質料　38, 44, 105, 106, 129, 159, 186
　叡智的（叡智界の）──　8-10, 42-51, 54, 56, 70, 75, 82, 83, 89, 92, 146
　感性的（感性界の）──　7-9, 44-47, 51, 83, 116, 129, 146, 147, 157
支配する　117, 153
至福の状態，至福の経験　28, 85, 164, 177
自明，明瞭　143, 159
種　140
種子　139-142
充溢（溢れ出る）　33, 66, 75, 112, 119, 184
充足（満たされる）　43, 49, 50, 66, 67, 69, 72, 85
宗教多元主義　190
受動，作用を受ける　122, 154
受容，受け入れる，受け取る　26, 44-46, 48, 50, 54, 82, 84, 85, 124, 129, 147
受容者　44, 50
順次に　69, 71, 132
浄化　26, 123, 157, 158, 193
消失，消尽　140, 141
上昇　163, 165
衝動　80
情念　26, 123, 157
触覚　26, 76, 77, 161

植物的部分　135, 165
序列　32
思慮　123, 134, 174
視力　42, 43, 50, 52-56, 58, 63, 78-80, 84, 98, 108, 123, 126, 129
進出　36, 141
神的な，神のごとき（もの）　29, 44, 48, 164, 166
真なる（もの）　46, 123, 139, 145
神秘主義　4, 13
神秘体験，神秘的状態　12, 156, 171, 180, 185
真理　5, 6, 124, 143, 144, 182, 185, 190-192
推論的思惟（思考），思惟，推論（する），思考する，考える　29, 32, 71, 107, 108, 116, 120, 127, 129, 131-133, 145, 164, 170, 172, 177
数　51-55, 71, 175, 186
捨て去る，取り去る，除去する，取り除く　26, 27, 89, 116, 157, 158, 160, 175
ストア派　3, 140, 141
生活　166
正義　134
制作，つくる　35, 85, 107, 116, 127, 186
静止，静　27, 50, 60, 66, 67, 71, 103, 161, 163-165, 175
清浄　157, 162, 169, 179
生成（する），生ずる，生まれる　32, 49, 60, 63, 66, 69, 73, 79, 83, 85, 86, 99-102, 107, 115-117, 127, 140, 149, 153, 154
生命，生（生きる）　31, 34, 36, 47, 48, 52, 55, 60, 74, 76, 103, 131, 132, 138, 142, 164, 165, 178
　生きる　63, 73, 162
　第一の──　36
　第二の──　36
セクストス・エンペイリコス　152
接触（する），触れる　6, 26, 30, 76,

　　　　77, 81, 88, 113, 136, 161, 177
節制　　123, 134
説得力　　173
世話　　153
善(者)　　19, 22, 36, 43, 63-65, 68-70,
　　　　72, 76, 152, 178, 179
禅　　9, 177
前直知的（直知に先立つ）　26, 77, 127
前提　　133
善のイデア　　5, 18, 144
善のようなもの　　36, 38, 68, 69, 93
ソクラテス　　159
存在，真実在，実体　　5, 17, 18, 21-24,
　　　　32, 33, 36, 37, 39, 47, 48, 50-52, 66,
　　　　79, 103, 104, 126, 127, 143, 144, 149,
　　　　178, 179
存在すること，有ること　　36, 39, 63,
　　　　88, 103
存在するもの　　16-18, 21, 23, 33, 39,
　　　　47, 52, 66, 85, 88, 116, 161, 178
存立（する）　　31, 33, 63, 88, 142

　　　　　　タ　行

多　　15, 16, 18, 25, 45, 53, 55, 59, 60, 69,
　　　　72, 73, 75, 78, 79, 81, 85, 134, 135-
　　　　137, 141, 175, 176
第一のもの（第一者）　　16, 23, 24, 32,
　　　　48, 62, 63, 66, 178
第二のもの　　23, 24, 63, 138
ダイモーン　　44
太陽　　30, 32, 93, 94, 103
対立　　154, 193
打撃　　153, 154
脱自（エクスタシス）　　27, 161, 162,
　　　　191
魂　　7, 28, 29, 32, 35-37, 93, 94, 104-
　　　　106, 108, 117, 122, 123, 135, 136, 141,
　　　　144-147, 186
　　宇宙の——　　32, 46, 135, 154
　　個別的な（個々の）——，個霊，我々
　　　の——　　35, 88-90, 135, 142, 153,
　　　　157
多様　　70, 74, 77
単一　　15, 16, 22, 24, 53, 59, 60, 78, 81,
　　　　96, 102, 114, 129, 178
　　——化　　27, 85, 161
　　——性　　19
智慧　　123, 134, 166, 174
力　　18, 21, 32, 33, 36, 48, 69, 72, 75, 76,
　　　　103, 128, 134, 137, 139-141, 152, 178
知識，学（学問）　　24, 25, 107, 124,
　　　　134, 139, 173, 175
知性的部分　　135
秩序（づける）　　32, 117, 166
中期プラトニスト　　6, 123
中心点　　30, 126, 130, 136-138, 140, 142
超直知　　60, 61, 164
直知（する）　　22, 24, 60, 63-67, 70-73,
　　　　77, 80, 82, 83, 85, 86, 88, 89, 117, 129,
　　　　138, 151, 162, 176, 178
　　——作用　　5, 24, 25, 39, 50, 51, 55-
　　　　58, 60, 61, 63-65, 67, 71, 76, 78, 80,
　　　　82, 87, 92, 115, 117, 128, 144, 179
　　——対象　　5, 24, 25, 39, 45, 50-52,
　　　　55-68, 80, 87, 89, 100, 115, 144, 164,
　　　　165
　　第一の——　　22, 92
直観　　84, 85, 102, 183, 184
沈黙する，黙る　　115, 116, 177
伝える　　166
包む　　21, 140, 147
常　　32, 78, 83-87, 96, 107, 108, 111,
　　　　116, 131, 132, 156
ディオニシウス・アレオパギタ　　3
適合　　26, 160, 161
敵対　　154
デミウルゴス，世界制作者　　6, 32, 35,
　　　　123
照らす，照射（する）　　47-50, 135, 146,
　　　　147
展開（する）　　136-138, 144, 180, 181,
　　　　184
同　　50, 71

動（き），運動　28, 35, 36, 48-50, 60, 66, 71, 74, 82, 111, 132, 133, 141, 156, 162, 163
　　動く　31, 63, 67, 81, 179
　　第一の——　48, 82
同化する　164
同時　39, 83, 88, 127, 128, 144
徳　123, 134, 158, 166, 174
　　市民的な——　123, 174
　　浄化としての——　123, 174　→浄化
留まる　30-35, 37, 38, 60, 64, 103, 111, 112, 116, 130, 131, 135-138, 158, 165
トマス・アクィナス　3
捉える，把握する　78, 79, 94

ナ　行

内部　29, 33, 125, 169
波　88, 89
二（つ）　20, 22, 23, 43, 51, 53-56, 59, 62, 88, 138, 160, 161, 169, 175, 176
肉体（身体）　35, 116, 125, 135, 147, 149, 153, 158, 161, 164, 165
西田幾多郎　4, 9, 95
西谷啓治　4, 38, 115
似像　33, 34, 37, 38, 46, 47, 93, 110, 122, 131, 132, 141, 173, 176
二分する　138
二方向に面する　87
人間　161
認識（する），知る　6, 23, 24, 59, 68, 73, 77, 80-82, 92, 151, 152, 179
ヌース　5-7, 23, 24, 29, 39, 49, 52, 58, 60, 68, 73, 77, 79-82, 88, 95, 101, 103, 139, 178
　　——の第一の部分　88
　　——の内の——　110, 136, 137, 143
　　内なる——　179, 180
　　恋する——　84-86, 126, 185
　　個別的な（個々の）——　139, 142
　　正気の——　84-86

直知する——　87
非——　87
未完の——　8, 9, 57, 72, 74, 75, 77-82, 86-90, 92, 95, 98-100, 104, 106, 107, 110, 112, 113, 118-120, 122, 125-128, 137, 146, 181, 185, 186, 189
ヌゥメニオス　27
熱　10, 33, 34, 102, 103, 105, 106, 111
能力，可能性，可能的，潜在的　42, 54, 55, 75, 83, 84, 97, 98, 107, 167

ハ　行

場所　132, 147
働き，活動，現実的　24, 34-39, 42, 53, 76, 83, 84, 97, 104, 105, 107, 108, 133, 134, 145, 159, 164, 167
　　外的（派生的）な——　34-37, 39, 102-115, 117-120, 127, 133, 142, 143, 146, 147, 173, 182-184
　　内的（実体的）な——，実体を構成する——　34, 39, 100-106, 108-115, 117-119, 147, 173, 182-184
　　第一の——　35, 39, 76
　　第二の——　35
　　二つの——　10, 34, 38, 39, 147-149, 190
働く　103, 104, 117, 123
発見　80
発出（論）　7, 8, 11, 127, 189
離れる　21, 102, 130, 146, 147, 153, 156, 158, 170, 175
パルメニデス　23
反映　133
判断　145, 152
火　33, 34, 102, 103, 105, 106, 111
美（しい）　17, 45, 88, 129, 164, 165, 168, 169
光　8, 10, 30, 32, 46, 48-50, 73, 93, 94, 103, 135, 162
ピコ・デラ・ミランドラ　3
久松真一　177

非存在,有らざるもの　46, 116, 153, 156
非直知　68, 71, 73, 77, 81, 82, 85-88, 161
ヒック,ジョン　190
必要とする　33
否定　152
　──神学　27, 152
独り　26, 27, 163
ヒューム　151, 152
ピュタゴラス主義　22, 48
ヒュポスタシス(独立的存在,存立するもの)　36, 39, 127, 129　→存立
表象　78, 80, 121, 142, 145
拡がる　85
フィチーノ　3, 29, 64, 65, 78, 79, 97
付加,付け加える　153, 157, 175
不可知　151, 152, 176, 178, 181, 182, 185
不可分　18, 25, 70, 114, 134, 135, 138
不正　154
不足　59, 170
不定の二　10, 42, 50-58, 61, 70, 75, 82, 92, 186
不動　31
複合物　116
物体　19
部分　20, 21, 140, 153
　──のない　141, 142
増やす　78, 81
プラトン　3, 5, 6, 18, 20-24, 27, 28, 32, 35, 36, 44, 47, 48, 50, 51, 60, 68, 71, 85, 94, 122, 123, 132, 134, 135, 144, 147, 154, 155, 157, 164, 166, 186
振り返り　8, 26, 86, 97, 99, 100, 162, 169, 170, 174
振り返る　11, 29, 39, 48-50, 52, 56, 58, 66-68, 74, 77, 81, 82, 89, 92, 94-101, 106, 108-115, 117, 118, 128, 129, 142-145, 149, 158-160, 169, 181, 183, 184, 187
ブルーノ　3

触れる　26
分割,(部分に)分ける　30, 114, 132, 134, 135, 138, 173
分散　37
分取(する)　38, 146
分析する　107, 108
分有する　37, 38, 51
分離する,切り離す,区別する,分ける　45, 83, 93, 110, 116, 125, 128, 130, 134, 139, 142, 157
分裂する,引き裂く　128, 169
ヘーゲル　3, 95, 127
別種のもの　37
ベルクソン　4
変化する　131, 132
芳香　33
ホメロス　158
ポルピュリオス　4, 6, 36, 44, 135, 155, 166
滅ぼす　154, 155

マ　行

交わり,交わる　166, 176
混ぜ合わされたもの　17
学ぶ　71, 88, 133
醜さ　26
未分　69, 100, 134, 140
見る　27, 49, 52, 63-67, 69, 72-75, 77-79, 81, 82, 86, 89, 92-95, 97-103, 107-114, 117, 118, 129, 134, 149, 161, 168, 169, 176
無意識　183, 190
無形　17, 19, 44, 45, 75, 83, 129
無形相　17, 19, 45, 49, 89, 90
無限　21, 46, 48, 49, 51, 75, 139
無限定　8, 21, 43-46, 48-50, 52-56, 58, 67, 74, 76, 78, 82, 89, 90, 97, 116, 129
無知　23, 107, 159
無知覚　59, 103, 172
目　72
目覚め　27, 60, 88, 157, 158, 164, 166,

　　　　　　167, 190, 193
模像　　32, 36-38, 47, 61, 137
持つ（所有）　　171, 178, 179
求める，探し求める　　33, 80, 155, 161
模倣（する）　　37, 38, 131, 141, 161

ヤ 行

勇気　　158
雪　　10, 33
酔う　　85, 137
用意　　26
養育する　　129
欲望，欲（求），欲する　　26, 157, 163, 169
欲求（する），欲する　　28, 64, 67, 78-82, 87, 93, 111, 126, 132, 154, 155, 181
欲求的部分　　135

ラ・ワ 行

理解する　　70, 133, 145

離脱する　　166
流出（する），流れ出る　　8, 103, 119, 136
流出論　　10
量　　52, 71
理論的，理論上　　84, 86, 87, 107, 120, 127, 172, 185, 186
臨在（する）　　25, 28, 155, 156, 161, 163, 169, 175
類　　50, 140, 186
類似（性）　　26, 93
類似したもの，似たもの　　26, 29, 35, 36, 38, 102, 145, 163
ロゴス（言論的表現，形成原理，言論，理論，理性，思考，説明）　　24, 25, 28, 37, 38, 45, 53, 80, 83, 85, 104, 105, 107, 115-117, 127, 129, 131, 133, 134, 140-142, 154, 163, 170, 174, 175, 179, 191
ロンギノス　　5

分かれる　　140

岡野 利津子（おかの・りつこ）（旧姓：中大路）
1964年東京生まれ。1991-92年 CNRS（フランス国立科学研究所）UPR76客員研究員，1996年学習院大学大学院人文科学研究科博士課程修了（哲学博士），日本学術振興会特別研究員（PD）。現在学習院大学非常勤講師。
〔主要業績〕"How Does the One Generate Intellect?—Plotinus, *Ennead* V1 [10] 7.5-6", *Ancient Philosophy* 25, No. 1, 2005. "Philosophical Grounds for Mystical Intuition in Plotinus", *Dionysius* 25, 2007.「プロティノスと西田幾多郎」『西田哲学会年報』第5号，2008年。

〔プロティノスの認識論〕　　　　　　　　　ISBN978-4-86285-041-6

2008年10月10日　第1刷印刷
2008年10月15日　第1刷発行

著　者　　岡野　利津子
発行者　　小　山　光　夫
印刷者　　藤　原　愛　子

発行所　〒113-0033 東京都文京区本郷1-13-2　株式会社 知泉書館
　　　　電話03(3814)6161振替00120-6-117170
　　　　http://www.chisen.co.jp

Printed in Japan　　　　　　　　　　印刷・製本／藤原印刷

監修のことば

　渉外離婚事件の数は増え続けており，大都市の家庭裁判所では，もはや特別な事例とはいえなくなっている。しかし，その実務に関しては日本人間の国内離婚とは，適用家族法が異なる場合もあり，複雑な外国法適用の問題を伴うことも少なくない。また，日本法が適用される場合であっても，外国法に比べ独自色の強い日本の離婚関係法制やその実務を，外国人当事者に説明し適切に対応できるようにしなければならない。本書は離婚実務について豊富な経験を有する著名な三名の弁護士の共同執筆による渉外離婚に関わる多様な法問題についての実務書である。

　当事者に直接に接してこられた豊富な実務経験に裏打ちされた解説や，実務上の留意点の指摘など，本書は単なる法律書とは異なる優れて実践的な解説書となっている。渉外事件に特有な国際裁判管轄や準拠法，外国法制度の概観や日本の離婚制度の特徴などについて，実務の視点から解説されている。日本の家族法が適用される場合に対応し，外国人当事者に日本の離婚制度を説明する際の注意点，特に離婚に伴う財産給付制度や分与額の算定に関する実務的な留意点や，子の親権・監護権に関わる日本法実務の問題について詳しく解説されている。これらは，正に直接に当事者に接する実務家だからこそできる解説といえ，弁護士に限らず広く渉外離婚実務に関わる方々にとっても有益な解説と思われる。

　本書は，優れた実用書というだけでなく，わが国で離婚に伴う困難な問題として浮上している子の引渡し，面会交流，養育費の支払いをめぐる紛争の問題も積極的に取り上げ，現場の視点から論じられており，国際的な子の連れ去り問題に関するハーグ条約についても，実際の事件の経験を踏まえた示唆に富む解説が加えられている。

　本書の刊行に際して，縁あって監修を引き受けることになり，主として国際私法・国際民事訴訟法の観点から関わることになった。国際私法はときに「学者法」と揶揄されるように，ややもすると現実離れした仮設事例を念頭に実用性に欠ける議論に陥りがちであるが，本書の監修は私自身に

とっても，法適用の現場の感覚を知るよい勉強となった。

　多忙な実務の中で本書を執筆完成させた著者の三先生の努力に敬意を表すると同時に，本書が広く渉外離婚の実務で役立てられ，異なる法制度に直面することになる渉外離婚の当事者の不安やストレスが和らげられることを願っている。

　平成24年1月

渡辺　惺之